古代歷史文化^{研究}輯刊

八 編

王 明 蓀 主編

第 6 冊

文化融合與政治升進
——北魏政權中的漢族士人研究（下）

楊 龍 著

國家圖書館出版品預行編目資料

文化融合與政治升進──北魏政權中的漢族士人研究（下）／
楊龍 著─初版─新北市：花木蘭文化出版社，2012〔民
101〕
目 4+212 面；19×26 公分
（古代歷史文化研究輯刊 八編；第 6 冊）
ISBN：978-986-254-967-4（精裝）
1. 政治參與 2. 漢族 3. 北朝史
618   101015167

ISBN-978-986-254-967-4

9 789862 549674

古代歷史文化研究輯刊
八 編 第六 冊
ISBN：978-986-254-967-4

文化融合與政治升進──北魏政權中的漢族士人研究（下）

作　　者　楊龍
主　　編　王明蓀
總 編 輯　杜潔祥
出　　版　花木蘭文化出版社
發 行 所　花木蘭文化出版社
發 行 人　高小娟
聯絡地址　新北市永和區中正路五九五號七樓
　　　　　電話：02-2923-1455／傳真：02-2923-1452
網　　址　http://www.huamulan.tw 信箱 sut81518@gmail.com
印　　刷　普羅文化出版廣告事業
初　　版　2012 年 9 月
定　　價　八編 22 冊（精裝）新台幣 35,000 元

文化融合與政治升進
——北魏政權中的漢族士人研究（下）

楊　龍　著

目

次

上　冊

序　張鶴泉

前　言 ……………………………………………………………… 1

一、研究狀況概述 ……………………………………………… 4

（一）從胡漢關係方面的考察 ………………………… 4

（二）對漢族士人與北魏政權關係的考察 ………… 7

（三）以士族為背景對漢族士人進行的考察 …… 12

（四）對與漢族士人相關的職官制度的考察 …… 13

二、存在的問題 ………………………………………………… 17

三、本文的寫作構想 …………………………………………… 18

第一章　北魏漢族士人的群體特徵和群體構成 …… 21

第一節　北魏漢族士人的群體特徵 …………………… 22

一、專經與博通：北魏漢族士人的知識結構 …… 22

二、士大夫行業：北魏漢族士人的社會威望 …… 30

三、幹世與宦達：北魏漢族士人的政治屬性 …… 34

第二節　北魏政權中漢族士人的群體構成 ………… 41

第二章　漢族士人的入仕和起家 …………………………… 51

第一節　漢族士人的入仕途徑 …………………………… 53

第二節　漢族士人的起家官及其相關問題 ………… 77

一、北魏前期漢族士人的起家官 ···············79

二、北魏後期漢族士人的起家官舉隅 ··········90

三、南朝降人的起家官問題 ··················99

第三章　漢族士人與北魏中央官職 ··············109

第一節　北魏中央行政機構的演變 ············111

一、道武、明元兩朝：胡漢制度的交錯與
頻變 ·······························112

二、太武帝至太和改制前夕：漢制的恢復
與漸變 ·····························119

三、太和改制以後：漢化與改革 ············130

第二節　北魏前期中央政權中漢族士人的任職 ·134

一、北魏初期 ·························134

二、太武帝至孝文太和改革之前 ············146

第三節　北魏後期中央政權中漢族士人的任職 ·177

一、三省機構中漢族士人的任職 ············178

二、寒門士人與中書舍人 ··················184

三、御史臺中的漢族士人 ··················189

四、餘論：門閥政治與任人以才 ············193

下　冊

第四章　漢族士人與北魏地方官職 ··············197

第一節　北魏前期漢族士人與地方行政長官 ·····197

一、北魏前期的地方行政制度 ··············198

二、北魏前期漢族士人擔任地方各級行政
長官的一般狀況 ·····················201

三、漢族士人任職的地域性 ················215

第二節　北魏後期的漢族士人與地方行政長官 ···219

一、漢族士人擔任各級地方長官的一般狀況 ·220

二、漢族士人與地方長官的本籍任用 ········229

第三節　漢族士人與地方僚佐 ················239

一、漢族士人與北魏前期的軍府、州府僚佐 ·240

二、漢族士人與北魏後期的州府僚佐任職 ····244

三、漢族士人與地方軍府僚佐任職 ··········247

四、作為地方長官的漢族士人對僚屬的監管 ·253

第五章　漢族士人在北魏中央政權中的政治、
　　　　文化活動 ·· 259

　第一節　漢族士人與北魏中央政權的日常行政 ····· 259

　　一、北魏前期漢族士人在中央政權中的主
　　　　要活動 ··· 261

　　二、孝文帝時期中央政權中漢族士人的主
　　　　要活動 ··· 269

　　三、北魏後期漢族士人在中央政權中的政
　　　　治活動 ··· 275

　第二節　漢族士人與北魏國家的禮制和文化建設 ····· 288

　　一、漢族士人與禮制建設 ························· 289

　　二、漢族士人與國史修撰 ························· 301

　　三、漢族士人與官學教育 ························· 309

第六章　漢族士人與北魏的地方治理 ·················· 317

　第一節　漢族士人與地方的民生經營 ················ 318

　第二節　漢族士人與禁止「盜賊」 ··················· 327

　　一、北魏國家的禁盜措施 ························· 329

　　二、漢族士人與「山東地區」的禁盜 ········· 337

　　三、漢族士人與「山西地區」的禁盜 ········· 341

　　四、漢族士人與北魏南部邊境地帶的禁盜 ··· 345

　第三節　漢族士人與地方的文化教育 ················ 349

　　一、旌表門閭：漢族士人與地方的教化措施 ·· 350

　　二、興建學校：漢族士人與北魏地方的文化
　　　　教育 ··· 357

　　三、禁止淫祠：漢族士人對民間信仰的參與
　　　　和改造 ··· 361

　第四節　地方僚佐與地方治理 ························· 367

　　一、僚佐與地方政府日常行政 ·················· 368

　　二、地方僚佐對地方政治變亂的應對 ········· 375

　　三、地方僚佐權勢崇重的原因 ·················· 378

結　語 ·· 383

後　記 ·· 389

參考文獻 ··· 393

第四章　漢族士人與北魏地方官職

　　北魏前期的平城中央政權無論在制度建構上還是在實際權力的分配上，都是以代北集團以及胡族政治傳統爲主導，這種格局在孝文帝改革之前顯然一直在有效地延續。漢族士人在平城中央政權的勢力和影響還受到明顯的壓制，其制度的漢化進程仍然比較緩慢，這是我們已經具體闡述過的。當然，北魏政權的構成大致包括中央和地方兩部分，代北集團在中央政權中佔據優勢，這種優勢又繼續向地方擴展。這種從中央到地方的一體化的胡漢權力格局就使得漢族士人在地方任職上也難以獲得政治上的優勢。

　　孝文帝的改革是對原有的權力格局的改造，打破代北貴族對政治權力的控制，使得漢族士人大批進入行政機構。不管怎樣，他們參與了具體的政務運作過程，而且也主持了各項典章制度的建設。這意味著他們政治地位的提高，也表明北魏國家政權性質的變化。政權性質的改變不僅體現在中央行政機構的改變，它也促使地方行政體系隨之發生相應的變化。換言之，地方行政體制的調整也是北魏國家政治改革的一個環節。對漢族士人而言，這同樣也是他們具體的政治實踐的一部分。以下，我們就試圖從北魏地方行政體制的演變入手，結合北魏的政治演進過程，分時段來分析漢族士人在地方行政機構任職的具體情況及其演變特點。

第一節　北魏前期漢族士人與地方行政長官

　　在北魏初期的制度建構中，地方行政機構的建設是與中央行政機構的發展完善同步進行的。《魏書》卷一一三《官氏志》：「皇始元年，始建曹省，備置百

官，封拜五等；外職則刺史、太守、令長已下有未備者，隨而置之。」〔註 1〕
北魏國家對中央行政機構的建設呈現出打破胡族體制並逐步仿效漢制的過程。
而對中原地區漢人區域的統治，則基本上沿襲了魏晉十六國以來的以州郡縣體
制為主的行政體系，並隨時任命各級官員來補充缺額，完善因戰亂而受到破壞
的地方各級官僚體系。也就在這樣一種背景下，漢族士人被北魏國家所吸收。
除了任職中央之外，他們也被派往中原各地，擔任各級地方職官。當然，由於
北魏國家統治地域的逐步擴大以及境內統治形勢的變遷，北魏國家的地方行政
體系又有其自身的特點。這對漢族士人地方任職的具體情形也產生了重要的影
響。以下，我們將分前、後兩期對其展開具體的分析。

一、北魏前期的地方行政制度

　　與中央行政體制的改革在時間段上的涇渭分明相比，北魏地方行政因為
地域擴張、民族問題等各個方面自身發展的過程不盡一致，相應的導致北魏
國家的地方行政管理也難以按照同一時間軌跡發展變化。其情形也顯得頗為
複雜。大體言之，以孝文帝太和年間為界。在此之前，由於領土擴張初期邊
境的不穩定、民族以及地方動盪等問題還未得到妥善解決，因而北魏國家在
延續魏晉以來的州郡體制之外，還普設軍鎮和護軍，其地方政權還具有十分
突出的軍事性特徵。孝文帝之後，隨著各類影響國家安定的問題逐步得到解
決，北魏國家開始裁撤軍鎮，或者改鎮為州，州郡體制在全國範圍內實現其
運行，地方行政體系的軍事性特徵漸趨弱化。我們可以孝文帝時期為一大致
的界限，將北魏地方行政體制的發展變化劃分為前、後兩期。前期地方行政
體制就表現出明顯的變化性和多樣性的特點，而後期的地方行政則有了較為
穩定而清晰的線索。

　　在北魏南進之前，統治幷州及山東地區的後燕政權仍舊沿襲州郡行政體

〔註 1〕　同樣的記載亦見於《魏書》卷二《太祖紀》：「初建臺省，置百官，封公侯、
　　　　將軍、刺史、太守，尚書郎已下悉用文人。」而《資治通鑒》對同樣內容的
　　　　記載又有所不同，「（晉太元二十一年九月），魏王珪遂取幷州。初建臺省，置
　　　　刺史、太守、尚書郎以下官，悉用儒生為之。」對於這些文獻對同一事件記
　　　　載的差異，戴衛紅先生有深入的辨析，他指出北魏道武帝初期所任用的刺史、
　　　　太守等官多為代北武人，而尚書省等部門則大量起用了一批漢族文人和儒
　　　　生，所以，根據史實的考索，她認為《資治通鑒》的標點和記載有誤，見氏
　　　　著《北魏道武帝引文人參政問題考實》，載《中國社會科學院研究生院學報》，
　　　　2006 年第 3 期。

制。我們看到，北魏在向南推進的過程中也同樣採用了這一地方行政模式，
只是在具體州郡的設置上有所變化。〔註2〕州郡設置的變化紛繁也是中古時代
特定社會政治情勢下的產物，但不管怎樣，在廣大的中原地區，州郡體制仍
是其行政的主要方式。與前代體制稍有不同的是，北魏前期州郡縣長官的員
額是多位而不是一位。《魏書》卷一一三《官氏志》：

> （天賜二年正月），又制諸州置三刺史，刺史用品第六者，宗室一人，
> 異姓二人，比古之上中下三大夫也。郡置三太守，用七品者。縣置
> 三令長，八品者。刺史、令長各之州縣，以太守上有刺史，下有令
> 長，雖置而未臨民。

這是道武帝拓跋珪初定中原之後對地方行政的一次改革，將各級長官設爲三
名，由拓跋宗室和異姓共同擔任。同一級上的三名長官「比古之上中下三大
夫」，這也表明其職權地位是不一樣的。有論者推測拓跋宗室應居首位，且負
監督之責，這也是北魏國家防範漢人的具體表現之一。〔註3〕這種並置多員的
方式具體如何執行，何時廢止，我們難以知曉，值得注意的是，獻文帝時期
劉宋青徐地區歸附北魏之際，房法壽與韓麒麟對爲冀州刺史，〔註4〕李璨與張
讜也同爲兖州刺史。〔註5〕房法壽和張讜都是初附之人，北魏派員與他們共爲
刺史，這當然帶有特殊性，但這一安排恐怕也是上述天賜二年制度的遺緒。

北魏前期地方行政的另一特點就是軍鎮和護軍的廣泛設置。通過各次成
功的征戰，拓跋氏逐步統一了中國北方地區。經過十六國時期各民族在北方
地區的活動，各地的胡族、漢族宗族勢力和塢堡組織頗爲強盛，這就使得北
魏國家僅靠州郡行政體制則難以實現對地方的有效控制。因此，北魏國家在
胡族聚居地區以及邊境地帶廣設護軍和軍鎮，重視對地方軍事力量的布置，

〔註2〕 關於北魏州郡設置的變遷，可參看毋有江：《北魏政區地理研究》，復旦大學
博士學位論文，2005 年。

〔註3〕 谷霽光：《北魏地方官制》，原載天津《益世報·史學》第 13 期，1936 年 6
月 7 日，此據氏著《史林漫拾》所收，福建人民出版社，1982 年，第 112～
115 頁。孫同勛先生亦推測此三頭之制很可能是宗室、鮮卑貴族與中原大姓三
勢力之分權之制。參看氏著《拓跋氏的漢化及其他》，稻鄉出版社，2005 年，
第 43 頁。嚴耀中先生也專門針對三刺史的問題進行了討論，他指出北魏的三
刺史之制主要施行於北魏前期，實行的範圍主要在緣邊和戰略要地等駐紮內
朝禁軍的地方，其領兵之將兼任當地刺史。參看嚴耀中：《關於北魏「三刺史」
制度的若干詮釋》，載《學習與探索》2009 年第 5 期。

〔註4〕 《魏書》卷四三《房法壽傳》，第 970 頁。

〔註5〕 《魏書》卷四九《李靈傳附李璨傳》，第 1101 頁。

這也就成了北魏國家保持對地方的威懾力的必要手段。就護軍制而言，這是北魏國家為了監護胡族而設，其針對性較強。〔註6〕護軍制度自是沿用魏晉十六國以來統治族群對待其他民族的辦法，這一制度也一直延續到北魏文成帝時期。《魏書》卷一一三《官氏志》：「太安三年五月，以諸部護軍各為太守。」太安為文成帝時的年號。可見，直到太安三年，北魏才將對胡族聚居地區的軍事監護體制轉變為州郡行政。相比護軍的特殊性而言，北魏前期軍鎮的設置則遍見於各地。〔註7〕就其軍事上的職能而言，軍鎮不僅具有防護境內胡族及邊境安全的作用，對於防遏地方反叛，也同樣是北魏設置軍鎮的考慮。《魏書》卷五一《韓茂傳附韓均傳》：

> 廣阿澤在定、冀、相三州之界，土廣民稀，多有寇盜，乃置鎮以靜
> 之。以均在冀州，劫盜止息，除本將軍、廣阿鎮大將，加都督三州
> 諸軍事。均清身率下，明為耳目，廣設方略，禁斷姦邪。於是趙郡
> 屠各、西山丁零聚黨山澤以劫害為業者，均皆誘慰追捕，遠近震蹋。

韓均為廣阿鎮將的時間在獻文帝時期，廣阿鎮的設置就是為了打擊該地的寇盜，維護地方治安。〔註8〕可見，軍鎮的設置，其總的目的是為了維護地方安定，它們在北魏前期地方政權中的作用與地位，我們自然不能小覷。

嚴耕望先生將北魏軍鎮分為三類：（一）不設州郡縣地區之鎮；（二）與州郡並置且同治所之鎮；（三）設置於實行州郡體制的地區但轄區不同的鎮。其中第一類與第三類所屬的鎮，本身既統有土地與人民，第二類的鎮將一般帶本州刺史或兼督本州或附近諸州，因而也實際上由軍事將領而兼管民政，其性質也同於其他兩類。〔註9〕前賢的研究也向我們展示出，北魏前期地方軍

〔註6〕 嚴耕望：《中國地方行政制度史·魏晉南北朝地方行政》，第 817～835 頁；侯旭東：《北魏境內胡族政策初探》，《中國社會科學》，2008 年第 5 期。

〔註7〕 關於北魏軍鎮的設置情況，則有不少學者加以考索，參看周一良：《北魏鎮戍制度考及續考》，收入氏著《魏晉南北朝史論集》，中華書局，1963 年，第 199～219 頁；嚴耕望：《中國地方行政制度史·魏晉南北朝地方行政》，第 691～762 頁；牟發松：《北魏軍鎮考補》，《魏晉南北朝隋唐史資料》第 7 輯。根據諸位學者考證的結果，我們看到，軍鎮的設置雖然偏重於北邊及西北地方，但南邊地區在與南朝進行疆域爭奪和防守的過程中，此一地帶也同樣設立了大量的軍鎮。

〔註8〕 嚴耕望先生注意到在韓均之前已經有人擔任過廣阿鎮將，因此他懷疑獻文帝時期廣阿鎮實際上是廢而復置，見氏著《中國地方行政制度史·魏晉南北朝地方行政》，第 717 頁。我們由此也可以看到，即便是在內地，也會根據實際需要設立軍鎮。

〔註9〕 嚴耕望：《中國地方行政制度史·魏晉南北朝地方行政》，第 763～774 頁。

鎮在保證國家的軍事威懾的同時，也負責其所轄地區的民政，兼具行政性質。這樣，軍鎮體制就與州郡體制一起構成了北魏前期的地方行政體系。隨著北魏國家對地方社會控制的加強，不少軍鎮也漸漸裁撤或者轉變成州郡體系。這一轉變過程在北魏前期一直持續進行，而孝文帝時期這類操作則較爲集中。孝文帝以後，我們雖然還能夠見到軍鎮的影子，但其地位已大不如前，其職能也基本退到軍事防禦一點。〔註10〕

我們通過以上簡短的論述，大體勾勒出了北魏前期地方行政體系的主要方面。大體言之，在以漢族爲主的中原地區，州郡體制依舊是主要的行政制度；在西北、北方以及南邊地區，或者由於各族雜居，或者由於外敵侵擾，其緊張的地域形勢就促成了軍鎮、護軍體制的大幅推行，儘管這些地區也設立了州郡縣等，但軍鎮的地位顯然要高於州郡。對於漢族士人而言，進入中央或地方各級官僚體系是他們與北魏政權結合的主要方式，也是他們實現其政治理念的主要場所，這也是我們瞭解漢族士人的任職狀況及其政治地位的重要背景。

二、北魏前期漢族士人擔任地方各級行政長官的一般狀況

北魏前期進入政權中的漢族士人，基本上都需要先任職於中央各部門，然後才能根據相應的職位出任地方州郡長官。《魏書》卷三三《賈彝傳附賈秀傳》：「時秀與中書令勃海高允俱以儒舊見重於時，皆選擬方岳，以詢訪見留，各聽長子出爲郡守。」高允在文成帝時得爲中書令。賈秀主要活動於太武、文成兩朝，太武帝時，他做過景穆帝的太子中庶子，景穆帝死，他辭職歸家；文成帝時，文成帝因爲他爲景穆帝東宮舊臣而繼續任用他掌管吏部事。高允和賈秀「選擬方岳」的事當在文成帝末期。我們看到，出任地方官似乎也是一種加諸於身的榮耀。一般情況下，中央官員出任地方，根據其職位的品級或性質的不同，其擔任的地方行政長官的級別也是不同的。《魏書》卷九四《閹官·趙黑傳》：

〔註10〕 對於北魏後期軍鎮仍然存在這一點，學界無有異議，只是對於其具體的演變形態尚有不同的表述。梁偉基先生認爲北魏後期的軍鎮已趨於式微，其軍事功能也逐漸被戍和防取代，見氏著《北魏軍鎮制度探析》，載《中央民族大學學報》，1998 年第 2 期。日本學者直江直子則以「州鎮雙軌制」來描述北魏曾設立軍鎮並在以後發生轉變的地區的行政體系，但他也認爲州鎮雙軌制下的軍鎮也只具有了軍事職能，見氏著《北魏的鎮人》（李憑譯），載任繼愈主編：《國際漢學》第五輯，大象出版社，2000 年，第 105～137 頁。

是時尚書李訢亦有寵於顯祖，與黑對綰選部。訢奏中書侍郎崔鑒爲
東徐州，北部主書郎公孫處顯爲荊州，選部監公孫蓬爲幽州，皆曰
有能也，實有私焉。黑疾其虧亂選體，遂爭於殿庭曰：「以功授官，
因爵與祿，國之常典。中書侍郎、尚書主書郎、諸曹監，勳能俱立，
不過列郡，今訢皆用爲方州，臣實爲惑。」顯祖疑之，曰：「公孫蓬
且止。」蓬最爲訢厚，於是黑與訢遂爲深隙。

李訢選奏崔鑒等出任地方刺史，這件事發生在獻文帝時期。與李訢同掌選部
的趙黑認爲李訢對公孫處顯等人的選擬違背了相關的規定，有徇私之嫌。這
也提醒我們北魏前期對於中央職官和地方各級長官之間的遷轉已經形成了相
應的規定，趙黑才能據之反對，陳其「虧亂選體」。明乎此，我們才能對於北
魏漢族士人擔任地方各級行政長官的相關背景有所認識。

地方的各級行政長官，舉凡縣令長、太守、鎮將、刺史，漢族士人都有擔
任。當然，由於文獻記載闕失，我們不可能對數量龐大的各級行政長官的擔任
者進行完全的考察。僅就現存各類文獻進行統計，漢族士人多擔任過太守和刺
史二類地方長官，至於縣令長、鎮將，其數量遠不及前二類。我們先將北魏前
期漢族士人的擔任地方長官的記載匯爲一表（大體上以太和十五年爲界）：

表 4.1 北魏前期漢族士人擔任地方各級行政長官表

任職者	籍　貫	任職時間	擔　任　職　務	備　註	資　料　來　源
許謙	代	道武帝時	安遠將軍、陽曲護軍		《魏書》卷二四《許謙傳》
高湖	勃海蓨縣	道武帝時	右將軍、總代東諸部	以後燕燕郡太守歸順	《魏書》卷三二《高湖傳》
		太武帝時	寧西將軍、涼州鎮都大將、鎮姑臧		
高恒	勃海蓨縣	道武帝時	龍驤將軍、鉅鹿太守	以後燕鉅鹿太守歸順	同上《高湖傳附高恒傳》
李曾	趙郡	道武帝時	趙郡太守		《魏書》卷五三《李孝伯傳》
張恂	上谷沮陽	道武帝時	廣平太守；常山太守		《魏書》卷八八《張恂傳》
張袞	上谷沮陽	道武帝時	奮武將軍、幽州刺史		《魏書》卷二四《張袞傳》

鄧淵	安定	道武帝時	蒲丘令	實居河北	同上《鄧淵傳》
李先	中山盧奴	明元帝時	武邑太守		《魏書》卷三三《李先傳》
梁越	新興	明元帝時	雁門太守		《魏書》卷八四《梁越傳》
寇讚	馮翊萬年	明元帝時	綏遠將軍、魏郡太守；安南將軍、領護南蠻校尉、南雍州刺史	後秦滅後率民歸附	《魏書》卷四二《寇讚傳》
張蒲	河間修武	明元帝時	陳兵將軍、濟州刺史		《魏書》卷三三《張蒲傳》
		太武帝時	相州刺史	因貪而授	
刁雍	勃海饒安	明元帝時	假鎮東將軍、青州刺史	南朝入國	《魏書》卷三八《刁雍傳》
		太武帝時	平南將軍、徐州刺史；使持節、侍中、都督揚徐兗豫四州軍事、征東將軍、徐豫二州刺史；薄骨律鎮將		
司馬楚之	河內溫縣	太武帝時	假節、侍中、鎮西大將軍、開府儀同三司、雲中鎮大將、朔州刺史	南朝入國	《魏書》卷三七《司馬楚之傳》
司馬寶胤	河內溫縣	太武帝時	雁門太守	同上	同上《司馬楚之傳附司馬寶胤傳》
王慧龍	太原晉陽	太武帝時	滎陽太守	同上	《魏書》卷三八《王慧龍傳》
李熙	雁門	太武帝時	原平太守		《魏書》卷四八《高允傳》
宋愔	西河	太武帝時	廣平太守		《魏書》卷六三《宋弁傳》
韋閬	京兆杜陵	太武帝時	咸陽太守、武都太守		《魏書》卷四五《韋閬傳》
趙逸	天水	太武帝時	寧朔將軍、赤城鎮將	大夏歸順	《魏書》卷五二《趙逸傳》
趙柔	金城	太武帝時	河內太守	河西歸順	同上《趙柔傳》
索敞	敦煌	太武帝時	扶風太守	河西歸順	同上《索敞傳》

公孫軌	燕郡廣陽	太武帝時	虎牢鎮將		《魏書》卷三三《公孫表傳附公孫軌傳》
張昭	河間修武	太武帝時	寧東將軍、幽州刺史		《魏書》卷三三《張昭傳》
崔賾	清河東武城	太武帝時	平東將軍、冀州刺史	因劉宋以其弟崔諲爲冀州刺史而授	《魏書》卷三二《崔逞傳附崔賾傳》
崔恬	清河東武城	太武帝時	上黨太守；平南將軍、豫州刺史		《魏書》卷二四《崔玄伯傳附崔恬傳》
崔徽	清河東武城	太武帝時	散騎常侍、督雍涇梁秦四州諸軍事、平西將軍、長安鎮副將		同上《崔玄伯傳附崔徽傳》
崔寬	清河	太武帝時	弘農太守；鎮西將軍、陝城鎮將	河西歸順	同上《崔玄伯傳附崔寬傳》
張偉	太原中都	太武帝時	平東將軍、營州刺史		《魏書》卷八四《張偉傳》
王憲	北海劇縣	太武帝時	中壘將軍、上谷太守；安南將軍、并州刺史		《魏書》卷三三《王憲傳》
李順	趙郡平棘	太武帝時	使持節、都督秦雍梁益四州諸軍事、寧西將軍、開府、長安鎮都大將		《魏書》卷三六《李順傳》
高濟	勃海蓨縣	太武帝時	盱眙太守；滄水太守		《魏書》卷四八《高允傳附高濟傳》
郭逸	太原晉陽	太武帝時	徐州刺史		《魏書》卷六四《郭祚傳附郭逸傳》
李祥	趙郡平棘	太武帝時	綏遠將軍、淮陽太守；河間太守		《魏書》卷五三《李孝伯傳附李祥傳》
李靈	趙郡	太武帝時	淮陽太守		《魏書》卷四九《李靈傳》
		文成帝時	平南將軍、洛州刺史		
李寶	隴西狄道	太武帝時	鎮南將軍、并州刺史	河西歸順	《魏書》卷三九《李寶傳》
		文成帝時	鎮北將軍、懷荒鎮將		

李承	隴西狄道	文成帝時	龍驤將軍、滎陽太守	河西歸順	《魏書》卷三九《李寶傳附李承傳》
盧度世	范陽涿縣	文成帝時	假節、鎮遠將軍、齊州刺史〔註11〕		《魏書》卷四七《盧玄傳附盧度世傳》
高忱	勃海蓨縣	文成帝時	綏遠將軍、長樂太守		《魏書》卷四八《高允傳附高忱傳》
李長仁	勃海蓨縣	文成帝時	平南將軍、沛郡太守；彭城太守		《魏書》卷七二《李叔虎傳附李長仁傳》
李恢	趙郡	文成帝時	員外散騎常侍、安西將軍、長安鎮副將	以師傅之子而授	《魏書》卷四九《李靈傳附李恢傳》
李孝伯	趙郡平棘	文成帝時	使持節、散騎常侍、平西將軍、秦州刺史		《魏書》卷五三《李孝伯傳》
游雅	廣平任縣	文成帝時	散騎常侍、平南將軍、東雍州刺史		《魏書》卷五四《游雅傳》
李訢	范陽	文成帝時	使持節、安南將軍、相州刺史		《魏書》卷四六《李訢傳》
		孝文帝時	侍中、鎮南大將軍、開府儀同三司、徐州刺史		
游明根	廣平任縣	獻文帝時	員外常侍、冠軍將軍、東青州刺史；散騎常侍、平東將軍、都督兗州諸軍事、瑕丘鎮將；東兗州刺史		《魏書》卷五五《游明根傳》
李式	趙郡平棘	獻文帝時	平東將軍、西兗州刺史		《魏書》卷三六《李順傳附李式傳》
李璨	趙郡	獻文帝時	趙郡太守、常山太守		《魏書》卷四九《李靈傳附李璨傳》
劉休賓	北海都昌	獻文帝時	懷寧令	平齊民	《魏書》卷四三《劉休賓傳》
崔道固	清河	獻文帝時	寧朔將軍、平齊太守	南朝歸降	《魏書》卷二四《崔玄伯傳附崔道固傳》

〔註11〕　《北史》卷三〇《盧玄傳附盧度世傳》，「齊州」作「濟州」，非是。

谷闡	昌黎	獻文帝時	平南將軍、相州刺史		《魏書》卷三三《谷渾傳附谷闡傳》
張白澤	上谷沮陽	獻文帝時	雍州刺史		《魏書》卷二四《張袞傳附張白澤傳》
司馬金龍	河內溫縣	獻文帝時	侍中、鎮西大將軍、開府、雲中鎮大將、朔州刺史	襲其父司馬楚之官	《魏書》卷三七《司馬楚之傳附司馬金龍傳》
辛紹先	隴西狄道	獻文帝時	寧朔將軍、下邳太守	河西歸順	《魏書》卷四五《辛紹先傳》
寇臻	馮翊萬年	獻文帝時	中川太守、弘農太守		《魏書》卷四二《寇讚傳附寇臻傳》
		孝文帝時	振威將軍、比陽鎮將;建威將軍、郢州刺史		
李茂	隴西狄道	孝文帝時	鎮西將軍、長安鎮都將;西兗州刺史	李寶之子	《魏書》卷三九《李寶傳附李茂傳》
李輔	隴西狄道	孝文帝時	鎮遠將軍、穎川太守	李寶之子	同上《李寶傳附李輔傳》
李佐	隴西狄道	孝文帝時	常山太守;安南將軍、懷州刺史;安東將軍、相州刺史	李寶之子	同上《李寶傳附李佐傳》
司馬躍	河內溫縣	孝文帝時	雲中鎮將、朔州刺史,假安北將軍	襲其兄司馬金龍	《魏書》卷三七《司馬楚之傳附司馬躍傳》
李璞	范陽	孝文帝時	長安副將		《魏書》卷四六《李訢傳附李璞傳》
酈範	范陽涿鹿	孝文帝時	平東將軍、青州刺史		《魏書》卷四二《酈範傳》
谷季孫	昌黎	孝文帝時	吐京鎮將		《魏書》卷三三《谷渾傳》
韓秀	昌黎	孝文帝時	平東將軍、青州刺史		《魏書》卷四二《韓秀傳》
韓麒麟	昌黎棘城	孝文帝時	冠軍將軍、齊州刺史		《魏書》卷六〇《韓麒麟傳》
王嶷	北海劇縣	孝文帝時	使持節、鎮西將軍、秦州刺史		《魏書》卷三三《王憲傳附王嶷傳》
張靈符	河間修武	孝文帝時	建威將軍、廣平太守;鎮遠將軍、齊州刺史		《魏書》卷三三《張蒲傳附張靈符傳》
邢祐	河間鄭縣	孝文帝時	建威將軍、平原太守		《魏書》卷六五《邢巒傳附邢祐傳》

李安世	趙郡平棘	孝文帝時	假節、安平將軍、相州刺史		《魏書》卷五三《李孝伯傳附李安世傳》
劉藻	廣平易陽	孝文帝時	北地太守；龍驤將軍、雍城鎮將；岐州刺史；秦州刺史	隨文成帝李後之兄李嶷入國	《魏書》卷七〇《劉藻傳》
崔衡	清河	孝文帝時	鎮西將軍、泰州刺史		《魏書》卷二四《崔玄伯傳附崔衡傳》
許赤虎	博陵	孝文帝時	東郡太守		《魏書》卷四六《許彥傳附許赤虎傳》
崔鑒	博陵安平	孝文帝時	奮威將軍、東徐州刺史		《魏書》卷四九《崔鑒傳》
崔辯	博陵安平	孝文帝時	散騎侍郎、平遠將軍、武邑太守		《魏書》卷五六《崔辯傳》
高允	勃海蓨縣	孝文帝時	使持節、散騎常侍、征西將軍、懷州刺史		《魏書》卷四八《高允傳》
高祐	勃海	孝文帝時	持節、輔國將軍、西兗州刺史，鎮滑臺		《魏書》卷五七《高祐傳》
裴修	河東聞喜	孝文帝時	張掖子都大將		《魏書》卷四五《裴駿傳附裴修傳》
杜洪太	京兆	孝文帝時	安遠將軍、下邳太守；梁郡太守；鷹揚將軍、絳城鎮將，帶新昌、陽平二郡太守		《魏書》卷四五《杜銓傳》
劉模	長樂信都	孝文帝時	穎川太守、新蔡太守		《魏書》卷四八《高允傳附劉模傳》
鄭義	滎陽開封	孝文帝時	安東將軍、西兗州刺史		《魏書》卷五六《鄭義傳》
賈儁	長樂廣川〔註12〕	孝文帝時	顯武將軍、荊州刺史		《魏書》卷三三《賈彝傳附賈儁傳》
鄧宗慶	安定	孝文帝時	安南將軍、涇州刺史；徐州刺史		《魏書》卷二四《鄧淵附鄧宗慶傳》

〔註12〕賈氏原籍武威。《魏書》卷三三《賈彝傳》:「賈彝，字彥倫，本武威姑臧人也。六世祖敷，魏幽州刺史、廣川都亭侯，子孫因家焉。」賈儁爲賈彝之子，賈彝之六世祖由原籍遷居廣川，嚴格言之，他們早已失去與原籍地的聯繫，並在徙居地開始新的發展，已經不能算作河西人士了。

以上是對文獻中所見北魏前期漢族士人擔任地方行政長官的一個統計。就時段上而言，道武帝時 7 人次、明元帝時 6 人次，太武帝時 26 人次、文成帝時 10 人次、獻文帝時 10 人次、孝文帝時 28 人次。〔註13〕單論這一列數字，太武帝與孝文帝兩朝的任職人數較為突出，這應該與他們在位時間較長以及二者在位時的制度變革等因素有關。就任職者的地域及家族分佈而言，仍主要集中在幽、冀、定、幷諸州，其中大部分又來自幾個主要的家族，如勃海高氏、清河崔氏、趙郡李氏、博陵崔氏。來自西北地方的漢族士人也有一些，這之中又以隴西李氏尤為突出。李寶及其諸子基本上都曾出任過地方州郡及軍鎮長官，西北地方的士人以擔任太守者居多。來自河南地區的漢族士人——包括從南朝入魏者——出任地方各級行政長官的人數則明顯地處於劣勢。

以下對漢族士人擔任的各級行政長官進行具體的分析。

（一）郡 守

以上表中各人最後任職為準，漢族士人擔任太守者為 28 人，擔任刺史者為 37 人。這兩個數字似乎表明漢族士人擔任刺史要多於太守，但這並不是北魏前期的實際情形。我們首先應注意到上述擔任過刺史者的漢族士人中也有一些在此之前也擔任過太守。其次，北魏前期的一些實例也能夠證實漢族士人擔任太守的實際比重是比較高的。《魏書》卷四八《高允傳》：

> 初，崔浩薦冀、定、相、幽、幷五州之士數十人，各起家郡守。恭宗謂浩曰：「先召之人，亦州郡選也，在職已久，勤勞未答。今可先補前召外任郡縣，以新召者代為郎吏。又守令宰民，宜使更事者。」浩固爭而遣之。

崔浩抱著「齊整人倫，分明姓族」的目的，試圖將北魏國家變成一個高官與儒學合一的政權，這種政治理想和門閥意識，必定使崔浩在薦舉人才之時注重其學識素養。儘管其所薦五州之士的具體情況我們一無所知，但大體上是經明行修且具士族背景的士人卻無可懷疑。崔浩所推薦的這批人都直接任命為郡守，這也能夠證明漢族士人多為郡守。景穆帝拓跋晃反對崔浩此舉是因為這種做法不符合相關的規定，即徵召之人應先為郎吏，經過歷練之後才能出任郡縣。能夠證明漢族士人多為郡守的另一事例則為神䴥四年徵士的任職情

〔註13〕文成帝時高允曾做《徵士頌》一文列舉了 34 位徵士的最後任職，他們大部分都擔任過地方太守、軍府僚佐等職，但其具體任職時間無法肯定，所以此處未錄入。當然，我們隨後將對他們進行分析。

況，這在高允的《徵士頌》一文中有相關記載。他們的任職大體上可以分爲中
央機構職官、州郡長官、州郡僚佐、軍府僚佐等數類。我們將任爲州郡長官
的人員摘錄如下：

> 河內太守、下樂侯廣寧燕崇玄略；
>
> 上黨太守、高邑侯廣寧常陟公山；
>
> 河西太守、饒陽子博陵許堪祖根；
>
> 京兆太守趙郡李訢令孫；
>
> 營州刺史、建安公太原張偉仲業；
>
> 東郡太守、蒲縣子中山劉策；
>
> 濮陽太守、眞定子常山許琛；
>
> 滄水太守、浮陽侯勃海高濟叔民；
>
> 太平太守、平原子雁門李熙士元；
>
> 廣平太守、列人侯西河宋愔；
>
> 陳留郡太守、高邑子趙郡呂季才。〔註14〕

以上 11 人，占神䴥徵士 35 人中的近三分之一。上面所列的職官也應該是各人
最後的實際任職，這從其中在《魏書》等文獻中有記載的諸人可以獲得證實。
如張偉，先後任爲中書博士、中書侍郎、散騎侍郎等職，而營州刺史正是其
最後任職；〔註15〕宋愔則歷任中書博士、員外散騎侍郎，廣平太守也是其最
後任職；〔註16〕高濟歷任中書博士、盱眙太守、遊擊將軍，其最後任職爲滄
水太守。〔註17〕11 人擔任的地方行政長官以郡太守爲主，擔任過刺史的僅張
偉一人。這種明顯的人數對比也能夠說明漢族士人的地方任職應以郡守爲
主。應該說明的是，北魏前期地方各級長官均設三位、郡守置而不臨民理政
的規定在北魏前期找不到確切的實例，但郡守臨民理政的實例卻很多。《魏書》
卷八四《儒林·梁越傳》：「太宗即祚，以師傅之恩賜爵祝阿侯。後出爲雁門
太守，獲白雀以獻。」既云「出爲雁門太守」，則梁越實際到任當無疑。《魏
書》卷三八《王慧龍傳》：「世祖賜（慧龍）以劍馬錢帛，授龍驤將軍，賜爵
長社侯，拜滎陽太守，仍領長史。在任十年，農戰並修，大著聲績。招攜邊

〔註14〕《魏書》卷四八《高允傳》，第 1079～1080 頁。
〔註15〕《魏書》卷八四《儒林·張偉傳》，第 1844 頁。
〔註16〕《魏書》卷六三《宋弁傳》，第 1414 頁。
〔註17〕《魏書》卷四八《高允傳附高濟傳》，第 1092 頁。

遠，歸附者萬餘家，號爲善政。」又《魏書》卷五六《崔辯傳》：「（辯出爲）散騎侍郎、平遠將軍、武邑太守。政事之餘，專以勸學爲務。」崔辯爲武邑太守當在獻文、孝文時期。以上諸人都實際到其所授之郡親理庶務，這也說明北魏前期漢族士人擔任的郡守不是職名空授，而是實際的郡務處理。

（二）刺　史

在北魏前期的地方行政體系中，根據傳世文獻的記載進行統計，漢族士人擔任刺史的人數不是太多。高峰期在孝文帝時期，我們共統計到 20 人次，占整個擔任刺史的人次總數的近一半。如果我們對漢族士人所刺諸州進一步考察，以下幾點則值得我們注意：

首先，就擔任刺史的漢族士人的家族背景而言，河北世家大族顯然佔據優勢地位。如清河崔氏、趙郡李氏、廣平游氏、勃海高氏等。上述各族往往有多人出任地方刺史。當然，其他一些地方豪族、漢族士人也能通過自己的才能或威望以獲刺史之任。如來自南朝的劉藻，涉獵群籍，他成功地平定了北地郡的羌亂，也就一直駐守西北，先後歷經岐州刺史、秦州刺史。〔註 18〕來自馮翊郡的寇讚也是一方豪望。《魏書》卷四二《寇讚傳》：

> 姚泓滅，秦雍人千有餘家推讚爲主，歸順。拜綏遠將軍、魏郡太守。
>
> 其後，秦雍之民來奔河南、滎陽、河內者戶至萬數，拜讚安遠將軍、
>
> 南雍州刺史、軹縣侯，治於洛陽，立雍州之郡縣以撫之。

寇讚所任之南雍州實際上是僑立於河南的雍州。北魏任其爲南雍州刺史，顯然也是借重其聲望以鎮撫新附之民。太原張偉，學通諸經，講授於鄉里，他在北魏政權中仕途的展開是從他神䴥四年被徵開始，他最後也出任營州刺史。〔註 19〕應該說，北魏前期漢族士人能夠出爲地方刺史，其家族背景以及與統治者的密切關係要起到重要作用。

其次，漢族士人擔任刺史之時，朝廷同樣也授予將軍號，如刁雍曾授予征東將軍（從一品中），司馬楚之、司馬金龍以鎮西大將軍（從一品上）鎮雲中。但這些都可以算作較爲特殊的情況。一般而言，與北魏前期的代人集團尤其是拓跋宗室相比，漢族士人所獲得的將軍號明顯偏低。〔註 20〕總體來看，

〔註 18〕 《魏書》卷七〇《劉藻傳》，第 1549 頁。

〔註 19〕 《魏書》卷八四《儒林·張偉傳》，第 1844 頁。

〔註 20〕 關於拓跋宗室出刺地方所帶的將軍號，劉軍先生已有細緻的討論，參看劉軍：《北魏宗室階層研究》，吉林大學博士學位論文，2009 年，第 148、157 頁。

漢族士人所獲得的將軍號最高可達「四鎮」將軍，但人數較少，比較常見的是「四安」、「四平」將軍。據前職令所示，「四安」將軍爲第二品，「四平」將軍爲從二品。除開一些前職令未加記載的軍號外，〔註21〕漢族士人所獲將軍號的最低品級則以列於前職令第四品的建威、奮威、振威將軍、奮武將軍爲斷。〔註22〕

再次，漢族士人所任刺史的地域分佈也有其特點。就表 4.1 所列進行考察，我們可將北魏前期漢族士人所任的諸州及其擔任人次作以下區分：

河淮地區：濟州（1 次）、青州（3 次）、徐州（4 次）、豫州（1 次）、齊州（3 次）、東青州（1 次）、東兗州（1 次）、西兗州（4 次）、東徐州（1 次）；

西北地方：秦州（2 次）、東雍州（1 次）、雍州（1 次）、岐州（1 次）、泰州（1 次）、洛州（1 次）、涇州（1 次）；

河洛汝潁地區：南雍州（1 次）、郢州（1 次）、荊州（1 次）；

河北地區：幽州（2 次）、相州（5 次）、冀州（1 次）、營州（1 次）、并州（2 次）、懷州（2 次）、朔州（2 次）。

從以上的分析中不難看到，儘管漢族士人擔任刺史遍佈整個北方地區，但淮河以北、太行山以東的山東地區則是其主要分佈地域。這一點也可以爲魏收的觀察所證實：「有魏初拓中州，兼幷疆域，河南、關右，遺黎未純，擁節分符，多出豐沛。」〔註23〕此之「豐沛」人士所涉及的正是北魏國家倚爲核心的代人集團。他們所駐守的也正是漢族士人任職分佈較少的地方。進一步言之，河淮地區又要多於山東河北。實際上，在北魏河北地區的幾個要州如幽州、定州、冀州、相州等，是自道武帝平定河北以後即行設置的。在北魏前期上述各州刺史的擔任者基本上以拓跋宗室、代北勳貴、宦官以及其他與拓跋氏有特殊關係的人群爲主。上列河北地區各州中漢族士人擔任刺史的

〔註21〕如張蒲爲陳兵將軍、濟州刺史，李安世爲安平將軍、相州刺史，張昭爲寧東將軍、幽州刺史，上述陳兵將軍、安平將軍、寧東將軍，太和前職令中均未見，其品級亦難推斷。

〔註22〕爲便於對比，我們略述漢族士人爲鎮將和太守時所獲得的將軍號於此。北魏前期中央官員出任太守時一般也授予將軍號，但史書對漢族士人爲太守時所授的將軍號記載較爲疏略，就載於史冊的記載而言，以李長仁以平南將軍（從二品上）出任沛郡太守爲最高，更多的則授予處於從三品、第四品的將軍號，最低則可到第七品的綏遠將軍。漢族士人出任鎮將時則多授以「四安」、「四平」將軍。

〔註23〕《魏書》卷八八《良吏傳序》，第 1899 頁。

人數除相州外，大多以一、二人次爲常。

（三）鎭　將

　　漢族士人很少能出任軍鎭鎭將，這與軍鎭本身的性質有關。一方面軍鎭乃安置兵士之所，出任鎭將也就意味著掌控強兵。對於就任者而言，這既是他們建功立業，並以之加官進爵的重要手段，同時也是他們擁權自重、謀求私利的重要資本。從北魏前期的政治生態來看，代北集團在軍事上的主導地位使他們難以插足，而北魏國家對漢人的防範也使得他們難以在軍事上有所作爲。另一方面，漢族士人也能夠具備武藝素養的不算太多，這也使得他們難以勝任鎭將之職。北魏軍鎭設置眾多，其興廢時間也不一樣，而且限於資料，我們也不可能對各個軍鎭任職者一一考索。我們僅以長安鎭爲例對此加以說明。

　　長安自後秦滅亡不久即歸赫連夏所佔領。到太武帝始光三年（426 年），北魏一度佔領長安，後又被赫連氏奪回，直到神䴥三年（430 年）北魏消滅赫連夏，長安才歸北魏所有。〔註 24〕北魏隨即於長安設鎭，並一直到孝文帝中葉爲止。〔註 25〕長安鎭是北魏前期一個十分重要的軍鎭，其軍事長官的設置可見到都大將、鎭將、副將等職。而關於長安鎭具體的任職者，我們根據正史及墓誌等材料搜集到約 33 人曾擔任過長安鎭的軍事長官，這些人中又以拓跋宗室和代北勳貴爲主。可以確定爲漢族士人的則包括李順、李茂、李璞、李恢、崔徽、唐欽等 6 人。這些人的任用也仍舊具有一定的特殊性。如李恢，「高宗以恢師傅之子，拜員外散騎常侍、安西將軍、長安鎭副將，進爵爲侯，假鉅鹿公」，〔註 26〕李恢是李靈之子，李靈曾教授過文成帝儒經，這樣一種關係就使得李恢受到特別優待。李璞與李茂均擔任過長安鎭將，李茂爲李寶之子，李璞爲李訢之弟，二人的仕途得益於其家族與北魏皇權的親密關係自不待言。至於李順，他倒是以都大將的身份鎭守長安，但爲時不長即被召回。唐欽爲唐和之子，唐和於太武帝時從西域歸魏，一直受到北魏朝廷的優待，唐欽也因此得入中書學，並在孝文帝時出鎭長安。〔註 27〕值得注意的是崔徽。《魏書》卷二四《崔玄伯傳附崔徽傳》：

　　　　樂安王範鎭長安，世祖以範年少，而三秦民夷，愅險多變，乃選忠

〔註 24〕《魏書》卷四《世祖紀》，第 69～78 頁。
〔註 25〕嚴耕望：《中國地方行政制度史‧魏晉南北朝地方行政》，第 723～725 頁。
〔註 26〕《魏書》卷四九《李靈傳附李恢傳》，第 1097 頁。
〔註 27〕《魏書》卷四三《唐和傳附唐欽傳》，第 963 頁。

> 清舊德之士，與範俱鎮。以徽爲散騎常侍、督雍涇梁秦四州諸軍事、
> 平西將軍、副將，行樂安王傅，進爵濟南公。徽爲政務存大體，不
> 親小事。性好人倫。引接賓客，或談及平生，或講論道義，誨誘後
> 進，終日不止。

崔徽爲崔玄伯之弟，他在樂安王拓跋範出鎮長安之時受到了北魏朝廷的倚重。儘管是副將身份，但拓跋範年少，實際事務的處理恐怕還是由崔徽來完成。當然，以上諸人在整個長安鎮將的擔任者中僅占較少份額，我們也不能因爲崔徽、李順等的例子而對漢族士人在北魏前期軍事政治上的地位而加以拔高。

更需注意的是，北魏在長安設立軍鎮之際也同時設立了雍州的行政規劃。〔註 28〕同時兼任長安鎮將與雍州刺史的情況也所在多見。即便在州、鎮長官分置的情況下，軍鎮鎮將的地位也要高於刺史。《魏書》卷三〇《王建傳附王斤傳》：

> 關隴平，（王）斤徙鎮長安，假節、鎮西將軍。斤遂驕矜，不順法度，
> 信用左右，調役百姓，民不堪之，南奔漢川者數千家。而委罪於雍
> 州刺史陽文祖、秦州刺史任延明。世祖召問二人，各以狀對。世祖
> 知爲斤所誣，遣宜陽公伏樹覆按虛實，得數十事。遂斬斤以徇。

王斤爲長安鎮將而調役百姓，卻將責任歸於雍州、秦州二刺史，這實際上也提示我們，長安鎮轄區的刺史是受鎮將統領的。這種種情況就意味著雍州與長安軍鎮實際上是州鎮合一的結構，鎮將兼理民政，軍事權力往往在民政之上。根據吳廷燮的考索，太和十五年之前擔任過雍州刺史的共計 27 位，拓跋宗室就達 13 位，其他仍以代北胡族爲主。〔註 29〕漢族士人也只有張白澤一人，他在獻文帝時期出任雍州刺史，史家稱其治理「清心少欲，吏民安之」，〔註 30〕這也只能算作一個較爲籠統和一般化的評價。張白澤恐怕也未能擔負雍州軍鎮的軍事職責。

雍州地方這種軍事和民政之間的複雜結構可以當做北魏前期地方行政中一種較爲普遍的現象。在各種不穩定因素尚未妥善處置之前，軍事職能是爲地方行政的核心，這在設置軍鎮的地區尤其如此。根據學者的研究，北魏軍

〔註 28〕　毋有江：《北魏的州建制》，《國學研究》第 20 卷，北京大學出版社，2007 年，第 316 頁。
〔註 29〕　吳廷燮：《元魏方鎮年表》，第 4550～4553 頁。
〔註 30〕　《魏書》卷二四《張袞傳附張白澤傳》，第 616 頁。

鎮將領的擔任者中，以拓跋宗室爲主的代北集團占了大多數。儘管隨著時間的發展有一些變化，但這種基本格局卻依然保持。〔註31〕

　　至於其他地區的軍鎮中漢族士人的任職情況，我們在表4.1中可以看出，漢族士人擔任過鎮將也有一些，其任職的軍鎮也分佈於各地。當然，我們仍可以從中發現一些較爲突出的特徵。司馬楚之家族世襲雲中鎮將的例子可以說是北魏前期漢族士人中尤爲特出的現象。但司馬家族這種世襲鎮將的局面乃是各種因素綜合作用的結果。司馬楚之雖然很早即歸附北魏，但在進入平城之前一直活動於南北中間地區，實際上仍是一支獨立的力量。一俟到達平城，北魏就任其爲雲中鎮都大將，這種安排暗含抑制其地方勢力和撫慰的雙重意義。接下來，司馬楚之家族與拓跋氏的婚姻行爲顯然更進一步促成了他們對雲中鎮的世襲。〔註32〕與司馬楚之具有類似經歷的還有刁雍和高湖。刁雍於明元帝時與王慧龍等從後秦投奔北魏，他「上表陳誠，於南境自效」，〔註33〕得到明元帝的允許之後，一直活動於徐兗地區，直到太武帝眞君三年（442年）。刁雍在北魏南境的軍功得到北魏國家的肯定，但同樣免不了北魏國家的某種防範心理。眞君五年，刁雍被調離長期經營的徐兗地區，出任薄骨律鎮將。對於高湖，我們也應該將其與刁雍和司馬楚之等置於同一視角下看待。《魏書》卷三二《高湖傳》：「（慕容）寶立，乃起湖爲征虜將軍、燕郡太守。寶走和龍，兄弟交爭，湖見其衰亂，遂率戶三千歸國。太祖賜爵東阿侯，加右將軍，總代東諸部。世祖時，除寧西將軍、涼州鎮都大將，鎮姑臧，甚有惠政。」高湖率戶歸國，這是他具有較強的地方勢力的表徵。道武帝令其「總代東諸部」，這也是承認其地方威望的做法。太武帝將其調離本籍，遠任涼州，這也應該是對待刁雍等做法的再次運用。

　　以上是對北魏前期漢族士人擔任地方各級行政長官的情況進行的分析。漢族士人在地方行政體系中以擔任郡太守爲主。在刺史的任命方面，具有世族背景的漢族士人顯然更具優勢。當然，漢族士人擔任刺史的區域則以山東地區爲主。同時，漢族士人在北魏前期國家軍事方面的參與度有限，這也導致他們很少能擔任軍事性殊強的軍鎮鎮將。《舊本魏書目錄敍》：「（拓跋

〔註31〕　參看沈剛：《北魏鎮將問題探討》，收入吉林大學古籍研究所編《「1～6世紀中國北方邊疆·民族·社會國際學術研討會」論文集》，科學出版社，2008年，第134～142頁。

〔註32〕　《魏書》卷三七《司馬楚之傳》，第857頁。

〔註33〕　《魏書》卷三八《刁雍傳》，第865頁。

氏）其始也，公卿方鎮皆故部落酋大，雖參用趙魏舊族，往往以猜忌夷滅。」
〔註34〕就北魏前期的實際情況來看，這種判斷確實是較爲符合事實的。

三、漢族士人任職的地域性

　　不可否認，對於新歸附的地區或人口，不管其歸附是否爲北魏國家的軍
事征服所致還是一種主動的行爲，新附者和北魏政權之間都需要一個逐漸適
應的過程。直到新附者的疑慮漸漸消泯並對北魏政權產生認同爲止，北魏國
家統治空間的擴展才能眞正實現。新附地區及人口的這種政治狀況也是北魏
統治者充分意識到的。儘管我們沒有找到北魏統治者對此的具體言論或政策
的文本，但文獻中所顯示出來的北魏統治者的具體做法——即以本地豪望管
理相應地區——卻從一個側面顯示出北魏統治者的相關思考和實踐。當然，
我們首先需要指出的是，這一安排是出於北魏國家安撫新人，建立統治基礎
的政治考量，這種任職的地域性的特點並非針對所有漢族士人而言。

　　先就西北地方進行考察。由於儒學的昌盛和統治者的重視，河西地區固
多士人。北魏國家在平定沮渠政權之後，大批士人也都列爲被遷徙之列，分
置於平城和其他地區，乃至發配各軍鎮成爲府戶，能夠留在原地的也是北魏
政府特別優待的結果。《魏書》卷五二《劉昞傳》：「世祖平涼州，士民東遷，……
世祖詔諸年七十以上聽留本鄉，一子扶養。」應該說，河西地區的漢族士人
在進入北魏政權伊始就沒有優勢可言。我們在前面的考察中已經看到，河西
地區的漢族士人除個別情況外，在北魏中央政權中的仕宦少有顯赫，其政治
地位自然也受到限制，有的甚至無宦而終。

　　河西地區的漢族士人除了隴西李氏等少數家族之外，他們在地方上的任
職大體上無多稱道，但也有一些情況值得我們注意。《魏書》卷二四《崔玄伯
傳附崔寬傳》：

> 時清河崔寬，字景仁。祖彤，隨晉南陽王保避地隴右，遂仕於沮渠、
> 李暠。父剖，字伯宗，每慷慨有懷東土，常歎曰：「風雨如晦，雞鳴
> 不已，吾所庶幾。」及世祖西巡，剖乃總率同義，使寬送款。世祖
> 嘉之，拜寬威遠將軍、岐陽令，賜爵沂水男。遣使與寬俱西，撫慰
> 初附。……寬還京，拜散騎侍郎、寧朔將軍、安國子。未幾，出爲

〔註34〕《魏書》第 3065 頁。

弘農太守。

崔剖與崔浩同宗。他在太武帝西征之際主動歸附，能夠「總率同義」前來歸附，則說明崔剖在河西地區已經形成了較高的威信。崔剖的歸附贏得了太武帝的信任，在撫慰初附的事情上，崔剖及其子崔寬就自然會被太武帝委以重用。我們看到，儘管崔剖歸附不久就逝世，但崔寬卻能夠長期駐任關右，先後擔任岐陽令、弘農太守以及陝城鎮將等職。又如韋閬。《魏書》卷四五《韋閬傳》：

> 韋閬，字友觀，京兆杜陵人。世為三輔冠族。……閬少有器望，值慕
> 容氏政亂，避地於薊城。世祖徵拜咸陽太守，轉武都太守。屬杏城鎮
> 將郝溫及蓋吳反，關中擾亂，閬盡心撫納，所部獨全。在郡十六年。

韋閬一族被目為三輔冠族。韋閬父祖自西晉時起就仕宦於河北，我們從韋閬避地薊城一點也可以看出韋閬一支當早已脫離原籍。然而北魏統治河北之後，韋閬仍舊被安排到關中任職。究其因，京兆韋氏所具有的地方威望得到了北魏政府和關中地方的共同認可。後秦被滅之後，也有大批民眾向關東逃亡。對於從關中東出的流民，北魏國家仍善加安置，以聲望著於鄉里的漢族士人也成了管理流民的重要人選。《魏書》卷四二《寇讚傳》：

> 姚泓滅，秦雍人千有餘家推讚為主，歸順。拜綏遠將軍、魏郡太守。
> 其後，秦雍之民來奔河南、滎陽、河內者戶至萬數，拜讚安遠將軍、
> 南雍州刺史、軹縣侯，治於洛陽，立雍州之郡縣以撫之。由是流民
> 繦負自遠而至，三倍於前。賜讚爵河南公，加安南將軍，領護南蠻
> 校尉，仍刺史，分洛豫二州之僑郡以益之。

寇氏為馮翊鄉豪。寇讚居於馮翊，平素以禮儀自重，地方威望頗高，這從他被鄉人推舉歸順北魏一事既可看出。也正是寇讚這種地方聲望，使得北魏政府尤其注意對其善加利用。北魏僑立南雍州於洛陽以處置關中流民，以寇讚為南雍州刺史，這完全是要他安撫新民，維護一方穩定。可見，任用本地的士人對初步控制的西北地方和人口進行管理，成了北魏國家經常採用的一種辦法。

就河北地區來說，北魏在初入河北之時，一批仕於慕容後燕的實力派人士主動棄後燕而歸附北魏，北魏政府往往注意對其的撫慰與利用。《魏書》卷三二《高湖傳》：

> （高）湖少機敏，有器度，與兄韜俱知名於時，雅為鄉人崔逞所敬
> 異。……（慕容）寶立，乃起湖為征虜將軍、燕郡太守。寶走和龍，
> 兄弟交爭，湖見其衰亂，遂率戶三千歸國。太祖賜爵東阿侯，加右

　　將軍，總代東諸部。

高湖歸魏的具體時間在史料中有記載。《魏書》卷二《太祖紀》：「（天興二年）十有二月甲午，慕容盛征虜將軍、燕郡太守高湖率戶三千內屬。」高湖以名器顯於鄉里，在後燕政權中經歷顯職。他率領附魏的當是他為燕郡太守治下的人戶。這種個人的盛望顯位也讓北魏政府不敢怠慢，仍讓其總代東諸部，這也應該是對高湖具有的社會勢力的承認和利用。與高湖一同歸魏的還有其弟高恒。《魏書》卷三二《高湖傳附高恒傳》：「（高恒為）慕容垂鉅鹿太守。太祖時，率郡降，賜爵涇縣侯，加龍驤將軍，仍守鉅鹿。」高恒以鉅鹿降魏，北魏仍任命他為鉅鹿太守，對他的安置也基本上同於其兄高湖。道武帝則仍以原職相授，這便能有效地收攝人心，使歸降之人不起異心，同時又能利用他們穩定地方。這種做法也發生在高湖身上。

　　不光是對於從後燕主動歸降的漢族士人，北魏政府會採用上述的安置方式，在以後北魏進攻北燕之時，對於主動歸降者也善加處置。因為這樣不僅可以迅速穩定人心，同時也起到一種示範作用，動搖了敵方的軍心民意。《魏書》卷四六《李訢傳》：「李訢，字元盛，小名真奴，范陽人也。曾祖產，產子績，二世知名於慕容氏。父崇，馮跋吏部尚書、石城太守。延和初，車駕至和龍，崇率十餘郡歸降。世祖甚禮之，呼曰『李公』，以崇為平西將軍、北幽州刺史、固安侯。」太武帝對於率郡歸降的李崇頗為優崇，同時又任命他為北幽州刺史。如上所述，這顯然也是一種政治含義豐富的做法。同樣，遼東高育的歸附也具有相同的性質。《魏書》卷六二《高道悅傳》：

　　　　高道悅，字文欣，遼東新昌人也。曾祖策，馮跋散騎常侍、新昌侯。

　　　　祖育，馮文通建德令。值世祖東討，率其所部五百餘家歸命軍門，

　　　　世祖授以建忠將軍，齊郡、建德二郡太守，賜爵肥如子。

與李崇一族相同，高道悅的父祖也是世仕慕容氏，與慕容氏以及北燕馮氏政權都有緊密的關係。他們在慕容鮮卑中央和地方各級政權中都有較為深厚的勢力基礎和政治聲望，在兩國交爭之際，他們的動向對於戰爭形勢的變化勢必產生關鍵性的影響。基於這樣一種考慮，北魏在初入河北與後燕相手，以及太武帝時消滅北燕的戰爭中，對於這批望重勢顯的漢族士人自然會極力拉攏，妥為利用。

　　就北魏南方地區而言，北魏前期則一直處於南北交爭的狀態，其南邊統治區域就處於變動之中。在這種情形之下，北魏國家除了開展以代人集團為

主的軍事進攻和防守之外，利用主要是從南朝投奔過來的漢族士人經營南邊也成了比較突出的現象。《魏書》卷六四《張彝傳》：

> 張彝，字慶賓，清河東武城人。曾祖幸，慕容超東牟太守，後率戶歸國。世祖嘉之，賜爵平陸侯，拜平遠將軍、青州刺史。祖準之襲，又爲東青州刺史。

張彝之祖、父張幸、張準之從南燕歸魏，北魏政府僑置青州，安排張幸父子相繼擔任青州刺史，安置初附。〔註35〕

　　如果說北魏國家對清河張彝一族的措置還只是一種消極的撫慰手段的話，那對刁雍等人的任用則更顯示出北魏國家對拓展統治空間的積極態度。《魏書》卷三《太宗紀》：

> （泰常二年）九月癸酉，司馬德宗平西將軍、荊州刺史司馬休之，息譙王文思，章武王子司馬國璠、司馬道賜，輔國將軍溫楷，竟陵內史魯軌，荊州治中韓延之、殷約，平西參軍桓謐、桓璲及桓溫孫道子，勃海刁雍，陳郡袁式等數百人來降。

明元帝泰常二年歸魏的這批南人數量不小，其中得到任用者則有不少駐任南邊。如韓延之爲虎牢鎮將；〔註36〕王慧龍的仕途雖然較爲坎坷，但他也在太武帝時被授予滎陽太守，「在任十年，農戰並修，大著聲績。招攜邊遠，歸附者萬餘家，號爲善政」；〔註37〕至於刁雍、司馬楚之等人，他們都在歸附之後很長一段時間內接受北魏朝廷的封贈，並保持著較爲獨立的活動狀態。不管怎樣，王慧龍等人的活動使得南朝的北邊安全常常受到威脅，這也在一定程度上達到了北魏加強對南方邊境控制的目的。與王慧龍等有過多次交手的南朝軍將到彥之就曾對北魏安置在南部邊境地帶的漢族士人做過評價：「魯軌頑鈍，馬楚粗狂，亡人之中，唯王慧龍及韓延之可爲深憚。不意儒生懦夫，乃令老子訝之。」〔註38〕

　　需要指出的是，北魏政府雖然啓用了一些南來士人，利用他們對南方地區的熟悉以及人脈招徠南朝民眾，但這只是北魏政府還不能以直接有效的方式控制南邊州郡之前的權宜之計，一俟其有能力直接管理之後，其政策的改

〔註35〕毋有江先生推測張准之所刺之東青州實即其父所受之青州，二者異名而同指。參看氏著《北魏的州建制》，第316頁。
〔註36〕《魏書》卷三八《韓延之傳》，第880頁。
〔註37〕《魏書》卷三八《王慧龍傳》，第876頁。
〔註38〕《魏書》卷三八《王慧龍傳》，第876頁。

變就是十分明顯的。獻文帝時，北魏國家利用南朝劉宋內部政治紛爭之際，出擊青徐地區，並最終將其變成自己的領土。值得注意的是，北魏政府這次採取果斷措施，將本地區的豪族遷往平城，以減少地方的不穩定因素，〔註39〕這也顯示了北魏政府地域控制策略的轉變。

　　從北魏統治者的角度出發，拓跋氏有意利用新附的漢族士人，讓他們到相應的地區就職，這是注意到他們所具有的地方勢望。同時，這種重用歸降人士的辦法本身也會起到招附的作用。這種辦法的採用對於北魏國家穩定新拓展的地區是具有積極意義的。

第二節　北魏後期的漢族士人與地方行政長官

　　北魏後期的地方行政也基本上恢復了魏晉時期的建制。北魏前期普遍設置的軍鎮已經被裁撤或改爲州郡，各級長官也只任命一名，這些應該是我們分析北魏後期漢族士人擔任地方行政長官的前提認識。另外，北魏後期的州、郡、縣各級行政機構還按照一定標準分別分成上、中、下三個等級，分居不同官品。〔註40〕儘管我們對於這一劃分標準的具體內容不得而知，但與兩晉南朝的劃分方式大概會有所不同。如魏晉宋齊以是否領兵來定刺史的等級，蕭梁時更將刺史具體分爲七等。〔註41〕我們根據《魏書・官氏志》中後職令的記載將州、郡、縣分等的情況列表如下：〔註42〕

〔註39〕 Jinnfer Holmgren, The Making of an Elite: Local Political and Social Relations in Northeastern China during the Fifth Century AD. Papers on Far Eastern History 30, Canberra: Australia National University, 1984, pp46～61.

〔註40〕 我們從前面對北魏地方官學的簡略討論中也注意到，獻文帝時將郡分爲上、次、中、下四級，鄉學中的博士、助教以及學生員額是按照郡的級別而定的，這一員額設置的辦法提醒我們，北魏前期地方州郡可能已經實行分等的措施，只是限於資料，我們無法獲得更多的信息，故此處對北魏前期州郡分等的情況的介紹從略。

〔註41〕 關於魏晉南北朝州郡縣分等的變化、意義等方面的探討，參看張小穩：《魏晉南北朝地方官等級管理制度研究》，九州出版社，2010年，第20～35頁。作者認爲魏晉南北朝州郡等級變化與州郡數目的增減呈正相關，州郡的等級化可以更好地區分和體現地方官的勳勞，同時又可以增加職官遷轉的層級，對於安置官員有其積極意義。

〔註42〕 關於魏晉隋唐期間各朝政府地方各級行政長官的職位分等，張小穩先生亦有圖表顯示。參看張小穩：《魏晉南北朝地方官等級管理制度研究》，第21～24頁。

表 4.2　北魏後期地方官分等表

州		郡		縣	
司州牧	從二品	河南尹	第三品	洛陽令	從五品下
上州刺史	第三品	上郡太守、內史、相	第四品下	上縣令、相	第六品下
中州刺史	從三品	中郡太守、內史、相	第五品下	中縣令、相	第七品下
下州刺史	第四品下	下郡太守、內史、相	第六品下	下縣令、相	第八品下

　　將州郡縣劃分等級，並置於不同的官品，這實際上就構成了地方官職官遷轉的一個序列。北魏後期漢族士人的地方任職在其仕宦生涯當中仍占不小的比例，他們也同樣需要遵循既定的職官遷轉制度。我們以下即對北魏後期漢族士人的地方任職予以分析。當然，我們此處仍只是對漢族士人擔任各級行政長官的總體分析。至於他們在不同等級的州郡縣的任職或遷轉情況，限於資料，我們則不擬討論。

一、漢族士人擔任各級地方長官的一般狀況

　　一般而言，北魏時期的職官遷轉呈現出十分複雜的特點。一名官僚一生的仕宦，往往要經歷在中央各部門職官、地方州、府僚佐以及地方各級地方長官之間反覆遷轉，其依據的原則大體上以官品的升降為準。此外，各級地方行政長官也一般從中央官員中轉任。

　　中央官僚出撫地方的原因固然不少，或因國家優禮大臣，或因政爭失勢，但不可否認，中央官出任地方行政長官，這也為北魏國家的制度所規定。實際上，能夠出撫地方，也是時人較為看重之事。《魏書》卷四○《陸俟傳附陸昕之傳》：「昕之容貌柔謹，高祖以其主婿，特垂昵眷。世宗時，年未四十，頻撫三蕃，當世以此榮之。」陸昕之先後為兗州、青州、相州三州刺史，能夠在盛年頻撫地方，表明了國家對其的重視，這也成了世人看重的榮耀。陸昕之之子陸彰在東魏時「一年歷三州」，〔註43〕又以另一種形式演繹了陸昕之式的榮光。陸昕之父子是獲得了政治上的優勢，而另一些人則將出為刺史、郡守作為牟取經濟利益的好機會。王羆被授予西河內史，在他固辭不就之時，就有人勸說他，「西河大邦，俸祿殷厚，何為致辭？」〔註44〕可見，

〔註43〕《魏書》卷四○《陸俟傳附陸彰傳》，第910頁。
〔註44〕《周書》卷一八《王羆傳》，第291頁。

人們不理解王羆不願就任國家所授予的西河太守一職，優厚的俸祿是原因之一。孝明帝時，滎陽鄭雲賄賂宦官劉騰，得爲安州刺史，在拜訪前任安州刺史時他也亟亟於詢問「彼土治生，何事爲便」。〔註45〕對於時人而言，做官不僅是政治地位的安排，同時也是一種生計經營。當然，鑒於本文的行文旨趣，我們則更關心漢族士人出任地方長官在政治上的內涵和意義。

作爲地方最高級別的行政長官，刺史無疑是我們從地方政治的角度衡量漢族士人政治地位的重要指標。儘管北魏州分等的具體情況我們不得而知，但這並不妨礙我們從總體上進行的考察。

表 4.3 北魏後期地方刺史任職人數統計表

	漢族士人	元魏宗室	異姓代人	其他		漢族士人	元魏宗室	異姓代人	其他
相州	8	7	8	4	幽州	11	1	0	7
冀州	4	9	8	0	營州	5	3	0	1
徐州	5	12	2	1	平州	3	1	0	4
揚州	3	5	1	1	瀛州	10	1	3	4
青州	6	13	3	1	兗州	9	6	3	1
雍州	5	8	6	1	齊州	9	8	2	3
涼州	6	5	4	2	華州	8	1	5	6
夏州	3	1	7	0	豫州	9	3	2	3
涇州	3	1	4	5	東荊	7	0	1	3
荊州	6	6	2	3	梁州	7	6	0	2
恒州	3	10	9	2	益州	1	1	1	5
朔州	2	1	5	2	郢州	5	1	2	0
幷州	6	6	5	7	岐州	10	2	4	4
司州	0	16	0	0	洛州	5	2	4	2

說明：本表以吳廷燮《元魏方鎮年表》爲準，截取太和十五年（491）以後各州任職者分類統計製作而成。表中「其他」一欄包括宦官、漢族武人、代人集團之外的其他胡族以及若干身份不明者。同一人多次擔任同一州刺史者，我們也以一次計算。

表 4.3 是以吳廷燮之《元魏方鎮年表》爲準製作而成。由於資料零散殘缺，

〔註45〕《魏書》卷三二《封懿傳附封回傳》，第 761 頁。

吳表中存在的疏漏在所難免。比如該表中存在著漏輯、誤輯等問題，許多新設之州在吳表中也沒有反映出來。但吳表仍可為我們瞭解北魏時期州刺史的任用情況提供一種粗略的認識。與北魏前期地方刺史的擔任情況相比，漢族士人在任職的地域範圍有了顯著的擴大，河北地區、關中地區也有不少漢族士人前往任職。然而，某些較為明顯的局限依然存在：

首先，司州牧的擔任者基本上全為元魏宗室。〔註 46〕在一些傳統要州如相州、并州、冀州、青州、雍州、夏州和恒州和一些軍事重鎮如徐州、揚州等，漢族士人的任職人數雖然比前期有了一定的提高，但總體而言，元魏宗室和異姓代人仍佔優勢。我們從上表中也能注意到諸如瀛州、岐州等地的漢族士人的任職遠遠超過代人集團。需要我們注意的是，北魏末期河北及西北地方地方動亂的激烈造成了刺史任職的頻繁遷轉，因而這其中具有較大程度的非正常的因素。

其次，在北魏南境諸州的任職情況上，漢族士人顯然佔據了一個不小的比例。與包括元魏宗室和異姓代人在內的代人集團相比，漢族士人的任職人數或者與之較為接近，如荊州、洛州。或者要超過代人集團，如郢州、梁州、東荊州以及豫州。與前期相比，這顯然是北魏漢族士人任職地方的地域分佈的一個新的動向。

再次，漢族士人出任地方刺史雖然是制度安排使然，但是北魏國家對於一些具體的人事安排也體現了國家謹細的考量。這裏，我們以北魏後期漢族士人外刺居多的幽州為例加以說明。〔註 47〕北魏後期任職幽州刺史的漢族士人有 12 位：王仲智、韋欣宗、李宣茂、高閭、王秉、王誦、甄琛、崔休、裴延儁、盧同、常景、盧文偉。根據其政治身份，我們又可將其分為三類。第一類是通過通常的職官遷轉而至，這要占到大多數。第二類是南來士人，這包括王秉、王誦二人，他們為王肅之親，宣武帝時歸魏。他們出任幽州刺史當是北魏政府對待南來士人的一般做法。這種做法在裴叔業就投奔北魏問題

〔註46〕具體參看吳廷燮《元魏方鎮年表》所錄司州牧的擔任者。
〔註47〕吳廷燮之方鎮年表統計多有疏漏，我們根據相關文獻，考得自太和十五年直到北魏滅亡時擔任過幽州刺史的有如下 22 人：元世遵、元景略、王仲智、韋欣宗、李宣茂、高閭、王秉、王誦、甄琛、崔休、裴延儁、盧同、常景、盧文偉、李蕭、王延年、崔延伯、劉靈助、盧曹、高雙、趙邕、劇買奴。其中可確定為漢族士人的則是上述王仲智到盧文偉共 12 人。李蕭以下則包括宦官、外戚、武人等，其中李蕭、王延年僅散見於文獻中，其身份難以確立，為謹慎起見，此處不做分析。

諮詢時爲蕭齊雍州刺史的蕭衍的意見時，蕭衍曾爲道及：「若欲北向，彼必遣
人相代，以河北一地相處。」〔註48〕可見，將南朝投誠之人尤其是居身實力
之人調離其勢力範圍，使其任職北方，免其進退之心，是北魏政府一直採用
並爲世人熟知之事。第三類則是本籍幽州之人，如高閭、盧同、盧文偉。他
們雖然也與其他人一樣是遷轉而至，但由於他們籍貫的原因，這種任職就帶
有某種特殊的用意。高閭是遂其衣錦之願，而盧同、盧文偉爲幽州名族。他
們也都是在幽州動盪之時出任本州，北魏國家也正是借重其名以安撫鄉邦。

　　對於漢族士人的地方任職，北魏國家一方面建立了完善的制度以規範職
官遷轉的秩序。另一方面，在士人任職地的安排上以及根據士人政治身份的
差別來安排相應的職務上，北魏國家同樣有通盤的考慮。這不僅要滿足漢族
士人政治上的要求，又要做到對地方政權的有效控制。

　　地方政權大體分爲州、郡、縣三級，漢族士人出任地方行政長官因而也就
有了不同的去向。一般而言，以刺史和郡守居多，擔任縣令的則比較少見。州
刺史和郡守品級不一，這也要求出任者先前的官職也要達到一定的品級，才能
出任相應品級對應的刺史或是郡守。大體上觀之，漢族士人首次擔任地方官，
以從官品在三、四品之間的職官出任刺史的情況較爲常見。而出任郡守之前的
職官則相應的降低，一般在四至六品之間，品級更低的情況也偶爾見之。從出
任刺史、郡守之前所居的職官種類而言，其間的分別又是較爲明顯的。就郡守
的擔任者而言，以公府僚佐、尚書諸曹郎、州府僚佐以及太中大夫、中散大夫
等文散官出任郡守者居多，其他以諸如國子博士、秘書丞、黃門侍郎、通直散
騎常侍、治書侍御史等官出任郡守者也能夠見到。當然，我們也不能忽視一些
較爲特殊的情況。比如河南尹的擔任者，漢族士人首次擔任河南尹者大多已身
居高位。甄琛以黃門侍郎（從三品）遷任河南尹，〔註49〕李憲以司徒左長史（從
三品）遷任河南尹，〔註50〕李平以司徒左長史而行、正爲河南尹，〔註51〕其情
形也頗同於李憲。這些當然是因爲河南尹的特殊性所致，因爲在一般情況下，
司徒長史、散騎常侍的擔任者往往能出任地方刺史。又如袁翻，「熙平初，除冠
軍將軍、廷尉少卿。尋加征虜將軍，後出爲平陽太守。翻爲廷尉，頗有不平之

〔註48〕《魏書》卷七一《裴叔業傳》，第 1566 頁。
〔註49〕《魏書》卷六八《甄琛傳》，第 1514 頁。
〔註50〕《魏書》卷三六《李順傳附李憲傳》，第 853 頁。
〔註51〕《魏書》卷六五《李平傳》，第 1451 頁。

論。及之郡，甚不自得。」〔註52〕一般言之，廷尉少卿多能出爲刺史。〔註53〕
袁翻由廷尉少卿出任平陽太守，這應該是一種貶職。至於貶職的原因，或與其
「頗有不平之論」有關。至於首次遷爲刺史者，其出刺之前所任的職官則以三
省主官如中書令、列曹尚書、黃門侍郎、諸卿以及公府僚佐爲常見，當然也不
排除以這之外的其他一些職官而出任地方刺史的。同時也有不少由更低職官超
遷而至的。如王肅兄子王翊，因爲與元叉的婚姻關係，在元叉當權之時由中書
侍郎（從四品）超拜左將軍（第三品）、濟州刺史。〔註54〕孝明帝時汾州山胡爲
亂，時任考功郎中的裴良受命爲行臺前往平定，他也在不久即被命爲汾州刺史。
〔註55〕應該說，漢族士人在首次出任地方刺史和郡守之時，無論從官品還是職
官的種類而言，其間都有較爲明確的區隔。當然，我們不能將這種區別僅僅看
成是對漢族士人才能發生的事情。北魏社會其他群體如元魏宗室、代北勳貴，
他們在仕途上同樣也要遵循這樣的一套制度安排，只不過他們身份和地位的特
殊使他們起家之官和官職遷轉的速度上要優於漢族士人而已。

　　儘管受各種因素的影響，漢族士人的仕宦際遇會因人而異，但總體的制
度規定則使得他們的任職大體上仍在一個可見的框架內變動。漢族士人的地
方任職自然也要遵循普遍的規則。從縣令到郡守，再從郡守到刺史，這是漢
族士人擔任地方長官的一般模式。我們從對文獻的考索中也不難發現，不管
漢族士人首次出任的地方長官是從刺史還是郡守起始，不管他們的地方任職
的遷轉是直接的遷轉還是通過一定時期的候選而致，其所任職位的品級逐步
上升則是不爭的事實。《魏書》卷七一《王世弼傳》：

　　　　（王世弼）仕蕭鸞，以軍勳至游擊將軍，爲軍主，助戍壽春，遂與
　　　　叔業同謀歸誠。景明初，除冠軍將軍、南徐州刺史，擬戍鍾離，懸
　　　　封慎縣開國伯，食邑七百戶。後以本將軍除東徐州刺史，治任於刑，
　　　　爲民所怨，有受納之響。歲餘，爲御史中尉李平所彈，會赦免。久
　　　　之，拜太中大夫，加征虜將軍。尋以本將軍出爲河北太守，治有清

〔註52〕《魏書》卷六九《袁翻傳》，第1540頁。
〔註53〕北魏乃至整個北朝，州郡長官轉任諸卿以及諸卿轉爲州郡長官的情形在職官
　　　　遷轉中均占到極大比重。參看周倩、湯長平：《北朝省寺臺政務及人事運行機
　　　　制考察》，載《敦煌學輯刊》2006年第4期。
〔註54〕《魏書》卷六三《王肅傳附王翊傳》，第1413頁。王翊的墓誌對其歷官亦有
　　　　詳敘，墓誌釋文見趙超：《漢魏南北朝墓誌彙編》，第253頁。
〔註55〕《魏書》卷六九《裴延儁傳附裴良傳》，第1531頁；羅新、葉煒：《新出魏晉
　　　　南北朝墓誌疏證》，第197～201頁，《裴良墓誌》。

　　稱。轉勃海相，尋遷中山內史，加平北將軍。直閤元羅，領軍又弟

　　也，曾行過中山，謂世弼曰：「二州刺史，翻復爲郡，亦當恨恨耳。」

　　世弼曰：「儀同之號，起自鄧騭；平北爲郡，始在下官。」

王世弼由兩任刺史反而轉任郡守，這或許與他的貪殘犯罪有關。北魏故事規定：「免官者，三載之後降一階而敘；若才優擢授，不拘此限。」〔註56〕王世弼雖然遇赦而免於處罰，但其官職當因彈劾而被罷免，所以才有很長時間以後以太中大夫候選之事。出爲勃海太守當也是降階敘職的具體操作。元羅對王世弼「二州刺史，翻復爲郡」的遺憾也從反面證實了北魏時期包括漢族士人在內的地方官的升轉途徑一般也是逐級上升的。限於資料，王世弼的這種遭遇我們很難在其他地方發現，唯一與之有相似經歷的是孝文帝時的封琳。《魏書》卷三二《封懿傳附封琳傳》：

　　及改定百官，除（封琳）司空長史。出爲立忠將軍、南青州刺史、

　　兼散騎常侍、持節、西道大使。還爲長兼太中大夫，轉廣平內史，

　　又爲光祿大夫。世宗末，除後將軍、夏州刺史。

封琳從南青州刺史到廣平內史的經歷自然同於王世弼。但我們看到，他後來畢竟又從郡守而至刺史，仍符合一般的升遷規律。

　　漢族士人並非人人都有機會出任地方長官，尤其是孝明帝以後崔亮推行停年格的選授制度，將大批虎賁羽林納入地方官的備選人員當中，出任地方官要經歷較長時間的候選期，這就更減少了漢族士人出任地方長官的機會。〔註57〕漢族士人出任刺史或郡守，任滿之後，按例要授予東、西省文武散官、公府僚佐等閒職，以等待下一次敘職。他們或由此轉任中央各類實職官，或得以繼續出任地方官吏。當然也有得不到新的實職官授命，便只能久居閒職。《魏書》卷五七《崔挺傳附崔敬邕傳》：「遷龍驤將軍、太府少卿，以本將軍出除營州刺史。……熙平二年，拜征虜將軍、太中大夫。」崔敬邕由太府少卿出爲營州刺史，代還之後即授予太中大夫，這是北魏後期地方官選任、遷轉的常見方式。張彝爲秦州刺史，「見代還洛，猶停廢數年，因得偏風，手腳不便。然志性不移，善自將攝，稍能朝拜。久之除光祿大夫，加金章紫綬。」〔註58〕爲刺史之後沒

〔註56〕《魏書》卷十八《張普惠傳》，第 1730 頁。

〔註57〕關於「停年格」產生的背景、原因以及影響的研究，可參看周兆望：《北魏「停年格」述論》，載《江西大學學報》1990 年第 1 期；陶新華：《北魏孝文帝以後北朝官僚管理制度研究》，第 203～231 頁。

〔註58〕《魏書》卷六四《張彝傳》，第 1429 頁。

有獲得再次敘任的機會，張彝的事例則可算作這種現象中的典型案例。當然，
我們也能看到，還是有不少漢族士人能夠多次出任地方刺史或者郡守。如李寶
之孫李韶，一生七次出任刺史，是擔任地方官次數最多的漢族士人之一；〔註59〕
勃海封琳也曾四任地方刺史；〔註60〕弘農楊氏自孝文帝以來即與拓跋氏保持緊
密的關係，故楊播及其兄弟大多屢爲刺史、郡守。〔註61〕以上諸人大多出自大
姓高門，他們的仕途能夠代表社會上層的特點。而那些門第較低甚至僅爲寒人
者，他們出爲地方長官則往往從郡守開始，有的只能做到郡守。如清河房悅，
先後任爲高陽、廣川和南清河三郡太守。〔註62〕又如勃海李叔仁，先後爲沛郡、
彭城太守以及北海內史，「凡在三郡，吏民安之」。〔註63〕寒門士人能夠由郡守
做到刺史的情況也存在。如房悅之兄房亮，歷任濟北、平原、汲郡三郡太守，
之後又轉任東荊州、滄州二州刺史；〔註64〕儒生董徵，歷任沛郡太守、安州刺
史，他也因此誇耀於鄉里。〔註65〕可見，受著選官制度、門第意識以及其他因
素的影響，從個人際遇的角度來看，漢族士人在地方行政長官的任職上也會呈
示出不同的表現。

以上對漢族士人出任地方刺史和郡守的情況進行了大致的分析。我們看
到，北魏國家對於地方行政長官的選用和遷轉都有了十分明確的制度規定，
漢族士人出任地方刺史或者郡守也只能在這一總體的制度框架內加以考察。
至於他們出仕地方表現出的總體特點或個人際遇的差別，則受著國家的政治
考量、社會的門第意識、個體狀況等多方面因素的影響。與此同時，與北魏
前期漢族士人仕宦的相應部分相比，無論是總體的狀況，還是個體的經歷，
漢族士人在政治上的地位都有了明顯的提高。

最後，仍需要指出的是，與北魏前期一樣，縣令一職的擔任者仍比較少見。
這首先應與史書的相關的記載較少有關，但它卻從一個側面反映出時人對縣令
職務的輕視。〔註66〕《北齊書》卷三八《元文遙傳》：「齊因魏朝，宰縣多用廝

〔註59〕《魏書》卷三九《李寶傳附李韶周》，第887頁。
〔註60〕《魏書》卷三二《封懿傳附封琳傳》，第763頁。
〔註61〕《魏書》卷五八《楊播傳附楊椿傳》：「椿臨行，誡子孫曰：『我家入魏之始，
即爲上客，……自爾至今二十年，二千石、方伯不絕，祿恤甚多。』」
〔註62〕《魏書》卷七二《房亮傳附房悅傳》，第1622頁。
〔註63〕《魏書》卷七二《李叔虎傳附李長仁傳》，第1617頁。
〔註64〕《魏書》卷七二《房亮傳》，第1621頁。
〔註65〕《魏書》卷八四《儒林·董徵傳》，第1857頁。
〔註66〕關於北魏縣令長的任職條件、職掌等的考察，可參看薛瑞澤：《北魏縣令長的

濫，至於士流恥居百里。文遙以縣令爲字人之切，遂請革選。於是密令搜揚貴遊子弟，發敕用之。」《北齊書》的這一段記載也道出了北魏時期人們輕視縣令任職的原因，乃是因爲縣令的選用標準紊亂，因而不爲門第士人所喜。元文遙的建議雖然是針對北齊時的有關情況而言，但我們看到，這是「齊因魏朝」的結果，看來門第士人不願居百里之職由來已久。孝明帝末年，時爲吏部郎中的辛雄也曾上疏針砭時弊，其中就有建議改革郡縣守令選舉一條：「郡縣選舉，由來共輕，貴遊俊才，莫肯居此。宜改其弊，以定官方。請上等郡縣爲第一清，中等爲第二清，下等爲第三清。選補之法，妙盡才望，如不可並，後地先才。不得拘以停年，竟無銓革。三載黜陟，有稱者補在京名官，如前代故事，不歷郡縣不得爲內職。」〔註67〕辛雄的奏疏呈遞上去即遇孝明帝薨殂，所以其建議應該沒有得到採納實行，這才有了北齊時元文遙建議的改革措施。至少到孝明帝時，士人輕視郡縣官已成了普遍現象。有趣的是，就我們所見到的材料而言，不少士人擔任縣令的原因乃是意欲因其職俸以紓解生計困窘。《裴良墓誌》：「（裴良）歷北中郎府功曹、參軍，以母老家貧，固求外祿，出宰南絳縣，治有異跡。大使故僕射游肇巡行風化，考爲第一。」〔註68〕正始二年，游肇被任爲大使巡行畿內，〔註69〕裴良爲南絳縣令的時間當在此時。他出任南絳縣令的原因也正是需要一份較爲優厚的俸祿。《魏書》卷六九《裴延儁傳附裴聿傳》：

> （裴聿）以操尚貞立，爲高祖所知。自著作佐郎出爲北中府長史。
> 時高祖以聿與中書侍郎崔亮並清貧，欲以幹祿優之，乃以亮帶野王
> 縣，聿帶溫縣，時人榮之。

又《魏書》卷六六《崔亮傳》：

> （崔亮）遷中書侍郎，兼尚書左丞。亮雖歷顯任，其妻不免親事舂
> 簸。高祖聞之，嘉其清貧，詔帶野王令。

由於孝文帝的特別優待，裴聿、崔亮都以中央職官而帶畿內縣令之職。當然，他們不必親履縣職，卻能得到相應的幹、祿，這是與裴良不同的地方。我們由此也可以推知，縣令，尤其是京畿地區的縣令，〔註70〕其較爲優厚的幹、

〔註67〕《魏書》卷七七《辛雄傳》，第 1696 頁。
〔註68〕羅新、葉煒：《新出魏晉南北朝墓誌疏證》，第 198 頁。
〔註69〕《魏書》卷八《世宗紀》，第 200 頁；《魏書》卷五五《游明根傳附游肇傳》，
　　　　第 1216 頁。
〔註70〕裴良爲南絳縣令，卻在畿內大使游肇的考察範圍之內，其屬畿縣無疑。又據

祿常常是漢族士人能夠出任的原因所在。

需要指出的是，漢族士人有不少曾出任洛陽、河陰二縣令。洛陽爲北魏皇都所在，地位特殊，但原則上洛陽縣令仍可以算作地方行政長官系列。後職令定其官品爲從第五品，尚在下郡守、內史、相之上。洛陽也是代人南遷的主要居住地。《魏書》卷七《高祖紀》：「（太和十九年六月）丙辰，詔遷洛之民，死葬河南，不得還北。於是代人南遷者，悉爲河南洛陽人。」河陰縣亦屬皇畿，實際上也有不少代人居於此。〔註71〕至於河陰縣的地位，以下一則材料或許能夠說明問題。《魏書》卷七七《高崇傳附高謙之傳》：

> 孝昌初，（高謙之）行河陰縣令。……尋詔除寧遠將軍，正河陰令。在縣二年，損益治體，多爲故事。……舊制：二縣令得面陳得失，時佞幸之輩惡其有所發聞，遂共奏罷。

從「二縣令得面陳得失」一制來看，河陰縣令與洛陽縣令是享有較大權力的，那麼河陰縣令的品級當可比附洛陽縣令。我們從文獻中考得北魏時期擔任過洛陽縣令者有：元軌、元志、元玄、賈禎、李肅、寇治、高綽、崔纂、楊鈞、陽固、高崇、羊敦、薛琡、李詃、崔庠、宋翻、楊機。以上 17 人當中，元軌等三人爲元魏宗室、薛琡爲代人、高崇疑爲高句麗族。〔註72〕其他諸人除李詃情況不明之外，大多來自漢人士族之家。至於河陰縣令，我們考得的人數遠少於洛陽縣令：鄧羨、薛衍、費穆、封熙、高謙之、崔庠、宋翻、楊機。〔註73〕不難看出，漢族士人成了河陰、洛陽二縣令的主要擔任者。而對於他們自身而言，既有高門士族出身，也有寒門次族。二縣令的選擇也頗重其才能。由於洛陽、河陰二縣爲宗親權貴聚居之地，這也要求二縣令能不畏權勢，敢於揭舉。《魏書》卷四八《高允傳附高綽傳》：「（高綽）除治書侍御史，轉洛陽令。綽爲政強直，不避豪貴，邑人憚之。」又如崔庠，「出除相州長史。還，拜河陰、洛陽令，以強直稱。」〔註74〕敢於檢舉京師權貴，懲治貪弊酷忍，這既是國家對洛陽、河

《魏書·地形志》，南絳縣太和十八年置，屬正平郡，正平郡於太和十八年劃歸司州。野王、溫縣俱屬河內郡，河內郡亦於太和十八年劃歸司州。

〔註71〕 以趙超《漢魏南北朝墓誌彙編》所錄墓誌爲例，我們檢得如下七人著籍河陰：山暉、元珽、奚眞、丘（？）、於纂、陸紹、石育，他們大多爲代人。

〔註72〕 參看仇鹿鳴：《「攀附先世」與「僞冒士籍」》，《歷史研究》2008 年第 2 期。

〔註73〕 以上洛陽、河陰縣令擔任者分見《魏書》各人本傳，其中薛琡見《北齊書》卷二六《薛琡傳》，李詃見《尹祥墓誌》，其釋文見羅新、葉煒《新出魏晉南北朝墓誌疏證》，第 121 頁。

〔註74〕 《魏書》卷六七《崔光傳附崔庠傳》，第 1506 頁。

陰二縣令的要求，也能使踐履其職者獲得當世威名。相反，那些畏避權勢，不敢有所繩糾者則有聲名減損之虞。這可以舉宋翻為例。他多次任職京畿，先後出任河陰令、洛陽令以及河南尹諸職，卻難於為治，「畏憚權勢，更相承接，故當世之名大致減損」。〔註75〕

二、漢族士人與地方長官的本籍任用

　　北魏時代的政治，就其總體的發展趨勢來看，以拓跋皇族為核心的代人集團對於政治權勢的掌控雖然呈一個逐漸下降的趨勢，但這並不意味著他們喪失了對國家政治發展的主導地位。與之同時，作為北魏政權內部的一股逐漸強盛的政治力量，漢族士人在北魏國家政治發展過程當中的作用越來越大，政治地位也在逐步上升。雖然漢族士人總體的政治權勢不及代人集團，但他們仍通過各種方式來增強自身的權勢和地位。北魏時期漢族士人的本籍任用現象就是他們增強自身權勢的較為突出的表現之一。關於南北朝時代的本籍任用現象，也有一些學者加以討論。〔註76〕我們在此則試圖集中於北魏後期漢族士人的本籍任用現象，其目的在於分析本籍任用對於漢族士人和北魏國家的政治意義。

　　自漢代起，地方行政長官的任職採本籍迴避制度，官僚不得出任本籍地方長官一直得到了較為嚴格的執行。〔註77〕地方長官本籍迴避的任用制度就其政治目的而言，是為了防止地方長官利用國家的制度架構積累起與國家相對抗的個人權勢，從而導致國家權力資源的分散，危及國家對地方的有效統治。因此，漢代以降的各朝統治者都將本籍迴避作為地方長官任用的一項基本原則，北魏國家對於地方長官的任用也是如此。北魏前期，出於穩定新征服地區的需要，有過一些特殊的措置。《魏書》卷二四《崔玄伯傳附崔寬傳》：

　　　　時清河崔寬，字景仁。祖彤，隨晉南陽王保避地隴右，遂仕於沮渠、

〔註75〕《魏書》卷七七《宋翻傳》。
〔註76〕日本學者對於魏晉南北朝時期官員本籍地任用的問題早已予以關注。相關論著參看越智重明：《南朝における地方官の本籍地任用に就いて》，載《愛媛大學歷史學紀要》（1），1953年；小尾孟夫：《南朝における地方支配と豪族——地方長官の本籍地任用問題について》，載《東洋學》（42），1971年；窪添慶文：《魏晉南北朝における地方官の本籍地任用について》，載《史學雜誌》83(2)，1974年。
〔註77〕嚴耕望：《中國地方行政制度史・秦漢地方行政制度》，上海古籍出版社，2007年，第345～350頁。

李屓。父剖，字伯宗，每慷慨有懷東土，……及世祖西巡，剖乃總
率同義，使寬送款。世祖嘉之，拜寬威遠將軍、岐陽令，賜爵沂水
男。遣使與寬俱西，撫慰初附。……寬還京，拜散騎侍郎、寧朔將
軍、安國子。未幾，出爲弘農太守。

崔剖與崔浩同宗，但卻遷徙於關中，並於此已定居甚久，實際上已經成爲關
中地方豪族。他在太武帝西征之際主動歸附，能夠「總率同義」前來歸附，
則說明崔剖在河西地區已經形成了較高的威信。崔剖的歸附贏得了太武帝的
信任，在撫慰初附的事情上，崔剖及其子崔寬就自然會被太武帝委以重用。
崔寬後來能夠長期駐任關右，先後擔任岐陽令、弘農太守以及陝城鎮將等職。
與崔寬具有相似經歷的如寇讚。他爲馮翊人，爲鄉里豪望。太武帝時，他被
任命爲僑置於洛陽的南雍州刺史，以統領從秦雍地區東出的流民。〔註 78〕從
以上二例我們可以看出，對於新征服地區和民眾，北魏國家採取了以當地豪
族管理相應地區和民眾的做法。這一做法是爲這些地區的民眾和北魏國家之
間設置一個相互適應的過程，其目的在於使新附者的疑慮漸漸消泯並對北魏
政權產生認同。從根本上而言，這只是一種權宜之計。它只是爲了實現北魏
國家對新征服地區和民眾的政治統治，而且所涉及的地域也較爲特殊。因而，
我們很難將北魏國家的這一做法定性爲地方長官的本籍任用。一般情況下，
北魏漢族士人擔任本籍州郡的地方長官的現象還十分稀少。

到了北魏後期，漢族士人出任本州、郡長官的事例就大爲增加。《魏書》
卷五四《高閭傳》：

（高）閭每請本州以自效，詔曰：「閭以懸車之年，方求衣錦，知進
忘退，有塵謙德，可降號平北將軍。朝之老成，宜遂情願，徙授幽
州刺史，令存勸兩修，恩法並舉。」

高閭爲漁陽雍奴人，故其屢次懇求的本州當指漁陽所屬的幽州。對於高閭屢
求本州，孝文帝頗爲不滿，但鑒於高閭的功績聲望，又不能違其意願，故採
取一種「存勸兩修，恩法並舉」的辦法：降其軍號，再授予他幽州刺史。儘
管高閭出任本籍刺史的過程頗為曲折，但這畢竟提醒我們任職本籍是可以爭
取得到的。大體上在孝文帝主政之後，北魏地方長官的本籍任用的事例逐漸
增多，這也成了一種值得注意的現象。

〔註78〕《魏書》卷四二《寇讚傳》，第 947 頁。

表4.4　北魏後期漢族士人出任本籍地州郡長官表〔註79〕

任職者	籍　貫	所任地方長官	資　料　來　源
封回	冀州勃海蓚縣	冀州刺史	魏書・封懿傳附封回傳
甄琛	定州中山毋極	定州刺史	魏書・甄琛傳
高閭	幽州漁陽雍奴	幽州刺史	魏書・高閭傳
盧道將	幽州范陽涿縣	燕郡太守	魏書・盧玄傳附盧道將傳
盧尚之	幽州范陽涿縣	范陽太守	魏書・盧玄傳附盧尚之傳
盧同	幽州范陽涿縣	幽州刺史	魏書・盧同傳
盧文偉	幽州范陽涿縣	幽州刺史	北齊書・盧文偉傳
崔習	定州博陵安平	博陵太守	魏書・崔鑒傳
崔合	定州博陵安平	常山太守	魏書・崔鑒傳
崔游	定州博陵安平	北趙郡太守〔註80〕	魏書・崔挺傳
游肇	相州廣平任縣	相州刺史	魏書・游明根傳附游肇傳
李憲	定州趙郡平棘	趙郡太守	魏書・李順傳附李憲傳
李祐	定州趙郡平棘	博陵太守	魏書・李順傳附李祐傳
李秀林	定州趙郡平棘	博陵太守	魏書・李順傳附李秀林傳
陽固	幽州北平無終	北平太守	魏書・陽尼傳附陽固傳
路思令	相州陽平清淵	陽平太守	魏書・路恃慶傳
李平	相州頓丘	相州刺史	魏書・李平傳
鄭仲明	司州滎陽開封	滎陽太守	魏書・鄭羲傳
劉道斌	冀州武邑觀津	武邑太守	魏書・劉道斌傳
李彥	秦州隴西狄道	秦州刺史	魏書・李寶傳附李彥傳
馮元興	齊州東魏肥鄉	東魏郡太守	魏書・馮元興傳
崔勵	齊州東清河鄃縣	齊州刺史	魏書・崔光傳附崔勵傳
崔長文	齊州東清河鄃縣	齊州刺史	魏書・崔光傳附崔長文傳
崔猷	齊州東清河鄃縣	清河太守	崔猷墓誌〔註81〕

〔註79〕　北魏後期州郡廢置、分屬等屢有變更，其具體的情況的考察參看毋有江的博士學位論文：《北魏政區地理研究》，第78～113頁。本表確定漢族士人的本籍與其所任職州郡是否爲本籍州郡主要以毋有江的研究爲準。

〔註80〕　定州之趙郡，初領平棘、房子、元氏、高邑、柏人、南欒、鉅鹿等縣，太和十一年，分鉅鹿、柏人等縣置南趙郡，仍屬定州。北趙郡僅崔游處一見，頗疑此北趙郡即相對於南趙郡而言，亦即分割出南趙郡之後的趙郡。趙郡於孝昌二年劃屬殷州，崔游任北趙郡太守是在宣武帝後期，此時趙郡仍屬定州。

房士達	冀州清河	平原、濟南太守	魏書・房法壽傳附房士達傳
楊播	華州弘農華陰	華州刺史	魏書・楊播傳
楊津	華州弘農華陰	華州刺史	魏書・楊播傳附楊津傳
李元忠	殷州趙郡柏人	南趙郡太守	北齊書・李元忠傳
魏蘭根	定州鉅鹿下曲陽	鉅鹿太守	北齊書・魏蘭根傳

　　以上是就文獻中可考的北魏後期漢族士人本籍地任用的情況進行的統計，共得 29 人。就其地方長官的級別而言，出任本州刺史的有 12 次，出任本州郡太守的有 18 次。我們之所以要將統計範圍擴大到本州，其原因就在於鄉里之情作用下產生的地域認同。漢代前期人們的地域觀念更強調同郡、同縣，〔註 82〕隨著社會的變遷和政治的發展，漢魏時期的人們在地域觀念上形成了一種認同區域逐步擴大的趨勢，〔註 83〕人們更將「鄉里」的範圍由同郡擴大至同州，甚至鄰州。〔註 84〕鄉里認同的形成則意味著同一地域的士人在社會交往、婚姻以及政治上能夠形成更為緊密的聯繫與合作。在這種鄉里認同的背景下，漢族士人若能在政治上獲得顯赫的地位，尤其當這種政治上的顯赫與鄉里社會密切相關時，他們能夠得到鄉黨的更多的認可。由此，他們也能獲得更多的社會和政治資源。從前面高閭和高聰的例子中我們也看到，能夠出任本州刺史乃是他們極力追求的。至於同州之內的郡太守，那就更能獲得地方聲譽了。《魏書》卷四三《房法壽傳附房士達傳》：「士達不入京師，而頻為本州郡，時人榮之。」房士達為房法壽從父弟房三益之子，自然與房法壽一樣籍貫清河。在北魏後期，他先後擔任平原、濟南二郡太守，此二郡與清河一樣俱屬冀州，所謂「頻為本州郡」，當即以此為言。在擔任本州郡太守的 18 人當中，擔任本郡太守的有 11 次，而擔任本州其他郡郡太守的有 7 次，相差並不大，而這也從另一個方面說明了漢族士人的鄉里觀念的擴大。

　　我們還可以舉出楊播、楊津兄弟的例子。《魏書》卷五八《楊播傳附楊津

〔註 81〕　《魏故員外散騎常侍清河崔府君墓誌銘並序》，釋文見趙超《漢魏南北朝墓誌彙編》，第 66～69 頁。墓誌載崔猷於宣武帝初期任職「本郡太守」。崔猷為崔光從父兄弟，結合墓誌銜街來看，此「本郡」當指齊州之東清河郡。

〔註 82〕　胡寶國：《漢唐間史學的發展》，第 1～9 頁。

〔註 83〕　劉增貴：《漢魏士人同鄉關係考論》，收入邢義田、林麗月主編：《臺灣學者中國史研究論叢・社會變遷》，中國大百科全書出版社，2006 年，第 123～159 頁。

〔註 84〕　劉增貴：《晉南北朝時代的鄉里之情》，收入熊秉真主編：《欲掩彌彰：中國歷史文化中的「私」與「情」——公義篇》，漢學研究中心，2003 年，第 11～37 頁。

傳》:「延昌末,起爲右將軍、華州刺史,與兄播前後皆牧本州,當世榮之。」
楊播爲華州刺史在宣武帝初年,與楊津再臨華州之間相隔不長,所以華州民
眾對楊津之兄楊播任職之時當還有清晰的記憶。另一則可與之進行類比的則
是畢眾敬父子。《魏書》卷六一《畢眾敬傳附畢元賓傳》:「(畢元賓)與父同
建勳誠。及至京師,俱爲上客,賜爵須昌侯,加平遠將軍。後以元賓勳重,
拜使持節、平南將軍、兗州刺史,假彭城公。父子相代爲本州,當世榮之。」
畢眾敬先爲劉宋兗州刺史,也是在劉宋末年的政爭中,他同薛安都一道據郡
歸魏。北魏仍授以兗州刺史。俟後畢元賓又爲兗州刺史。與前述房士達等的
情況不同的是,楊播、楊津等則是兄弟同爲本州刺史。但不管是何種親緣關
係,在人們看來,這種本籍任用的榮耀已經與家族聲望聯繫起來,它更是士
族地方威望的展現。當然,這種父兄同任本籍的現象較爲特殊,也是北魏國
家在地方行政上一種難得的措置,所以這對於漢族士人之政治、社會地位的
提升更具積極意義。

　　北魏後期地方長官的本籍任用在發生的地域上也有明顯的特點。由上表
可見,本籍任用出現在定州者共計 8 例;其次是幽州,共計 6 例;再次爲齊
州的 4 例。其他如冀州、相州、司州、殷州、華州、秦州等都有可考之事例。
由於文獻記載的限制,我們當然不能斷定以上就是北魏漢族士人本籍任用的
全部實例。然而,就以上統計來看,我們也不難發現本籍任用的事例多出現
在包括幽、定、冀、殷、相等州在內的河北地區。若再進一步加以考察,我
們也不難發現,一些世家大族,如范陽盧氏、清河崔氏、博陵崔氏、趙郡李
氏,往往在各自州郡內的任職者當中要佔據主要部分。其他一些門第較次的
豪族如北平陽氏、廣平游氏等,也在各自州郡內的本籍任用實例當中佔據一
定分量。漢族士人本籍任用在地域和門閥方面的特點之間是有著緊密的關係
的。北魏時期的豪族大體上分佈於冀、定、幽、齊等以漢族民眾爲主的河北
地區,並且他們在地方上的社會基礎的建立和發展也經歷了一個長期的過
程,所以他們在地方上具有可以抗衡政治權威的影響力。故而,北魏國家要
保證對河北地區的穩定統治,通過對河北漢族士人任以本籍來加強治理就不
失爲一個有利的舉措。

　　本籍任用不光是一種個人顯示榮耀的手段,它更是與漢族士人自身具體
的政治利益聯繫在一起。漢族士人不僅是北魏國家的行政官僚,他們更與一
定的社會政治勢力有著密切的關係,此即他們出身所係的門閥士族。通過這

種本籍任用的方式，他們可以利用國家的權力運作為自身及其家族贏得更多的政治資源，積累更為深厚的社會聲望。北魏時期的河北地區是漢族高門士族、地方豪強勢力發展最為充分的地區，故文獻中可考的地方長官的本籍任用現象多集中於這一地區也可由此得解。

在一般情況下，北魏國家對於地方長官的本籍迴避制度嚴格執行，但上述北魏後期的本籍任用事例卻是例外。通過我們的考察，這些本籍任用的現象在地域分佈和被任用者的豪族背景上有著較為明顯的特徵。顯然，本籍任用是北魏國家一種較為特殊的政策。

北魏後期漢族士人本籍任用現象已如上述。作為對既有制度設計的一種反動，本籍任用為北魏政權當中的漢族士人贏得了榮耀，也帶來了實際的政治利益。這種狀況既是北魏國家與漢族士人政治博弈的結果，但它同時也體現了北魏國家基於現實的政治考量。

漢族士人出任本州郡行政長官成了南北朝時期較為突出的現象。就其個人而言，這是自漢代以來就積聚發展的衣錦鄉國的社會觀念起著作用。漢族士人願意出任本籍地長官，其中一個重要的原因就是所謂的「富貴不歸故鄉，如衣錦夜行」〔註 85〕的社會心理在起作用，這也顯示出漢族士人所居處的鄉里社會對其個人價值觀等產生的影響。前引高閭的例子可作為明證。又如高聰，他交結權貴，亟亟於官場，對於自己的仕途也有規劃：「聰心望中書令，然後出作青州，願竟不果。」〔註 86〕高聰一族自其曾祖起即遷居青州北海郡之劇縣，儘管他最終沒能在青州為官，但從其仕途規劃中我們也能看到鄉里意識對高聰產生的影響。儘管高聰與高閭自身的本籍地任職的仕途構想在實踐當中頗為曲折，但他們這種汲汲追求的心態又提醒我們，北魏時期漢族士人對本籍地任職是頗為嚮往的。《魏書》卷六八《甄琛傳》：「未幾，除征北將軍、定州刺史，衣錦晝遊，大為稱滿。」甄琛係定州中山人，北魏朝廷授予他定州刺史一職，這自然符合其稱榮於鄉里的心理，所以也讓甄琛自己感到十分滿意。甄琛的這種心理當非偶見。《魏書》卷八四《儒林·董徵傳》：

> 未幾，以本將軍除安州刺史。徵因述職，路次過家，置酒高會，大享邑老，乃言曰：「腰龜返國，昔人稱榮；仗節還家，云胡不樂。」……時人榮之。

〔註 85〕 《漢書》卷 31《項籍傳》，第 1808 頁。
〔註 86〕 《魏書》卷 68《高聰傳》，第 1522 頁。

董徵係頓丘衛國人。由安州刺史而回京述職，中途須經其鄉邑。董徵在其與鄉黨的言語當中所透露的正是這樣一種以顯官高爵稱榮於鄉里的心態。儘管董徵所獲的安州刺史並非本籍任用，但在以官爵稱榮於鄉里的心態上又與本籍任用者並無二致。根據學者的研究，由於經濟、政治上的原因，南北朝時期的士族大多居住於鄉村，在更多的時候，鄉村便是其物質生活和精神世界賴以存在和展開的基礎。〔註 87〕北魏時期的漢族士人自然也符合上述情景。也正是這種生活狀況，漢族士人與鄉里社會建立了密切的關係，也形成了相互認同的基礎。漢族士人不僅要通過國家授予相應的官爵獲得國家的認可，他們更需要鄉里社會對其所獲官爵的欣賞和社會身份的認可。

　　與地方長官的這種本籍任用相似的則是地方僚佐的任職。北魏後期地方刺史、太守在任職之時例帶將軍號，他們由此便可在州府、郡府之外另開一軍府，並按相關規定設置僚佐。州府、郡府之上佐如別駕、治中、郡丞之類由中央敕授，餘皆長官自辟；軍府僚佐則均為中央勅授，地位高於州府、郡府僚佐。〔註88〕一般而言，州府、郡府以及地方各級軍府僚佐的任職者當中並無籍貫的限制，這就往往使得漢族士人出任本州各府僚佐的可能性大大增加。《李璧墓誌》：

> （璧）毗贊臺階，增徽鼎味，每辭父老，申求鄉祿。高陽王親同魯
> 衛，義齊分陝，出鎮冀嶽，作牧趙燕，除皇子別駕，兼護清河勃海
> 長樂三郡，衣錦遊鄉，物情影附。〔註89〕

墓誌所言高陽王當指元雍，他於宣武帝景明元年至三年擔任冀州刺史。〔註90〕李璧當於此時出任冀州別駕。墓誌稱李璧出任此職也是「衣錦游鄉」，雖然有誇張之嫌，但也從一個側面反映出本籍任職對於個人榮耀所具有的意義。李遵的例子則可更進一步解釋這種意義的內涵。李遵係李沖兄弟李佐之子，〔註91〕李遵有墓誌傳世。據李遵墓誌所載：

> 高陽王，帝之季弟，作鎮鄴都，傍督鄰壤。望府綱僚，皆盡英胄。
> 君首充其選，為行參軍署法曹。〔註92〕

〔註87〕相關論述可參看谷川道雄：《六朝時代城市與農村的對立關係》，收入氏著《中國中世社會與共同體》（馬彪譯），第 286～315 頁；韓昇：《南北朝隋唐士族向城市的遷徙與社會變遷》，《歷史研究》2003 年第 4 期。

〔註88〕嚴耕望：《中國地方行政制度史‧魏晉南北朝地方行政制度》，第 537～624 頁。

〔註89〕趙超：《漢魏南北朝墓誌彙編》，第 66～69 頁。

〔註90〕吳廷燮：《元魏方鎮年表》，第 4580 頁。

〔註91〕《魏書》卷三九《李沖傳附李佐傳》，第 895 頁。

〔註92〕趙超：《漢魏南北朝墓誌彙編》，第 164 頁。

此之高陽王仍是指元雍，他於孝文帝太和十九年至二十三年出任相州刺史、鎮北將軍，〔註93〕李遵當於此時被選爲元雍鎮北府行參軍。李遵墓誌又稱其父李佐在孝文帝南遷之時未至洛陽，而是編籍於相州魏郡之湯陰縣，故李遵爲元雍軍府僚佐之事仍與李璧的任職情形相似，也屬本籍任職。志文當中「望府綱僚，皆盡英冑」一句又顯示出元雍軍府僚佐的選用頗重門第。有學者指出北魏之州屬僚更受時人尊重，〔註94〕這應該也與他們的門望出身有關。由此看來，本籍任職也與門第高低相關，這不僅是漢族士人自身權力的獲得，他也顯示出國家權力對士人門第的一種認可。北魏之地方長官在政治地位上當然要高於其僚佐，而這種本籍任用更是難得之事。這不僅顯示了國家對本籍任用者的特殊恩遇，與地方僚佐的本籍任職相似的是，任職於本籍地方長官的漢族士人也因這種與國家權力的深入聯繫而獲得了社會上對其門第的認可。畢竟，在門閥政治時代，士人所獲的政治權力的大小取決於其門第的高下。

　　對於北魏國家而言，經過孝文帝以來全面的漢化改革之後，漢族社會的政治理念也逐漸爲代人集團熟悉和接受。對於本籍任用所包含的政治和社會意義，北魏國家接受了漢族士人的相關觀念，並以國家恩典的形式來達成一些士人的願望。當然，這之中仍有值得我們注意的地方。一方面漢族士人通過任職本州郡的方式達成了自己的利益期望，而這又是在北魏國家予以認同的前提下實現的，這就表明北魏政權已經成爲一個得到漢族認同的皇權體制。漢族士人能夠以自己熟悉的方式主動爭取自己的政治利益，而地方長官的本籍任用也只是諸多方式之一。

　　不僅如此，對於漢族士人的本籍任用也是北魏國家對其的一種具體的倚重和利用。實際上，北魏國家也意識到鄉里觀念作用下的漢族士人在地方上所具有的影響。在一些發生動亂的地區，北魏國家也需要本地人擔當重任。如清河房景伯，「後值清河太守杜昶外叛，郡居山險，盜賊群起，除清河太守」〔註95〕。又《魏書》卷七九《劉道斌傳》：「（道斌）出爲武邑太守。時冀州新經元愉逆亂之後，加以連年災儉，道斌頻爲表請，蠲其租賦，百姓賴之。」上引二例中，房景伯爲清河人，劉道斌爲武邑人，二人所擔任的郡守也都屬於本籍任用的形式。另外，二人也是在本郡剛剛發生較大規模的動亂之後才

〔註93〕　吳廷燮：《元魏方鎮年表》，第4589頁。
〔註94〕　宮崎市定：《九品官人法研究》，第237頁。
〔註95〕　《魏書》卷四三《房法壽傳附房景伯傳》，第977頁。

獲授本郡太守的，這無疑是北魏國家一種有意的安排，即任用熟悉當地狀況的漢族士人擔任本郡太守，以期迅速穩定局勢。又如趙郡人李元忠，他在家鄉施醫救民、焚契免債，在北魏末年的社會動盪中，他的地方聲望也引起了北魏國家的注意，「永安初，就拜（元忠）南趙郡太守」。〔註96〕我們在前面的統計當中也注意到北魏幽州地區的本籍任用現象較多的事實。實際上，該地區的本籍任用大多出現在北魏末期。北魏末期的幽州地區亂象頻現，地方豪族也頗為活躍，北魏國家往往任命本地豪族領綱本籍，也是希望借助他們的力量以平定局勢，維護統治。到北魏滅亡之後，北方分裂局勢下的東西各政權仍將授予士人本州郡長官作為顯示國家恩典的舉措而執行，並作為一種難得的榮耀而被史家特別記錄下來。〔註97〕

　　當然，漢族士人任為本州郡長官是一種值得誇耀的國家恩典。但我們也注意到，在某些情況下，北魏國家對此仍保持較為慎重的態度。前引高閭請求本州刺史的事例即可說明北魏國家對此事的高度謹慎的態度。高閭多年仕宦，在朝廷當中早著聲望，然而對於高閭的這一請求，孝文帝不惜以詔令加以訓誡，也足見本籍任用在此時難以為官僚體制所接受。實際上，是否授予漢族士人本州郡長官還需要考慮各方面的情況。《魏書》卷六四《張彝傳》：

> 初，彝曾祖幸，所招引河東民為州裁千餘家，後相依合，至於罷入冀州，積三十年，析別有數萬戶，故高祖比校天下民戶，最為大州。彝為黃門，每侍坐以為言，高祖謂之曰：「終當以卿為刺史，酬先世誠效。」彝追高祖往旨，累乞本州，朝議未許。彝亡後，靈太后云：「彝屢乞冀州，吾欲用之，有人違我此意。若從其請，或不至是，悔之無及。」乃贈使持節、衛將軍、冀州刺史，謚文侯。

張彝之曾祖招徠人戶，於北魏稱為有功，孝文帝也許諾要任張彝為冀州刺史以酬其功。但我們看到儘管張彝也屢為求請，其事卻頗為蹉跎，北魏朝廷終其一生未能遂其願。不授予張彝本州的原因我們不得而知，或許另外一則事例可以提供相關的參照。《魏書》卷七六《張烈傳》：

> 先是，元叉父江陽王繼曾為青州刺史，及叉當權，（張）烈託故義之懷，遂相諂附。除前將軍、給事黃門侍郎，尋加平南將軍、光祿大

〔註96〕《北齊書》卷二二《李元忠傳》，第314頁。
〔註97〕鍾盛：《西魏北周「作牧本州」考析》，《魏晉南北朝隋唐史資料》，第25輯，2009年。

> 夫。後靈太后反政，以烈叉黨，出爲鎮東將軍、青州刺史。于時議
> 者以烈家產畜殖，僮客甚多，慮其怨望，不宜出爲本州，改授安北
> 將軍、瀛州刺史。

張烈本籍冀州清河，其祖上隨慕容德南渡，遂居青州齊郡臨淄縣。張烈諂附元叉父子，是爲元叉之黨。所以在元叉失勢之後，張烈不免受到牽連，他出任刺史實是因爲政爭失敗的結果。我們看到，北魏國家不僅要把他調離中央，對於他在地方上的任職也頗多顧慮。先授其爲青州刺史，考慮到他家產頗豐，家族地方勢力甚盛，怕他借機爲亂，所以改授瀛州。將張彝的事例與張烈相比，張彝雖然沒有政治上的牽扯，但其父祖經營冀州，因此積下深厚的地方影響自不必說。北魏國家遲遲不允其任職本州的請求，當也考慮到他可能憑藉地方勢力而掌控一方，朝廷因此會難以駕馭。

另一方面，漢族士人出任本州郡行政長官雖然有違本籍迴避的原則，但這大體上仍是在國家的有效控制下的特舉。北魏國家對於地方的控制不會因此而減弱，與世爲部落大人的領民酋長如尒朱榮家族以及南方邊境「世雄商洛」〔註98〕的地方土豪泉企等世領本縣令等情形還有不同。後者雖名附北魏，實際上仍保持著較爲完整的獨立性。〔註99〕一般情況下，這種獨立狀態同時又阻礙了他們與中央政權的接近程度，他們也很難由一種爲時人所共同遵行的官僚體系來提高自己的政治地位。將中原地區的漢族士人與泉企等邊境土豪、部酋相比，前者與北魏政權的結合度就更形密切，這也爲我們認識北魏政權與漢族士人之間的關係提供了一條管道。

需要指出的是，北魏後期本籍任用的對象不僅是漢族士人，其他政治群體同樣也參與到這一政策的踐履當中，這也顯示出這一政策的重要意義。我們可以北魏時期的宦官群體和被視作恩倖的人群作爲例子加以觀察。重族望、重本籍的觀念在北魏時期以恩倖見用者當中也得到了普遍的認可，恩倖和宦官亟亟於託附門族，一方面說明這類人身份低微，不爲世人所尊奉，一方面也顯示出門望觀念對北魏社會產生的深刻影響。恩倖群體的望族意識和具體實踐也爲我們的論述提供了一個旁證。根據《魏書·恩倖傳》的記載，我們看到，恩倖和宦官不僅積極運作，將自己的出身寄託於當世望族，而且

〔註98〕 《周書》卷四四《泉企傳》，第785頁。
〔註99〕 魯西奇：《西魏北周時代「山南」的「方隅豪族」》，《中國史研究》2009年第1期。

也積極謀求建立與託附門族所在地的聯繫，其手段則堪稱多樣。如恩倖王睿富貴之後，將其家族移居幷州以依託太原王氏之地望。另一些在自稱門望之族得到認可之後，擔任其地大中正以彰顯其身份，如南人茹皓顯貴之後，也自稱出自雁門，雁門人依順權勢，推薦他為肆州大中正。出任門族所在地的地方長官則更是常見之事。如王睿諸兄弟子孫就有不少出任幷州或者州內郡縣長官者；以鼎俎見幸的侯剛，不僅謀得燕州大中正的職位以重身價，還請求讓其子侯詳出為燕州刺史，「以為家世之基」，這也讓我們看到出任本州郡行政長官對家族的發展所具有的意義。不難看到，恩倖和宦官群體是在族望觀念的趨勢下積極營求本籍任用等方式的機會。這些方式加強了他們與姓族地望的結合，他們也以此來獲得社會認可。

　　北魏時期的漢族士人重視本籍，重視郡望。死後歸葬本鄉，國家對於官僚往往追贈本州刺史、封授本籍爵位，這也顯示出漢族士人與鄉里社會的密切關係。漢族官僚即便任職於中央，他們對於鄉里社會的影響依然明顯，鄉里社會同時也是其家族勢力基礎所在。〔註100〕北魏漢族士人的地方長官本籍任用的現象自然與這種強烈的鄉里意識有著緊密的聯繫，但不同的是，本籍任用又引入了國家權力的因素，因而更加為士人所重視。對於北魏國家而言，他們既需要倚重漢族士人來完成其統治，又要保證對漢族士人的有效控制，因而他們在以本籍任用彰顯漢族士人的權勢、利用其社會影響力的同時，又始終保持對這一任用方式的謹慎態度。本籍任用的現象從一個側面表明了漢族士人在北魏政權當中的政治地位已經獲得了較大的提高，他們在北魏政權當中的政治行動也更加活躍，北魏時期的胡漢合作局面也日漸深入、穩定。

第三節　漢族士人與地方僚佐

　　漢族士人擔任的職位當中，地方各級政府僚佐也是頗為常見的一部分。大部分漢族士人都是從州府、軍府以及公府僚佐的職位上起家、遷轉以至更高的職位。也有一些士人則終身輾轉於各府僚佐之間。僚佐的經歷顯然成了大部分漢族士人仕宦生涯中頗為重要的一段。與中央各機構職官以及地方各級行政長官的中央性或主導性相比，府佐則更具地方性或從屬性，這種性質

〔註100〕室山留美子：《北魏漢族官僚及其埋葬地的選擇》，載《日本中國史研究年刊（2007 年度）》，上海：上海古籍出版社，2009 年，第 73～104 頁。

也使得他們對政治的影響更偏重地方，這是我們首先需要引起注意的地方。

關於地方各級行政機構、軍府的結構及其僚佐的構成，嚴耕望先生已經做了細緻的考索，這也爲我們以下的分析提供了方便的制度背景。〔註101〕與嚴耕望先生的視角不同，我們則從漢族士人這一群體出發，考察他們在既有制度下的活動。

一、漢族士人與北魏前期的軍府、州府僚佐

毫無疑問，隨著北魏地方社會的恢復和發展以及北魏地方政治制度的完善，地方政府僚佐的任用以及他們的政治活動在北魏後期才有更爲活躍的表現。因此，我們當然要將關注的重點放在北魏後期，但歷史發展有其延續性，在對北魏後期漢族士人爲府佐的情況進行分析之前，我們有必要對北魏前期漢族士人爲僚佐的情形有一個大致的瞭解。

北魏前期的地方刺史、郡守、鎮將等也有帶將軍號的，他們可以自辟州府、郡府僚佐，但開軍府置佐可能是有限制條件的。儘管早在太武帝時就明確軍府置佐，但那似乎沒有普遍推行。〔註102〕《魏書》卷四《世祖紀》：

> （神䴥三年）秋七月己亥，詔曰：「昔太祖撥亂，制度草創，太宗因循，未遑改作，軍國官屬，至乃闕然。今諸征鎮將軍、王公仗節邊遠者，聽開府辟召，其次，增置吏員。」

同書卷一一三《官氏志》亦簡述此詔：「七月，詔諸征鎮大將依品開府，以置佐吏。」《官氏志》所記雖未交代具體年份，但與上引《世祖紀》所言當爲同一件事。結合這兩處記載，我們不難看出，只有出鎮邊遠州鎮且獲得四征、四鎮級別的將軍號才能開府置佐。這種情況也能得到具體制度規定的證實。太和十七年頒佈的前職令列有諸開府的各級僚佐，〔註103〕邊鎮將軍當可以依

〔註101〕 參看嚴耕望：《中國地方行政制度史·魏晉南北朝地方行政》，第537～689頁。
〔註102〕 嚴耀中先生認爲北魏直到太和改制之前，地方各級均設三位長官，州郡長官帶將軍號，每位長官同樣設有州（郡）府和軍府兩套僚佐，如此一來，一州（郡）則有六套僚佐系統。但一個不容忽視的現象就是，我們在北魏前期的材料中所見到的除了神䴥三年規定的可以開府置佐的軍府僚佐之外，其他類型的軍府僚佐幾無所見，故嚴先生的觀點似乎不太符合事實。參看嚴耀中：《北魏前期政治制度》，第77～83頁。
〔註103〕 這些僚佐包括長史、司馬、諮議參軍、從事中郎、正參軍、行參軍和記室督，其官品分佈在從四品上到從六品中。我們可以相信，這應該是一份較爲完整的開府僚佐表，當然，這份職官名單也不排除孝文帝制定職令時新增加上去

照開府置佐的規定設置僚佐，而如後職令中所羅列的諸品將軍的僚佐在前職令中並沒有出現，這也說明將軍開府尚不是普遍之事。《魏書》卷三三《張蒲傳附張昭傳》：「延和二年，（昭）出爲幽州刺史、開府，加寧東將軍。」張昭出任幽州刺史，加寧東將軍，開府，從其將軍號來看，似乎未能符合神䴥四年詔令的規定。而文獻特別標明「開府」，則意在表明這是北魏國家的特別授權，張昭可因此授權而設置軍府僚佐。這同樣也能證明北魏前期地方官開軍府並設置相應僚佐是有限制的。

在這些開府將軍的僚佐當中，漢族士人也有不少身居其職。高允《徵士頌》中開列的徵士名單中就有不少官至諸將軍從事中郎的，現摘錄如下：

征南大將軍從事中郎勃海高毗子翼，

征南大將軍從事中郎勃海李欽道賜，

征西大將軍從事中郎京兆韋閬友規，

輔國大將軍從事中郎范陽祖邁，

征東大將軍從事中郎范陽祖侃士倫，

征東大將軍從事中郎中山張綱，

衛大將軍從事中郎中山郎苗，

大司馬從事中郎上谷侯辯。〔註104〕

以上八人，加上高允和張偉起初亦曾擔任過衛大將軍拓跋範的從事中郎，〔註105〕神䴥四年的徵士中就有十人曾擔任過開府僚佐。雖然所進入的軍府各異，但這卻反映了漢族士人在北魏的地方軍事和政治中的地位和作用。順便指出的是，我們所見到的北魏前期漢族士人所擔任的軍府僚佐基本上以「從事中郎」一職爲主，這或許表明北魏前期的軍府結構較爲粗糙，其僚佐僅爲參謀人員，並不負責具體的事務。

北魏前期軍府僚佐的資料遺留下來的並不多，所以對於相關的具體情況也難以細究。這裏我們或許可以明元帝之子樂安王拓跋範出鎮長安時的軍府僚佐來略作說明。《魏書》卷二四《崔玄伯傳附崔徽傳》：「樂安王範鎮長安，世祖以範年少，而三秦民夷，恃險多變，乃選忠清舊德之士，與範俱鎮。以徽爲散騎常侍、督雍涇梁秦四州諸軍事、平西將軍、副將，行樂安王傅，進

的，因爲有不少職官我們在北魏前期的史料中幾乎一無所見。

〔註104〕《魏書》卷四八《高允傳》，第1079～1080頁。

〔註105〕張偉見《魏書》卷八四《儒林・張偉傳》，第1844頁。

爵濟南公。」樂安王拓跋範爲明元帝之子，他出鎮長安是在延和二年（433 年）。
〔註106〕於時北魏剛剛平定大夏不久，關西擾攘，民心浮動，太武帝派兄弟出
鎮長安當然是顯示國家對該地的重視。不惟如此，太武帝還考慮到拓跋範年
少而治理經驗或威望上或有欠缺，所以非常慎重地選擇僚佐以輔助拓跋範治
理長安。崔徽此次即被命爲長安副將。文獻中可以考見的隨同拓跋範西鎮的
漢族士人還有如下幾位：

> 高允，「遷侍郎，與太原張偉並以本官領衛大將軍、樂安王範從事中郎。
> 範，世祖之寵弟，西鎮長安，允甚有匡益，秦人稱之。尋被徵還。」
> 〔註107〕

> 張偉，「世祖時，與高允等俱被辟命，拜中書博士。轉侍郎、大將軍樂
> 安王範從事中郎、馮翊太守。」〔註108〕

> 宋蔭，「（縣孫）蔭，中書議郎、樂安王範從事中郎。」〔註109〕

以上三人都是以僚佐身份隨拓跋範出鎮長安。我們不知道此次出鎮是否還有
其他僚佐隨行，但至少可以肯定的是，漢族士人在軍府僚佐的授用當中頗占
一席之地。就以上人數而言，漢族人士已有四位，且崔徽督攝四州、身爲副
將，似不宜以僚佐視之。〔註110〕由於出鎮軍府負責維繫地方的穩定，北魏國
家也十分重視對軍府僚佐的選用。

此外，在各類軍事行動中，漢族士人也常常被任爲參軍。《魏書》卷五六
《鄭羲傳》：「天安初，劉彧司州刺史常珍奇據汝南來降，顯祖詔殿中尙書元
石爲都將赴之，並招慰淮汝，遣羲參石軍事。」鄭羲作爲參軍隨元石招慰淮
汝，這是北魏國家需要他在此次行動中出謀劃策，爲主帥的行動提供具體的
建議。類似的還有隨同慕容白曜一同平定青、徐地區的酈範、許赤虎等人。
他們雖然不是常駐地方的軍府僚佐，但也爲我們瞭解軍府僚佐的性質和作用

〔註106〕《魏書》卷四《世祖紀》，第 82 頁。
〔註107〕《魏書》卷四八《高允傳》，第 1068 頁。
〔註108〕《魏書》卷八四《儒林·張偉傳》，第 1844 頁。
〔註109〕《魏書》卷五二《宋縣傳》，第 1153 頁。
〔註110〕拓跋範所帶銜爲「假節、加侍中、都督秦雍涇梁益五州諸軍事、衛大將軍、
儀同三司」，見《魏書》卷四《世祖紀》，第 82 頁。比較崔徽與拓跋範的結銜，
我們也可以肯定崔徽之身份當僅在拓跋範之下，實際上此時的雍州政務恐怕
是由崔徽署理，因爲崔徽本傳也說他「爲政務存大體，不親小事。性好人倫。
引接賓客，或談及平生，或講論道義，誨誘後進，終日不止」。

以及漢族士人在軍府當中的地位和影響提供了一個類比。

與軍事系統的軍府不同，北魏前期屬於民政系統的州、郡、縣各級行政機構的僚佐則由刺史、郡守以及縣令長自行辟召。《魏書》卷六《顯祖紀》：

> （和平六年九月）丙午，詔曰：「先朝以州牧親民，宜置良佐，故敕有司，班九條之制，使前政選吏，以待俊乂，必謂銓衡允衷，朝綱應敘。然牧司寬惰，不祗憲旨，舉非其人，愆於典度。今制：刺史守宰到官之日，仰自舉民望忠信，以為選官，不聽前政共相干冒。若簡任失所，以罔上論。」

這條詔書即規定州郡長官新官到任之時，仍由其自行選官擇吏，而州郡僚佐的擔任者大多為本州本郡人士。《魏書》卷三三《宋隱傳附宋輔傳》：「（輔）少慷慨有大操，博覽群書。州辟別駕。」宋輔為宋隱之弟，其活動的年代當與宋隱同時。宋輔為本州別駕則正是州官自辟僚佐的例證。至於郡府僚佐，我們也有相關的資料加以證明。《魏書》卷四八《高允傳》：「（高允）性好文學，擔笈負書，千里就業，博通經史、天文、術數，尤好《春秋公羊》。郡召功曹。」高允也正是以州郡徵辟的方式得以進入政權並逐步上升的。

從地域的視角而言，州郡僚佐的職務不僅是世家大族賴以建立政治地位的基本環節，也是地方豪族展開政治活動的重要場所。終北魏一朝，州郡僚佐一直為地方士族所重視。《魏書》卷五三《李孝伯傳》：「父（李）曾，少治《鄭氏禮》、《左氏春秋》，以教授為業。郡三辟功曹，不就。門人勸之，曾曰：『功曹之職，雖曰鄉選高第，猶是郡吏耳。北面事人，亦何容易。』」李曾稱郡功曹為「鄉選高第」，宋隱臨終遺言也將「仕郡幸而至功曹史」作為可以知足之事，〔註111〕其為鄉里所重視可見一斑。宮崎市定先生討論北魏前期的州郡僚佐時曾認為：「從漢人貴族的感情而言，州屬僚是清官，刺史倒未必是清官，屬僚比刺史更受人尊重。」〔註112〕這也是符合事實的論述。

以上是對北魏前期漢族士人為軍府、州府僚佐的情況所進行的簡單的描述。北魏前期地方行政和軍事機構的規制還較為簡單，其府佐的設置也並不龐雜。對於軍府而言，漢族士人在其中主要是起著出謀劃策的作用；對於州府（包括郡府、縣府），這是地方政治的集中場所，漢族士人則成了州郡縣府佐的較為重要的組成部分。

〔註111〕《魏書》卷三三《宋隱傳》，第 773 頁。
〔註112〕宮崎市定：《九品官人法研究》，第 237 頁。

二、漢族士人與北魏後期的州府僚佐任職

　　與北魏前期相比，北魏後期的軍府僚佐仍由國家正式任命，州府上佐治中、別駕則因位高而由府主自辟改爲中央任命。儘管軍府、州府之府主有舉薦本府僚佐之權，但府佐仍需得到敕命方可獲得正式承認。制度上的變化帶來的是僚佐地位的上升。從北魏後期大量高門士族擔任過州府、軍府僚佐這一點來看，府佐爲清官的觀念在北魏後期仍然實實在在地存在。那麼，北魏後期漢族士人擔任州府、軍府僚佐的情況具體又是怎樣呢？我們接下來則試圖考察北魏國家進行了怎樣的制度設計來安排漢族士人擔任府佐，而漢族士人相關的仕宦活動又是怎樣對原有的制度設計產生反作用，並促進制度的進一步發展完善。

　　北魏後期，州府僚佐始由國家任命，但其人選則以本籍爲主。〔註113〕北魏後期除了北邊一些州鎮如恒州、夏州以及京師所在的司州僚佐的人選因爲各種原因而在籍貫上限制較少之外，其他地方則基本上都以本籍人士擔任州郡僚佐，尤其是地位較高的上佐如治中、別駕等。這種籍貫上的限制不管是制度上的規定還是習慣使然，對於漢族士人而言，這顯然是一種政治上的優勢。我們可以記載相對較多的定州上佐的任用情況爲例加以說明。

表 4.5　北魏定州治中、別駕任職表

任職者	籍　貫	任職時間	所任職務	資　料　來　源
張渾屯	不詳	太武帝	定州治中	《魏書》卷九四《趙黑傳》
李璨	趙郡	文成帝	本州別駕	《魏書》卷四九《李靈傳附李璨傳》
李顯甫	趙郡	孝文帝	本州別駕	同上《李靈傳附李顯甫傳》
崔文業	博陵安平	宣武帝	定州治中	同上《崔鑒傳》
崔孝演	博陵安平	宣武帝	定州治中	《魏書》卷五七《崔挺傳附崔孝演傳》
崔融	博陵安平	孝明帝	定州別駕	同上《崔挺傳附崔融傳》

〔註113〕北魏地方州府僚佐多爲本地人士擔任，而軍府僚佐多爲非本地籍人士擔任，這在新近刊佈的爲北魏齒州刺史山累所立的《大代持節齒州刺史山公寺碑》之後所刻勒的州府、軍府僚佐、郡縣長官及其僚佐的名單中可以看出。相關的研究參看吳荭、張隴宵、尚海嘯：《新發現的北魏〈大代持節齒州刺史山公寺碑〉》，載《文物》2007 年第 7 期。侯旭東先生對此進行了具體的分析，參看氏著《〈大代持節齒州刺史山公寺碑〉所見史實考》，收入《紀念西安碑林九百二十周年華誕國際學術研討會論文集》，文物出版社，2007 年，第 260～278 頁。

李裔	趙郡	孝明帝	定州別駕	《魏書》卷三六《李順傳附李裔傳》
陽弼	中山	孝明帝	本州別駕	《魏書》卷七二《陽尼傳》
李靜	中山	孝明帝	定州別駕	《魏書》卷三九《李寶傳附李靜傳》
李孚	中山	孝明帝	定州別駕	同上《李寶傳附李孚傳》
甄僧林	中山	孝明帝	定州別駕	《魏書》卷六八《甄琛傳》
甄寬	中山	孝明帝	定州別駕	同上

　　以上所列包括文獻中北魏一朝定州州府上佐的任職情況，當然，這些只是所有任職者中的一部分，必定還有許多擔任者的信息爲史家所遺漏。從以上諸人的情況來看，他們都是定州地區的士族中的成員。我們不能據此遽斷州府僚佐實爲本州世家大族所壟斷，比如上表中的張渾屯，他僅偶見於史書。《魏書》卷九四《閹官‧段霸傳》：「（段霸）出爲安東將軍、定州刺史。世祖親考內外，大明黜陟。前定州治中張渾屯告霸前在定州濁貨貪穢，便道致財，歸之鄉里。」我們對於張渾屯的身世背景等則一無所知，他可能並不是定州豪望。但是，定州別駕、治中的其他人的身分則多屬地方上全國性的名門望族。世家大族由於在政治上和文化上的優勢，他們在州府僚佐的任職中勢必居於重要地位。

　　受著門第觀念的影響，漢族士人在擔任地方州府僚佐之時就難免會強調其身份的意識。《魏書》卷七二《賈思伯傳附賈思同傳》：「（賈思同）五遷尚書考功郎，青州別駕。……初，思同之爲別駕也，清河崔光韶先爲治中，自恃資地，恥居其下，聞思同還鄉，遂便去職。州里人物爲思同恨之。」崔光韶爲青州治中之事發生在孝明帝時期。〔註114〕他因爲不能忍受自己身爲高門卻要在職位上居於門第較次的賈思同之下，即可視爲當時社會重視門第的一例。州郡長官到任之際，也積極啓用本地士望以爲府佐。《魏書》卷五七《崔挺傳附崔孝演傳》：「（崔孝演）少無宦情，沉浮鄉里。河間王琛爲定州刺史，以爲治中。」崔孝演後在鄉遇鮮於修禮之反，反人因爲他在鄉里頗有名望，懼而殺之，由此，河間王元琛任用崔孝演爲治中的原因也就可想而知了。

　　漢族士人擔任州府府佐的情況又可以分爲如下幾類情況。

　　首先，如上表所示，本籍即爲定州，俟後出任本州郡府佐的，這種情況大概要占主要部分。如上所示李顯甫、崔文業、李裔、陽弼等人。在其他州郡，這種情況也尤顯普遍。《魏書》卷八五《文苑‧邢臧傳》：「（邢臧）年二

〔註114〕《魏書》卷六六《崔亮傳附崔光韶傳》，第1482頁。

十一，神龜中，舉秀才，問策五條，考上第，爲太學博士。……出爲本州中從事，雅爲鄉情所附。」邢臧爲河間人，係北魏名臣邢巒從孫，他即由太學博士出任本州治中。〔註 115〕其他如京兆韋氏就有韋彧、韋彪等先後擔任過雍州治中、別駕，〔註 116〕冀州地區的士族如清河崔氏、張氏、勃海高氏、封氏、刁氏等都有出任本州治中或別駕的記錄。儘管門第上的優勢會使得某些高門士人在州郡僚佐的任職上占到先機，但這並不妨礙其他門第較低的漢族士人對本州郡僚佐職位的競爭。

其次，由他處遷徙而至並出任新籍州郡僚佐的。這可以上表中李孚、李靜二人爲例。李孚、李靜二人爲兄弟，係隴西李寶之後。在孝文帝時二人之父李茂徙往中山，其籍貫自然改注中山，因而李孚兄弟得爲定州別駕。〔註 117〕李茂之弟李輔，李輔之子李遵又爲相州別駕，這一任職的緣由爲李遵墓誌所指明：「君歸國三世，家於北都。先侯康素，暫嘗臨相，云構居南，二促遷限，遂編戶魏郡之湯陰縣。」〔註 118〕李寶自從河西歸魏之後，在孝文帝南遷過程中，李氏一系多有遷往他處定居的。李遵一支也正是在這樣一種背景中徙居相州，李遵因而得以出任相州別駕。隴西李氏有此經歷，其他地區的漢族士人也不乏此例。如天水人楊機，「祖伏恩，郡功曹，赫連屈丐時將家奔洛陽，因以家焉。機少有志節，爲士流所稱。河南尹李平、元暉並召署功曹，暉尤委以郡事。」〔註 119〕楊機也是遷徙之人。他不僅爲河南郡功曹，他還先後出任過洛陽令、河陰令、司州治中、別駕，河南尹，可見他在司州地區屢歷名位，於司州頗具影響。〔註 120〕

再次，儘管有籍貫上的限制，但漢族士人出任其他州郡的府佐的情況還是有的。如趙郡李映曾歷官相州治中，〔註 121〕京兆韋儁爲荊州治中，〔註 122〕

〔註 115〕「中從事」一職並不見於北朝史籍，疑「中從事」即「治中從事」之省。或者，由於《魏書》卷八五本文已逸，今存者係唐人所補，唐史官因避唐高宗李治之名諱而闕「治」字。

〔註 116〕分見《魏書》卷四五《韋閬傳》之上述諸人附傳。

〔註 117〕《魏書》卷三九《李寶傳附李茂傳》，第 891 頁。

〔註 118〕《李遵墓誌》，釋文見趙超：《漢魏南北朝墓誌彙編》，第 164 頁。

〔註 119〕《魏書》卷七七《楊機傳》，第 1706 頁。

〔註 120〕楊機墓被發現位於洛陽市西南宜陽縣豐李鎮馬窯村，有墓誌出土，墓誌拓片圖版及釋文均見洛陽博物館：《洛陽北魏楊機墓出土文物》，載《文物》2007年第 11 期。墓誌敘楊機生平仕宦，與正史相合。

〔註 121〕《魏書》卷三六《李順傳附李映傳》，第 846 頁。

〔註 122〕《魏書》卷四五《韋閬傳附韋儁傳》，第 1009 頁。

清河崔光韶曾爲青州治中，〔註123〕勃海封進壽曾爲揚州治中，這或許與封進壽之父實爲南朝降人有關。〔註124〕隴西辛穆，其父辛紹先仕於涼州，世祖平涼州之後，辛紹先內徙晉陽，辛穆初入仕即爲東雍州別駕。〔註125〕以上諸例是我們就文獻中所見者加以舉證。值得注意的是，儘管這都是出任外州州府僚佐的例子，但從他們所任職的州郡與本籍所在州郡相比，大部分情況下，二者之間在地域上是較爲接近的。當然，這或許只是諸多類似任職現象中一個較爲可能的特點，我們還不能據此以涵蓋全部。

　　以上是就漢族士人出任州府僚佐與其籍貫的關係進行的討論。我們看到，北魏國家在這一點上已經形成了較爲完善的制度，實際的運作中以本地士人爲主的方針也得到了普遍的貫徹。這種制度的形成顯然有其社會因素的影響。北朝時期漢族士族在地方社會中所形成的力量以及他們在國家政治中漸漸提高的地位，都使得北魏國家需要充分意識到他們的影響，並在政策的制定中審慎的考慮。

　　對於大多數漢族士人而言，州府僚佐只是其仕途的起步。實際上州府僚佐中也只有治中和別駕爲國家任命，是正式入仕的標誌，其他諸如主簿、州都以下則都由府主自辟，只是屬於府主的佐吏。漢族士人或以州府上佐爲起家官，或從其他品級更低的職官遷轉而爲州府上佐。總體上看，其遷轉主要以公府、軍府僚佐、郡守以及步兵校尉、中散大夫等文武散官爲主。

三、漢族士人與地方軍府僚佐任職

　　北魏後期刺史出州例帶將軍號，並能依軍號開府置佐。刺史所帶將軍號有品級之高下，其府佐的規模及品級也有相應的規定。具體的情況在北魏後職令中俱有詳細的說明。軍府僚佐既入流品，其選用原則上由國家組織、任命，得爲軍府僚佐即稱入仕。如此，軍府僚佐雖然也是出任地方，但其性質與州府僚佐相比差別明顯。〔註126〕我們考察漢族士人擔任軍府僚佐的情況，

〔註123〕　《魏書》卷六六《崔亮傳附崔光韶傳》，第 1482 頁。
〔註124〕　《魏書》卷三二《封懿傳附封靈祐傳》：「靈祐，仕劉義隆爲青州治中、勃海太守。慕容白曜平三齊。靈祐率二百人詣白曜降，賜爵下密子。後除建威將軍、勃海太守。」封進壽爲封靈祐之子，他爲揚州治中在孝明帝時。
〔註125〕　《魏書》卷四五《辛紹先傳附辛穆傳》，第 1028 頁。
〔註126〕　《宋書》卷七四《沈攸之傳》：「先是，攸之在郢州，州從事輒與府錄事鞭，攸之免從事官，而更鞭錄事五十。謂人曰：『州官鞭府職，誠非體要，由小人

自然也只能在這些制度規定的前提下展開。

　　應該說，對於軍府僚佐的選用一直是北魏國家頗爲重視之事。《魏書》卷二一《獻文六王‧趙郡王幹傳》：「遷洛，改封趙郡王，除都督冀定瀛三州諸軍事、征東大將軍、冀州刺史，開府如故，……高祖詔以李憑爲長史，唐茂爲司馬，盧尙之爲諮議參軍以匡弼之。」實際上，我們在文獻中還找到隴西李彥及趙郡李遺元也曾做過元幹之軍府長史和東閤祭酒。〔註127〕可見，趙郡王元幹的征東軍府上佐都是漢族名士。又如《李遵墓誌》：「高陽王，帝之季弟，作鎭鄴都，傍督鄰壤。望府綱僚，皆盡英冑。」〔註128〕此當指高陽王元雍在孝文帝時以鎭北將軍出刺相州之事。李遵選爲軍府行參軍，而與此同時，趙郡李孝怡爲軍府主簿、范陽盧洪則爲其府諮議參軍，游肇則爲其軍府長史。〔註129〕這些人也都出自當時盛門。重視軍府僚佐的選用，注重其門第出身，其實是北魏後期軍府僚佐的一個普遍的特點。北魏後期地方軍府僚佐的構成中，漢族士人也確實占了較大比重，這也使得他們在地方社會顯得十分活躍，對於地方政治的參與和影響也不難見到。

　　比起州府僚佐來，軍府僚佐的選用則沒有地域的限制。漢族士人出任本州軍府府佐的不乏其例，而出任他州軍府府佐的則更爲常見。漢族士人擔任軍府府佐的具體情形，因其任職方式的不同，又可分爲以下幾類：

　　首先，以軍府僚佐爲起家官。軍府僚佐也是北魏士人入仕的諸多起家官之一，因而，屬於這一類型的漢族士人，其入仕的途徑自然也同於一般情形。如崔巨倫，「以世宗挽郎，除冀州鎭北府墨曹參軍」；〔註130〕鄭伯猷，「舉司州秀才，以射策高第，除幽州平北府外兵參軍」；〔註131〕杜弼，「延昌中，以軍

凌侮士大夫。』」沈攸之所言的州官當指州從事，而府職當指軍府之錄事，州官鞭府職是「小人凌辱士大夫」之舉，這在等級分明的南北朝社會自然是嚴重之事，而我們也由此看到南朝社會州府與軍府僚佐之間的差別。沈攸之鞭州官雖爲劉宋之事，但北魏後期地方社會所行制度全仿南朝，我們應該也可以此作爲瞭解北魏後期軍府與州府僚佐之間差別的一個旁證。

〔註127〕分見《魏書》卷三九《李寶傳附李彥傳》，第888頁；《魏書》卷三六《李順傳附李遺元傳》，第848頁。

〔註128〕《李遵墓誌》，釋文見趙超：《漢魏南北朝墓誌彙編》，第164頁。

〔註129〕分見《魏書》卷三六《李順傳附李孝怡傳》，第847頁；《魏書》卷四七《盧玄傳附盧洪傳》，第1063頁；《魏書》卷五五《游明根傳附游肇傳》，第1216頁。

〔註130〕《魏書》卷五六《崔辯傳附崔巨倫傳》，第1251頁。

〔註131〕《魏書》卷五六《鄭懿傳附鄭伯猷傳》，第1244頁。

功起家，除廣武將軍、恒州征虜府墨曹行參軍，典管記」。〔註132〕以上幾例即已顯示漢族士人至少有以挽郎、秀孝、軍功等三種方式起家爲軍府僚佐，而就北魏士人起家的各種方式而言，這幾種方式肯定只是其中的一部分。至於起家爲軍府僚佐的具體職官，則以諸曹參軍爲主，少有任爲軍府上佐的事例。這種狀況的形成當應從起家官本身求之。根據《魏書・官氏志》所載，北魏後期從從一品將軍開府到五品正從將軍都置有僚佐，因府主品級不同，僚佐的品級自然隨其增減。各品將軍僚佐中的諸曹參軍則大致分佈在正六品到正八品之間，這些官職的品級也符合北魏官僚的起家之例。

　　其次，從他官遷轉爲軍府僚佐。漢族士人遷爲軍府僚佐之前所居職官多種多樣，諸如太學博士、散騎省官、公府僚佐、尚書郎、州府僚佐、郡守等等。其居官不同，轉任的府佐也相異。總體而言，循資進階，這是漢族士人擔任各類職官所遵循的基本規則，軍府僚佐自不例外。《魏書》卷八二《常景傳》：「（常景）累遷積射將軍、給事中。延昌初，東宮建，兼太子屯騎校尉，錄事皆如故。……尚書元萇出爲安西將軍、雍州刺史，請景爲司馬，以景階次不及，除錄事參軍、襄威將軍，帶長安令。」元萇出任雍州刺史，欲以常景爲其司馬，但因常景所居官職與雍州安西府司馬階次懸差，只得降而任爲其府錄事參軍。就漢族士人由他職轉任軍府僚佐的具體情況而言，軍府僚佐又可分爲兩類：一是軍府上佐，包括長史、司馬和諮議參軍；一是軍府其他僚佐，諸如主簿、諸曹參軍、行參軍等。兩類僚佐品級不同，對於轉任者之前所居職官的官品也必然有要求。從《魏書・官氏志》中的《後職令》所載軍府僚佐中也可以看出，諸品將軍軍府上佐的分佈從從三品到從七品不等，這與軍府中諸曹參軍等在品級分佈上形成了較爲明晰的界限，因而從他官轉任軍府上佐還是上佐以外的其他僚佐在官品上的差別就能較爲清楚地顯現出來。

　　再次，對於漢族士人而言，他們之中有不少擔任過一、兩任軍府僚佐，然後再轉任其他官職。而一個值得注意的現象是，連續轉任軍府僚佐的漢族士人也大有人在。他們或者以軍府僚佐終其一生，或者在數任蕃佐之後轉任中央或地方其他職官，但不管怎樣，擔任軍府僚佐的經歷都構成了他們仕宦生涯中的重要組成部分。漢族士人連任軍府僚佐的現象又可分爲以下幾類：

　　第一類是隨同一府主遷轉的。我們試舉幾例。《魏書》卷四五《韋閬傳附姜儉傳》：

〔註132〕《北齊書》卷二四《杜弼傳》，第 346 頁。

（姜）儉少有幹用，勤濟過人。起家徐州車騎府田曹參軍，轉太尉外兵參軍。蕭寶夤出討關西，引爲開府屬，軍機謀略，多所參預。儉亦自謂遭逢知己，遂竭誠委託。寶夤爲雍州，仍請爲開府從事中郎，帶長安令。及寶夤反，以爲左丞，尤見信任，爲群下所讎疾。寶夤敗，城人殺之，時年三十九。

姜儉爲武功人蘇湛之從母弟，其才識深得蘇湛賞鑒。考察姜儉的仕宦經歷，我們不難看到他始終爲府佐的特點。姜儉以徐州田曹參軍起家。根據相關資料所示，以車騎將軍出爲徐州刺史的只有蕭寶夤一人，其時間約在神龜二年（519年）到正光二年（521年）之間。〔註133〕如此，除了爲一任太尉外兵參軍之外，姜儉就一直追隨蕭寶夤，乃至同其反叛之事。這也可見蕭、姜之間的密切關係。姜儉能得蕭寶夤任用，一方面是他對姜儉的信任，也贏得了姜儉的忠誠。另一方面，姜儉本爲關西人士，對於蕭寶夤在關西的活動也能起到切實的作用。又如京兆王羆，他也經歷了與姜儉相似的作爲府佐的過程。《北史》卷六二《王羆傳》：

魏太和中，除殿中將軍，稍遷雍州別駕，清廉疾惡，勵精公事。刺史崔亮有知人之鑒，見羆雅相欽挹。亮後轉定州，啓羆爲長史。執政者恐羆不稱，不許。及梁人寇硤石，亮爲都督南討，復啓羆爲長史，帶銳軍。朝廷以亮頻舉羆，故當可用。及克硤石，羆功居多。

王羆隨崔亮一起遷轉，則是從崔亮刺雍，王羆爲本州別駕開始的。顯然，王羆也一直得到了崔亮的信任，所以他才會在隨後力薦王羆。儘管軍府僚佐要由中央任命，但府主對其僚佐具有舉薦之權，而中央的任命也往往只是例行公事。軍府府主對僚佐的選擇也當然以其信任之人爲主。《魏書》卷五七《崔挺傳附崔子朗傳》：

（崔子朗）以軍功起家襄威將軍、員外散騎侍郎。普泰中，從兄孝芬爲荊州，請爲車騎府司馬。孝芬轉西兗州，爲驃騎府司馬。太昌初，冠軍將軍、北徐州撫軍府長史，固辭，不獲免。

崔子朗即以崔孝芬之從弟的身份受其親信，並隨其遷轉任職。《魏書》卷三九《李寶傳附李思穆傳》：「（思穆）尋除司徒司馬。彭城王勰爲定州，請爲司馬，帶鉅鹿太守。勰徙鎭揚州，仍請爲司馬。府解，除征虜將軍、太中大夫。」李思穆就曾隨元勰轉任定州、揚州二府司馬。又如張普惠。《魏書》卷七八《張

普惠傳》：

> 任城王澄重其學業，爲其聲價，僕射李沖曾至澄處，見普惠言論，亦善之。世宗初，轉積射將軍。澄爲安西將軍、雍州刺史，啓普惠爲府錄事參軍，尋行馮翊郡事。……澄轉揚州，啓普惠以羽林監領鎮南大將軍開府主簿，尋加威遠將軍。普惠既爲澄所知，歷佐二藩，甚有聲譽。

任城王元澄敬重張普惠的學養，積極說項，二者之間也建立了十分密切的關係。不惟如此，這種關係也延涉到張普惠的仕途，他得以獲得元澄的舉薦，隨其連轉，擔任其府僚。顯然，以上諸例都具有一個共同的特點，即連任軍府僚佐的漢族士人，其任職都是建立在與府主的親密關係之上，並隨同一府主遷轉連任。

與姜儉的仕轉軌跡不同，隴西辛祥雖也數歷軍府府佐，但他代表了另一種仕宦類型。《魏書》卷四五《辛紹先傳附辛祥傳》：

> （辛祥）舉司州秀才，司空行參軍，遷主簿。太傅元丕爲幷州刺史，祥爲丕府屬，敕行建興郡。咸陽王禧妃即祥妻妹，及禧構逆，親知多罹塵謗，祥獨蕭然不預。轉幷州平北府司馬。會刺史喪，朝廷以其公清，遂越長史，敕行州事。……後除郢州龍驤府長史，帶義陽太守。白早生之反也，蕭衍遣眾來援，因此緣淮鎮戍，相繼降沒，唯祥堅城獨守。……胡賊劉龍駒作逆華州，敕除祥華州安定王爕征虜府長史，仍爲別將，與討胡使薛和討滅之。〔註134〕

根據辛祥的墓誌所示，辛祥在太傅元丕府屬之前曾被任爲趙郡王元幹冀州征東府功曹參軍事，因未赴任才超補太傅屬。辛祥三轉皆爲軍府府佐，其職位也由司馬升爲長史。像辛祥這樣歷轉蕃佐的情況我們還能找到一些。《魏書》卷五七《崔挺傳附崔瑜之傳》：「太和中，（瑜之）釋褐奉朝請，廣陵王羽常侍，累歷蕃佐。入爲司空功曹參軍事、太尉主簿。遷冀州撫軍府長史，後爲揚州平東府長史，帶南梁太守。」崔瑜之即是「累歷蕃佐」，其情形也大體同於辛祥。又如隴西李遵，他從司空行參軍出爲高陽王元雍相州鎮北府行參軍，以後歷任相州別駕、奉車都尉、冀州征北大將軍長史、冀州安東府上僚，最後

〔註134〕辛祥有墓誌留世，1975 年出土於太原近郊東太堡，其圖版及釋文均見王天麻：《北魏辛祥家族三墓誌》，載《文物季刊》1992 年第 3 期。該志敍辛祥事蹟也頗爲詳細，可與正史相參。

轉爲司空司馬。〔註135〕其一生俱爲府佐，而作爲地方州府、軍府僚佐又成了其仕途的主要經歷。崔猷亦是如此。他爲府佐的經歷在其墓誌銘中記之甚詳：

> 太和十三年召補州主簿。十七年，高祖鸞駕南轅，創遷河洛。於時三府妙選，務盡門賢。除君司徒行參軍（從七品上），尋轉大將軍主簿（第六品上），又補安南府司馬（從五品上），除太尉騎兵參軍（從六品上），本國中正，除本州別駕，又除大將軍府中兵參軍事（第六品上）。廿二年，兼員外散騎常侍，尉勞渦陽。還京，除司徒府中兵參軍事（第六品上），又除本郡太守。景明三年，除荊州征虜府長史（第六品上），又加明威將軍（第六品上）。永平二年，除定州安北府司馬（從五品上）。歷贊府僚，所在流稱，剖符作守，治有能名。〔註136〕

崔猷的仕途則基本上是在公府僚佐和軍府僚佐之間遷轉，所謂「歷贊府僚」當就此而言。就其所任軍府僚佐而言，他也經歷了不同的軍府、不同的職務。任職的品級也基本上呈逐級上升的趨勢。又如張宣軌，「歷郡功曹、州主簿。延昌中，釋褐奉朝請、冀州征東府長流參軍。轉相州中軍府錄事參軍，定州別駕。後除鎮遠將軍、員外散騎常侍。出爲相州撫軍府司馬。」〔註137〕與辛祥、崔猷等人相比，張宣軌也是歷轉爲府僚，但其任職的品級顯然不及多任軍府上佐的辛祥等顯赫。這也表明轉任於不同軍府的實例是一個涉及軍府各級僚佐的普遍現象。

第三類連任軍府僚佐的方式則是連任同一州的軍府僚佐。《魏書》卷六八《甄琛傳》：「（琛）轉通直散騎侍郎，出爲本州征北府長史，後爲本州陽平王頤衛軍府長史。世宗踐祚，以琛爲中散大夫、兼御史中尉。」甄琛連任本州兩屆軍府長史，其時都在孝文帝太和後期。他之所以出任本州，其本傳也有所交代：「始琛以父母年老，常求解官扶持，故高祖授以本州長史。」看來，甄琛得以兩任本州軍府長史還與其歸養父母以及孝文帝的特授分不開。這種情形也頗同於游肇。《魏書》卷五五《游明根傳附游肇傳》：

> （游肇）以父老，求解官扶持。高祖欲令遂祿養，乃出爲本州南安王楨鎮北府長史，帶魏郡太守。王薨，復爲高陽王雍鎮北府長史，

〔註135〕《李遵墓誌》，釋文見趙超：《漢魏南北朝墓誌彙編》，第164頁。
〔註136〕《崔猷墓誌》，釋文見趙超：《漢魏南北朝墓誌彙編》，第67頁。各官品級以後職員令爲準。
〔註137〕《魏書》卷六八《甄琛傳附張宣軌傳》，第1519頁。

太守如故。爲政淸簡,加以匡贊,歷佐二王,甚有聲跡。數年,以
父憂解任。

游肇爲相州廣平人,他也以服侍父母爲理由解官,也同樣獲得了回鄉連任兩
屆軍府僚佐的機會。又如鄧羨,「出爲齊州武昌王征虜長史。後李元護之爲齊
州,仍爲長史,帶東魏郡太守。在治十年,經三刺史,以淸勤著稱。」〔註138〕
《魏書》卷四五《韋閬傳附韋纘傳》:

（韋纘）尋轉長兼尚書左丞。壽春內附,尚書令王肅出鎮揚州,請
纘爲長史,加平遠將軍,帶梁郡太守。肅薨,敕纘行州事。任城王
澄代肅爲州,復啓纘爲長史。

與甄琛等的事例不同,韋纘則是連任他州兩屆軍府上佐。不管是甄琛、游肇
等人的本州連任,還是韋纘的他州連任,我們都可以想見,他們都不是孤例。
刺史遷代,新任刺史或中央政府對於上屆刺史的軍府僚佐揀擇並加以續用,
使其成爲新任刺史的軍府僚佐,這當是較爲普遍的現象。僚佐的選用和續任
當也涉及整個軍府僚佐,而不僅限於上述甄琛、游肇以及韋纘所擔任的軍府
長史的範圍。

以上,我們對漢族士人擔任地方軍府僚佐的情況進行了分析。在循守既
有制度的前提下,漢族士人擔任軍府僚佐的方式是較爲多樣的。擔任軍府僚
佐也會發生在他們仕途生涯的不同時段,其擔任軍府僚佐的時間長短不一,
具體擔任的職位也囊括整個軍府僚佐。可以說,對於漢族士人而言,軍府僚
佐職位的擔任也成了影響其政治地位的重要因素。

四、作爲地方長官的漢族士人對僚屬的監管

由於北魏國家對地方僚佐的選用方式、僚佐的豪族背景等因素的存在,
使得地方僚佐在地方政治中具有舉足輕重的地位。這就使得漢族士人在其地
方治理當中不得不將其作爲影響其行政的一個重要因素予以考慮。漢族士人
既要對其具有的吏幹、社會影響加以利用,因爲他們畢竟是地方行政、決策
具體的執行者,但同時又要制定相應的對策以防止胥吏害政。〔註139〕對僚佐

〔註138〕《魏書》卷二四《鄧淵傳附鄧羨傳》,第637頁。
〔註139〕自隋唐以來,胥吏問題就成了中央以及地方各級行政機構日常行政的一個重
要的影響因素,胥吏之害也一直爲古人所痛恨,相關的論述參看葉煒:《南北
朝隋唐官吏分途研究》,北京大學出版社,2009年。實際上,胥吏之害在漢
代官僚政治建立之後就已經萌芽,相關的論述可參看卜憲群:《秦漢官僚制

加強管理的目的也是爲了讓他們能夠更好地執行政令。

漢族士人對於地方僚佐的管理可以從多個方面進行，這又牽涉到北魏政府、漢族士人自身以及地方民眾、僚佐等多個因素。我們試爲論述。

首先，漢族士人管理其府佐的前提是其自身的行政要公正、簡約，不能以繁苛的政令施之於執行命令、處理事務的府佐僚吏身上。因爲這樣一來不僅給府佐本身造成執行任務的負擔，同時也使得他們在執行命令的過程中變得有機可乘。需要注意的是，《魏書》中有大量對官吏治理政績的評價語彙，這實際上是屬於對官吏進行考課的評斷。對於地方官吏而言，由於所出任的州郡在自然環境、政治因素等方面各各不同，中央對其考課的重點就容有不同。〔註140〕在這類基於考課結果的評語當中，對地方長官施政特點以及當地民吏的反映的評價成了較爲突出的事例。在《魏書》中，諸如「政尚寬惠，民吏安定」、「廉貞寡欲，善撫百姓，民吏追思之」、「有惠政，民吏稱之」、「清心少欲，吏民安之」、「爲政清靜，吏民安之」〔註141〕等都是對地方長官治績的評價。類似的評語還有不少。這類辭彙雖然表現爲較爲固定的形式，但他卻反映出時人對於地方長官施政的認識，即地方長官爲政清靜才能確保地方其僚佐及民眾免於頻被驅使的境況。

漢族士人當中同樣不乏爲政清靜以獲得吏民之心的例子。《魏書》卷四五《韋閬傳附韋崇傳》：「除南潁川太守，不好發擿細事，常云：『何用小察，以傷大道。』吏民感之，郡中大治。」韋崇在南潁川郡的爲政可以作爲「行政清靜」的重要詮釋。他爲政不苟細察，這樣才能避免與其僚佐之間產生緊張的關係，從而取得他們的信任與服從，最終實現本地行政的平穩運行。又如鄭道昭先後爲光州、青州二州刺史，「其在二州，政務寬厚，不任威刑，爲吏

度》，社會科學文獻出版社，2002 年，第 284～306 頁；王俊梅：《秦漢郡縣屬吏研究》，中國人民大學博士學位論文，2008 年，第 77～86 頁。北魏時期地方長官對其僚佐的選用雖然有國家任命的部分，但同樣還有沿襲漢制自辟僚佐的部分存在，應該說，就制度的演變而言，北魏時期還處於一個漢制向唐制的過渡階段當中，各級僚佐對地方事務的掌控較漢代已有了顯著發展，但顯然還達不到隋唐以降的程度。

〔註140〕參看戴衛紅：《北魏考課制度研究》，中國社會科學出版社，2010 年，第 272～276 頁。

〔註141〕分見《魏書》卷四○《陸俟傳附陸俊傳》、卷八二《常景傳》、卷七一《裴叔義傳附裴衍傳》、卷二四《張袞傳附張白澤傳》、卷六五《邢巒傳附邢晏傳》。

民所愛」；〔註 142〕邢臧，「轉除東牟太守。時天下多事，在職少能廉白，臧獨清慎奉法，吏民愛之」。〔註 143〕漢族士人當中像鄭道昭、邢臧這樣清廉寬厚、不任威刑的事例還有不少。

　　其次，漢族士人對於府佐的具體管理的辦法則因人而異。當然，廣設耳目，加強對僚佐的監督往往是漢族士人管理其僚佐的通用辦法。《魏書》卷五八《楊播傳附楊逸傳》：

> （楊逸）改除平東將軍、光州刺史。……逸爲政愛人，尤憎豪猾，
> 廣設耳目。其兵吏出使下邑，皆自持糧，人或爲設食者，雖在闇室，
> 終不進，咸言楊使君有千里眼，那可欺之。在州政績尤美。

作爲僚佐，他們負責州郡事務的處理和執行，這使得他們成了地方政府與基層社會中間的聯繫人。這種身份表現爲他們既爲政府官吏，對民間而言擁有實權，又凌駕於普通民眾之上，對政府長官而言具有民望。地方僚佐的這種雙重身份既爲民眾所敬畏，又爲州郡長官所防戒，因爲縱容吏奸勢必會使其煩擾民間，自己則治績無成，聲望受損。楊逸對其僚屬的監督就顯得十分嚴密，不僅其僚佐外出辦事須自備糧食，不許其接受民間飲食，而且在民間設立耳目，廣爲監督。

　　管理府佐的另一辦法就是直接與基層民眾接觸，多方打探府佐執行政令的情況。如江文遙爲咸陽太守，「勤於禮接，終日坐廳事，至者見之，假以恩顏，屏人密問。於是民所疾苦、大盜姓名、奸猾吏長，無不知悉，郡中震肅，奸劫息止，治爲雍州諸郡之最」。〔註 144〕江文遙對其治下民眾的探詢常然包括許多方面，但其治下府佐的行政情況同樣是地方民眾向其反映的內容之一。也正是因爲掌握了這些信息，他才能有的放矢，加強對其僚屬的約束。《魏書》卷八八《良吏・宋世景傳》：

> 尋加（宋世景）伏波將軍，行滎陽太守。鄭氏豪橫，號爲難治。濟
> 州刺史鄭尚弟遠慶先爲苑陵令，多所受納，百姓患之。世景下車，
> 召而謂之曰：「與卿親，宜假借。吾未至之前，一不相問，今日之後，
> 終不相捨。」而遠慶行意自若。世景繩之以法，遠慶懼，棄官亡走。
> 於是僚屬畏威，莫不改肅。終日坐於廳事，未嘗寢息。縣史、三正

〔註 142〕《魏書》卷五六《鄭義傳附鄭道昭傳》，第 1242 頁。
〔註 143〕《魏書》卷八五《文苑・邢臧傳》，第 1872 頁。
〔註 144〕《魏書》卷七一《江悦之傳附江文遙傳》，第 1590 頁。

及諸細民,至即見之,無早晚之節。來者無不盡其情抱,皆假之恩
顏,屛人密語。民間之事,巨細必知,發姦摘伏,有若神明。嘗有
一吏,休滿還郡,食人雞豚;又有一幹,受人一帽,又食二雞。世
景叱之曰:「汝何敢食甲乙雞豚,取丙丁之帽!」吏幹叩頭伏罪。於
是上下震悚,莫敢犯禁。

比起江文遙來,宋世景對其府佐的管理就具體、細緻得多。觀其表現,他首先依法懲辦苑陵令鄭遠慶。鄭遠慶既爲一方豪強,又與宋世景結親,其身份特殊、勢力強固自不必說。而對鄭遠慶的懲辦顯然表明他行政嚴明的態度,這對其府佐無疑產生了強烈的震懾力。其次,他向治下小吏及基層民眾打探消息,其做法當同於江文遙,這種直接來源於民間的信息當然真實有效,掌握這些信息使其能及時掌握府佐的動態,對他們的約束監管自然也因之而強化。最後,江文遙是將其僚屬一體納入其監督體系的,像那些奔走服役的幹都不例外。這種勤於爲政,近於細苛的做法對於其府佐自然是一種督促。

以私恩規勸府佐不爲非,這在有關漢族士人的行政當中亦有記載。如裴佗,「爲趙郡太守,爲治有方,威惠甚著,猾吏奸民莫不改肅」,〔註145〕楊津爲岐州刺史,「至於守令僚佐有瀆貨者,未曾公言其罪,常以私書切責之。於是官屬感厲,莫有犯法」,〔註146〕楊津對於其治內守令僚佐的貪污犯法行爲不以法律繩究,而以私信予以責勸,這顯然是以私情取代公義。他對府佐的私下的責備是否真正起到「官屬感厲,莫有犯法」的效果,我們可以不論,但從此例中我們也可以看出地方長官與其府佐之間並不僅僅是制度規定的官與吏、命令與服從的關係狀態。多種因素的交織也使得漢族士人對其府佐的管理需要採取不同的措施。

當然,在監督僚屬犯法行爲的同時,對其善政,漢族士人也要表彰。《魏書》卷五六《鄭義傳》:「(鄭義)出爲安東將軍、西兗州刺史,假南陽公。……酸棗令鄭伯孫、鄄城令童騰、別駕賈德、治中申靈度,並在任廉貞,勤恤百姓,義皆申表稱薦,時論多之。」鄭義對其治下的僚佐、縣令的申薦無疑可以視爲漢族士人對其府佐善持其政的表現予以鼓勵的典範,這同樣也是他們管理其府佐之一途。

最後,北魏國家的制度和法律規定也爲漢族士人管理府佐提供了重要保

〔註145〕《魏書》卷八八《良吏·裴佗傳》,第1907頁。
〔註146〕《魏書》卷五八《楊播傳附楊津傳》,第1297頁。

證。《魏書》卷四《世祖紀》：「（太延元年十二月），詔曰……太守覆檢能否，覈其殿最，列言屬州。刺史明考優劣，抑退奸吏，升進貞良，歲盡舉課上臺。」州郡長官對其府佐的考課是地方各級政府日常行政的內容之一。考課成績決定州郡府佐的升遷或降黜，這也是國家官僚制度的組成部分之一。因而，考課就成了漢族士人依據國家制度管理其府佐的途徑之一。在法律上，北魏國家對於州郡屬吏犯法也有嚴格規定。《魏書》卷四一《源賀傳附源懷傳》：

> 景明二年，徵（源懷）爲尚書左僕射，加特進。時有詔，以姦吏犯
> 罪，每多逃遁，因眚乃出，並皆釋然。自今已後，犯罪不問輕重，
> 而藏竄者悉遠流。若永避不出，兄弟代徙。懷乃奏曰：「謹按條制，
> 逃吏不在赦限。竊惟聖朝之恩，事異前宥，諸流徙在路，尚蒙旋反，
> 況有未發而仍遣邊戍？按守宰犯罪，逃走者眾，祿潤既優，尚有茲
> 失，及蒙恩宥，卒然得還。今獨苦此等，恐非均一之法。如臣管執，
> 謂宜免之。」書奏，門下以成式既班，駁奏不許。

州郡府佐犯法多爲逃亡以避制裁，這引起了北魏國家的切實關注。宣武帝發佈的這道詔令顯然就是專門針對這一狀況而制定的新規。新規對於州郡府佐犯法逃避的處罰是頗爲嚴重的。對於漢族士人而言，國家的政治、法律制度對於州郡府佐的監督控制雖然不一定都由他們來執行，但他確實構成了身爲州郡長官的漢族士人對其僚屬的管理體系中的一部分。

　　需要指出的是，我們以上對於漢族士人管理府佐的分析仍是就其主要方面加以論述，我們並不否定漢族士人會與其府佐通同作弊，或者府佐權勢浸盛，甚至有凌駕長官的現象出現。但不管怎樣，州郡府佐權勢的強盛畢竟是對正常的政治秩序的違戾，這既是國家權威加以防範之事，也是信守儒家治政理念的漢族士人所不能允許的。所以積極控制其府佐的行爲，就成了北魏漢族士人治理地方的主要任務之一。

第五章　漢族士人在北魏中央政權中的政治、文化活動

　　我們在前面兩章中對於漢族士人在北魏中央和地方各級政權當中的任職情況進行了考察，接下來我們則需要具體考察漢族士人在北魏政權中的具體活動。從漢族士人與北魏政權相互結合的角度觀察，漢族士人群體在北魏政權中所擔任的職官及其總體的發展變化的情況反映的是北魏政治的轉變過程以及胡、漢民族之間的逐漸融合，這只是問題的一個方面。就人口的數量對比而言，雖然魏晉南北朝時期中國北方地區的除漢族以外的其他民族在社會政治上頗為活躍，但主導北方地區社會發展的仍是在人口上占絕對優勢的漢族族群，而擁有堅實的社會基礎和文化優勢的漢族士人顯然是漢族社會的核心，拓跋鮮卑要統治廣大的中國北方地區，就不得不倚重這些漢族士人。漢族士人服務於北魏政權，這不僅是為了個人利益，他們參與北魏國家的行政運作，為北魏國家的統治的順利展開獻計獻策、制定各項禮樂制度，這既是北魏國家統治中國北方的實際需要，也是胡漢融合進程中的一個組成部分。北魏國家通過官爵等的授予來利用漢族士人，漢族士人則通過具體的政治、文化活動來滿足拓跋統治者的需要，同時也在這樣一種利用和服務的關係當中逐漸形成雙方的認同，漢族士人也便成了北魏統治集團中的一部分。

第一節　漢族士人與北魏中央政權的日常行政

　　早在北魏建國之前，作為活動於漠南的遊牧部族，拓跋氏就取得了與漢

族士人的聯繫。《魏書》卷二三《衛操傳》：

> 晉征北衛將軍衛瓘以操爲牙門將，數使於國，頗自結附。始祖崩後，
> 與從子雄及其宗室鄉親姬澹等十數人，同來歸國，說桓穆二帝招納
> 晉人，於是晉人附者稍眾。桓帝嘉之，以爲輔相，任以國事。

衛操等人投附於拓跋鮮卑的緣由當始於他作爲使節而與拓跋鮮卑緊密聯結的結果，其時尚在西晉前期。衛操頗獲被魏人追認爲桓帝的猗㐌和穆帝猗盧的賞識，「以爲輔相，任以國事」一點即說明衛操得到拓跋族的任用，在其日常的政治、軍事活動中起到了一定的作用。儘管這種胡、漢合作的局面因爲拓跋族的內亂、漢族投附者轉而內徙而被迫中斷，〔註1〕但他留給後人的歷史記憶卻極爲深刻。這當是源於衛操等人於大邗城附近爲稱頌桓、穆二帝的功德所立的石碑，其主旨在於表彰他們忠心晉室，並以實際行動贏得了代表華夏正統的晉朝的政治認同。〔註2〕石碑以及碑文得以流傳後世，其中所展現的正統觀念以及胡漢合作的事實或許因爲北魏初期的政治形勢而受到忽視。但隨著北魏統治的穩固和發展，胡漢合作的局面又逐漸形成，漢族士人在北魏的政治活動中也漸漸有了明顯的影響。

昭成帝拓跋什翼犍時，燕鳳和許謙也得到了拓跋氏的善待，他們一爲昭成帝左長史，一爲郎中令，參議軍國，兼掌文記，並共同教授獻明帝拓跋寔經書，〔註3〕顯然仍是負責謀議、文書等文職性工作。昭成帝時或許還有其他漢族士人加入拓跋氏，文獻無載，我們不便推測，但從北魏建國之前漢族士人與拓跋鮮卑之間的關係來看，漢族士人在拓跋氏政權當中受到了一定的利用。他們負責的也主要是一些文職性的工作。這就表明拓跋鮮卑與漢族士人之間的聯繫早已存在。拓跋珪建立北魏政權之後，對於漢族士人的利用不管是出於對這種傳統關係的延續，還是基於現實政治的考量，二者之間合作的基礎至少是一直存在的。隨著北魏國家統治的日漸深入，漢族士人在北魏政權當中的作用也越來越大。以下，我們試圖以北魏歷史的發展爲背景，分階段論述漢族士人在北魏中央政權日常行政當中發揮的作用。

〔註1〕 《魏書》卷二三《衛操傳附衛雄傳》，第603頁。
〔註2〕 《魏書》卷二三《衛操傳》，第599～602頁。根據傳文所載，衛操等投附拓跋氏的漢族人士的名字亦記載在石碑之上，這或許就是他們能爲後來史家載於青史的根源所在。
〔註3〕 《魏書》卷二四《燕鳳傳》、卷二四《許謙傳》，第609、610頁。

一、北魏前期漢族士人在中央政權中的主要活動

　　我們從前面對北魏前期中央政權的組織結構和漢族士人任職情況的分析已經證明，漢族士人在北魏前期的政治地位還受到較爲明顯的壓制，這也使得他們難以在北魏前期中央政權的行政運作過程中形成全面、深入的參與。由於北魏前期政治的特點以及漢族士人本身的優長所限，漢族士人在前期北魏中央政權中的作用也有著較爲明顯的特點。

（一）制定各項制度

　　北魏前期，拓跋氏中央政權對於遵行漢制雖然屢有曲折，但總體上對漢族制度的參用一直在持續進行，這就使得熟悉相關制度的漢族士人有了用武之地。〔註4〕《魏書》卷二《太祖紀》：

> （天興元年）十有一月辛亥，詔尚書吏部郎中鄧淵典官制，立爵品，定律呂，協音樂；儀曹郎中董謐撰郊廟、社稷、朝覲、饗宴之儀；三公郎中王德定律令，申科禁；太史令晁崇造渾儀，考天象；吏部尚書崔玄伯總而裁之。

這是道武帝拓跋珪消滅後燕、初定華北之後所進行的制定禮樂制度的行動。這也是拓跋珪稱帝之前的一系列活動的組成部分之一。漢族士人在其中是起到了關鍵性的作用的。《魏書》卷二四《鄧淵傳》：「入爲尚書吏部郎。淵明解制度，多識舊事，與尚書崔玄伯參定朝儀、律令、音樂。」對比前引《太祖紀》的材料，我們可以看出，北魏選擇漢族士人參與禮樂制度的制定也是有著一定的學識要求的，鄧淵「明解制度，多識舊事」即可視爲例證之一。僅就制度一面而言，鄧淵、王德等人則主要負責包括官爵品級、律令等各項制度的擬定，崔玄伯雖是總裁其事，但以其本身具有的才學，他對制度建設的貢獻我們亦可想見。這一次較大規模的禮樂制度的制定對於北魏國家的政治發展是有著不可忽視的意義的。拓跋珪欲依中原漢族傳統稱帝，他就得在文化上和政治上獲得北方漢族民眾的認同，而獲得這種認同的途徑無疑是在禮儀制度上的漢化，官僚制度、律法科令的制定和運用即是漢化的內容之一，

〔註4〕　錢穆先生認爲自秦漢以下，禮樂、制度早有分野，音樂、輿服、儀注等屬禮樂，而職官、田賦和兵制等則屬制度，參看氏著《略論魏晉南北朝學術文化與當時門第之關係》，收入氏著《中國學術思想史論叢》（第三冊），臺灣東大圖書有限公司，1981年第二版，第141頁。我們在此遵用錢先生的觀點，將「制度」的指涉範圍確定在政治、法律、經濟等方面。

所以鄧淵等的制度建設的作用便與北魏的政治統治之間形成了緊密的聯繫。

自道武帝之後，北魏中央政權中負責制度擬定的漢族士人則以崔浩爲代表。崔浩因積極迎合太武帝的統治意圖而大受寵信，而他自身深厚的家學淵源以及學識的積聚也使得他屢屢被委以制度擬定之任。《魏書》卷三八《袁式之傳》：

> （袁式之）與司徒崔浩一面，便盡國士之交。是時，朝儀典章，悉出於浩。浩以式博於古事，每所草創，恒顧訪之。

崔浩在北魏中央政權中的活躍是眾所周知之事，他參議軍國謀議、負責國史編纂、主持修訂律令以及制定律曆等。〔註5〕在崔浩得勢之時，他對於北魏國家文化方面的事務一直是起主導作用的。「朝儀典章」也應是一種泛指，其中固有北魏國家需要遵循的各項禮儀，但有關國家的各項政治制度無疑也應包含在內。

漢族士人參與制度制定的具體細節由於史料闕逸，其中的大部分我們已經無從知曉，所以相關的考察也難以進行。此處我們僅以材料相對較多的法律制度的制定爲例加以說明。

拓跋鮮卑爲一遊牧民族，其法律方面的規定雖然適應於遊牧社會，〔註6〕但在漢族士人看來卻難免「禮俗純樸，刑禁疏簡」〔註7〕。拓跋氏進入中原之後，遊牧政治的傳統使得他們在法律制度方面在很大程度上仍遵拓跋舊法，這顯然不能適應於以漢族民眾爲主的農業社會。爲穩固統治，北魏國家在法律制度方面的改革就較爲急迫。鄧奕玲先生從國家統治的角度出發，對北魏前期國家的施政方針、司法立法實踐以及法律制度的特點進行了較爲詳盡的考察，這爲我們分析漢族士人參與法律制度制定提供了良好的背景。〔註8〕

在北魏前期逐漸建立的漢化的法律體系當中，漢族士人成了具體的法律條文的擬定者。前引道武帝時期三公郎中王德定律令是北魏前期第一次制定法律，此不必多說。北魏第二次制定律令是在太武帝拓跋燾神䴥四年，總負其

〔註5〕 《魏書》卷三五《崔浩傳》，第807～825頁。

〔註6〕 王明珂先生致力於對遊牧社會的主體性考察，他指出遊牧同農業一樣是人類對環境的一種精巧利用與適應，遊牧這一生產方式也決定了與之相適應的政治、經濟制度和社會結構，他們共同構成了遊牧社會。拓跋鮮卑的社會結構同樣適用於王明珂先生的分析框架。參看氏著《遊牧者的抉擇》，廣西師範大學出版社，2008年。

〔註7〕 《魏書》卷一一一《刑法志》，第2873頁。

〔註8〕 參看鄧奕玲：《北朝法制研究》，中華書局，2005年，第41～65頁。

責的正是崔浩。《刑罰志》對於此次定律令亦有簡要說明。〔註 9〕此次定律令包括重刑的判決、刑罰種類的增加和調整以及司法組織等方面的規定，其內容是相當廣泛的。這也爲北魏國家初步建立了一套完整的立法司法體系。《唐六典》卷六《尚書刑部》：「至太武帝，始命崔浩定刑名，於漢、魏以來律除髡鉗五歲、四歲刑。」《唐六典》所言當有實據，如此，則崔浩定律令就是直接基於漢魏舊法進行的。北魏前期第三次修訂律令則在正平元年。《魏書》卷一一一《刑罰志》：

> 正平元年，詔曰：「刑網大密，犯者更眾，朕甚愍之。其詳案律令，務求厥中，有不便於民者增損之。」於是游雅與中書侍郎胡方回等改定律制。盜律復舊，加故縱、通情、止舍之法及他罪，凡三百九十一條。門誅四，大辟一百四十五，刑二百二十一條。

此次修訂結果即形成爲正平律。從《刑罰志》所記的內容來看，這當是對在此之前兩次有系統的律令制定以及其間隨時的法律調整的系統修訂，其大致的結果仍是較大幅度地增加了法律條文。這三次修律雖然不能完全滿足北魏國家的司法需要，並且其中還可能雜有拓跋舊法，〔註 10〕但它們大體上爲北魏國家的法律體系的漢化提供了基礎。

至於北魏前期律令的修訂者，漢族士人應該是其主體。我們從以上分析中至少可見到王德、崔玄伯、崔浩、胡方回、游雅諸人，而參與正平修律的還有高允諸人。《魏書》卷四八《高允傳》：「後敕（允）以經授恭宗，甚見禮待。又詔允與侍郎公孫質、李虛、胡方回共定律令。」這些都是儒學專長的漢族士人。陳寅恪先生通過對他們的學術背景的精細考證，指出北魏前期的律令當多襲漢魏之舊，這也爲北魏的制度漢化做了進一步的說明。〔註 11〕漢族士人不僅參議律令，而且還實際負責決獄。《魏書》卷一一一《刑罰志》：「（太平眞君）六年春，以有司斷法不平，詔諸疑獄皆付中書，依古經義論決之。」〔註 12〕又《魏書》卷四八《高允傳》：

〔註 9〕 《魏書》卷一一一《刑罰志》、卷四《世祖紀》，第 2874、79 頁。

〔註 10〕 如崔浩神䴥四年律令中還有「巫蠱者，負羖羊抱犬沉諸淵」以及三都大官判決刑獄的條文，這些則無疑是來自拓跋舊習。參看《魏書》卷一一一《刑罰志》，第 2874 頁。

〔註 11〕 參看陳寅恪：《隋唐制度淵源略論稿》，上海古籍出版社，新 1 版，1982 年，第 103～106 頁。

〔註 12〕 同樣的記載亦見之於《魏書》卷四《世祖紀》。

> 初，眞君中以獄訟留滯，始令中書以經義斷諸疑事。允據律評刑，
>
> 三十餘載，內外稱平。

太武帝下詔中書省以經義決獄，高允則是這一詔令的實際執行者之一。以經義決獄本是漢代儒家學者的主張，「經義決獄」雖出自行政命令，但漢族士人又在具體的執行過程中促進了北魏法律的漢化和儒家化。〔註13〕

北魏前期的法律制度的形成和發展與漢族士人主持修律和實際參決刑獄是分不開的。漢族士人的學術背景使他們在法律制度的具體運作過程中促進了北魏律令的儒家化。至於法律之外的其他制度我們雖不能詳知，我們也可以推測這些制度的制定過程中，漢族士人的參與是一種普遍現象。每一項制度根據實際情況容有變化，但漢族士人自身的文化認同和知識背景則使其能夠大體上遵循魏晉舊制。當然，對於南朝制度的吸收也應存在。《宋書》卷四八《毛脩之傳》：「初，荒人去來，言脩之勸誘燾侵邊，並教燾以中國禮制，太祖甚疑責之。」毛脩之隨劉裕消滅後秦，留守長安，後為赫連夏所擒。太武帝攻下統萬，毛脩之又歸附北魏，頗得太武帝親待。此處所言教以中國禮制，當指東晉禮儀制度而言。

（二）參與軍國謀議

在北魏前期，北魏國家既要消滅北方其他胡族政權甚至是南方地區以實現其統一局面，又要隨時平定內部叛亂以維持逐漸形成的統治，這使得「以武立國」的特徵以及代人勳貴因武功而權重的現象在北魏前期十分明顯。當然，北魏國家的各項政治、軍事行動並不是盲目展開的，在其進行各項軍事、政治行動之前，往往會有朝臣集議的過程，尤其是在對外行動方面。這不僅是戰術問題，更是事關全局的戰略籌畫。在這一朝臣集議的過程中，漢族士人也被吸收進來參與討論，他們的意見也能為北魏國家所採納。

漢族士人參與軍國謀議，這是北魏國家能夠吸納他們的一個重要原因。《魏書》卷二四《張袞傳》：「袞常參大謀，決策幃幄。太祖器之，禮遇優厚。」張袞是自拓跋珪重建代國之時即來歸附之人，他也確實為拓跋珪的政治、軍事策略積極籌畫。比如張袞主張聯合後燕以抗劉顯；在北魏與後燕交戰的過程中，他又根據形勢變化，或主張示弱以麻痹對方，或勸降以動搖對方，這些主張大體上皆為拓跋珪所接受。〔註14〕張袞能夠審時度勢，為北魏國家的

〔註13〕參看瞿同祖：《中國法律與中國社會》，第355～373頁。

〔註14〕《魏書》卷二四《張袞傳》，第613頁。

政治、軍事戰略提供及時、合理的辦法，這是他們對於北魏國家的貢獻。也正是漢族士人對於政治、軍事形勢的準確把握，他們的主張才能因具備更明顯的合理性而爲北魏國家所利用。《魏書》卷二四《崔玄伯傳》：「時司馬德宗遣使來朝，太祖將報之，詔有司博議國號。」國號對於一個國家的政治發展意義重大，尤其是在南北朝這樣一個紛爭的局面下。國號牽涉到拓跋政權的正統性、合法性，這是拓跋珪首先意識到的，所以才有議定國號的命令。崔玄伯也正是意識到這一層意義，才建議北魏國家以「魏」爲號。這不僅有助於北魏國家正統性的獲得，同時在北魏初期諸胡族政權林立環伺的情況下，以「魏」爲號也使拓跋政權獲得政治上的優勢。〔註15〕

　　漢族士人對於北魏國家的軍國謀議還是保持了較爲積極的參與。崔浩無疑是一個較爲典型的代表。他能夠取得顯著的權勢受著多種因素的影響，而參與軍國謀議也使他逐漸獲得權勢。崔浩對於北魏國家的政治、軍事戰略有一套較爲明晰的規劃，即在減少與南朝政權的衝突之下擴張領土，〔註16〕我們由此可以推測他積極參與北魏國家各項軍事行動的討論的意圖。也正是因爲崔浩的這一套戰略構想，他的許多建議往往與他人——尤其是代人勳貴——難以吻合，並由此產生嚴重的衝突。崔浩的許多建議爲君主所吸納，但也有遭到拒絕的時候。比如神䴥三年，北魏南境將領建議太武帝南伐，雖然崔浩極力反對，但「世祖不能違眾，乃從公卿議」〔註17〕，這顯然是沒能採納崔浩的意見。這裏需要指出的是，漢族士人參與軍國謀議，爲國家的政治、軍事發展籌畫計策，其作用乃是爲統治者的決策提供更多的信息，引起他們更多更周詳的考慮，這同時也是漢族士人參與謀議的根本意義所在。因此，我們並不能單以建議是否被採納而衡量漢族士人的作用有多大。

　　自太武帝以後，漢族士人參議軍國政治就成了更爲普遍的現象。上述崔

〔註15〕不少學者注意到拓跋氏對於自身的文化和政治的正統性的強調和經營，並從不同的角度對此予以詮釋。相關的研究可參看川本芳昭：《關於五胡十六國北朝時代的「正統」王朝》（鄧紅、牟發松譯），載《北朝研究》第 2 輯，北京燕山出版社，2008 年，第 2 版；何德章：《北魏國號與正統問題》，載《歷史研究》1992 年第 3 期；羅新：《十六國北朝的五德歷運問題》，載《中國史研究》2004 年第 3 期；陳金鳳：《北魏正統化運動論略》，載《黑龍江民族叢刊》2008 年第 1 期。

〔註16〕崔浩不願北魏進攻南朝，這或許與其所謂的「南朝情結」有關。參看王永平《崔浩之南朝情結及其與南士之交往考析》，載《學術研究》2008 年第 5 期。

〔註17〕《魏書》卷三五《崔浩傳》，第 821 頁。

浩自不必說。崔浩之後，李孝伯也獲得了太武帝的重用。《魏書》卷五三《李孝伯傳》：

> 孝伯體度恢雅，明達政事，朝野貴賤，咸推重之。恭宗曾啓世祖廣徵俊秀，世祖曰：「朕有一孝伯，足治天下，何用多爲？假復求訪，此人輩亦何可得。」其見賞如此。……自崔浩誅後，軍國之謀，咸出孝伯。世祖寵眷有亞於浩，亦以宰輔遇之。

李孝伯被太武帝目爲輔佐。他具備治理天下之才，並有代崔浩而受寵信之勢。「軍國之謀，咸出孝伯」，這又表明李孝伯作爲太武帝智囊的地位和作用。獻文帝時期的高允和高閭二人同樣彰顯了漢族士人在軍國謀議方面的作用。獻文帝即位之初，乙渾獨攬大權，馮太后「密定大策」〔註18〕，在成功誅殺乙渾之後，馮太后開始臨朝聽政。就在馮太后掌權伊始，她就將高允、高閭等人引入禁中。《魏書》卷四八《高允傳》：「高宗崩，顯祖居諒闇，乙渾專擅朝命，謀危社稷。文明太后誅之，引允禁中，參決大政。」又《魏書》卷五四《高閭傳》：「和平末，（閭）遷中書侍郎。高宗崩，乙渾擅權，內外危懼。文明太后臨朝，誅渾，引閭與中書令高允入於禁內，參決大政。」高允、高閭二人在馮太后甫一臨朝之時既「參決大政」，可見其受重視程度。

　　綜上所言，北魏前期，漢族士人以其文化上的優勢得以參議軍國大政，不管他們的建議是否都能爲北魏統治者所吸納，至少他們對於政治、軍事形勢的深思熟慮使得他們的建議在一定程度上促進了統治者的決策合理化。日積月累，漢族士人在參議軍國方面的表現逐步促進了拓跋鮮卑的政治統治日趨成熟，漢族士人的地位也由此更爲提高。

（三）擬定各類軍國文書

　　北魏前期的政治統治，雖然軍事控制佔據重要部分，但具體的行政運作以及對外交往顯然需要涉及到更多的統治方式。文書的製作和傳達就是其中一項。這類文書包括詔令、外交書信以及日常的政務文書，它們是北魏國家傳遞行政信息，維護國家統治的重要工具。文書的製作雖然是與日常行政相關，但它需要製作者有著一定的文化水準，某些種類的文書如詔令、外交書信對於製作者的文化水準就有著更爲苛刻的要求。這些顯然不是粗武少文的

〔註18〕　《魏書》卷一三《文成文明皇后馮氏傳》。關於獻文帝即位初期的政治狀況以及馮太后的具體策略的分析參看蔡金仁：《北魏皇位繼承不穩定性之研究》，臺灣中國文化大學史學研究所博士論文，2004年，第94～102頁。

代人集團可以勝任的工作。漢族士人則基本上承擔了這一類事務。

　　根據我們之前的分析表明，北魏前期擬定各類詔書文誥的任務主要是由中書省負責，這從道武帝時即已如此。《魏書》卷三三《屈遵傳》：

　　　　（屈遵）遂歸太祖。太祖素聞其名，厚加禮焉。拜中書令，出納王
　　　　言，兼總文誥。

屈遵雖然博學多藝，但他實爲胡族，〔註19〕然而屈遵的仕宦經歷無疑爲我們揭示了中書省所負擔的詔書文誥的工作。屈遵作爲胡族而參擬詔誥，這在北魏前期畢竟屬於少見之事，漢族士人顯然要更多的委以此任。《魏書》卷二四《鄧淵傳》：「（淵）明解制度，多識舊事，與尚書崔玄伯參定朝儀、律令、音樂，及軍國文記詔策，多淵所爲。」

　　北魏前期漢族士人所擔任的職務，若以機構區分，中書省的任職不僅是大多數漢族士人的仕宦所經歷過的，而且在多數情況下，任職於中書省還要佔據他們仕宦生涯的大部分時段。這就從制度上促成了漢族士人的參擬詔誥文書。《魏書》卷四八《高允傳》：「自高宗迄於顯祖，軍國書檄，多允文也。末年，乃薦高閭以自代。」又《魏書》卷五四《高閭傳》：「高允以閭文章富逸，舉以自代，遂爲顯祖所知，數見引接，參論政治。命造《鹿苑頌》、《北伐碑》，顯祖善之。承明初，爲中書令，加給事中，委以機密。文明太后甚重閭，詔令書檄碑銘讚頌皆其文也。」高允、高閭在文成帝、獻文帝兩朝相繼負責軍國文書的擬撰，這其中當包括君主向下傳達政令的各類詔書。而從獻文帝命高閭撰造《鹿苑頌》、《北伐碑》等文章來看，他們所需撰寫的文書實際上包含的內容也頗爲廣泛。

　　這裏我們需要說明的是，北魏前期設有內秘書省，其主要職務也與軍國文書有關，而不少漢族士人也以秘書中散、主文中散等文職性職務充軔其中。《魏書》卷三六《李順傳附李敷傳》：「（敷）又爲中散，與李訢、盧遐、度世等並以聰敏內參機密，出入詔命。敷性謙恭，加有文學，高宗寵遇之。」李敷等人就曾負責「內參機密，出入詔命」之事，這似乎表明他們在詔命的撰寫、傳達等方面影響頗爲顯要。事實是否如此？《魏書》卷二四《崔玄伯傳附崔衡傳》：

　　　　（崔衡）學崔浩書，頗亦類焉。天安元年，擢爲內秘書中散，班下

────────────────────
〔註19〕屈氏爲屈突氏所改，屬內入諸姓之列。參看姚薇元：《北朝胡姓考》，中華書
　　　局，2007 年，第二版，第 148～152 頁。

詔命及御所覽書，多其迹也。

崔衡也是秘書中散，他任此職之時與李敷等相去不遠。崔衡的工作也與詔命文書有關。但我們應該注意，他主要負責的也只是對詔命文書的謄錄工作。北魏中散諸職主要是以平城胡、漢勳貴之子弟擔任，實際上，這只是他們仕途的起步，其政治經驗的缺乏使得他們顯然還不足以承擔撰寫詔命文書的工作，故李敷等「內參機密，出入詔命」更多的只是像崔衡一樣抄錄、傳達詔命，這樣才不至於與中書省的職務產生重疊，並且也能更為靈活地利用漢族士人。

外交書信同樣也需要漢族士人參與撰寫。《魏書》卷三二《崔逞傳》：

> 天興初，姚興侵司馬德宗襄陽戍，戍將郗恢馳使乞師於常山王遵，遵以聞。太祖詔逞與張袞為遵書以答。初，恢與遵書云，「賢兄虎步中原」，太祖以言悖君臣之體，敕逞、袞亦貶其主號以報之。逞、袞乃云「貴主」。太祖怒曰：「使汝貶其主以答，乃稱貴主，何若賢兄也！」遂賜死。

崔逞因外交書信的撰寫不合人主意願致死，這是常常被引來論證北魏時期漢族士人對拓跋政權缺乏認同、胡漢關係緊張的事例，對此我們姑且不論。我們所關心的則是漢族士人在這一次修書事件中的作用。首先，道武帝命崔逞和張袞兩人共同負責修書，則說明了他對此事的重視。其次，道武帝要求崔逞、張袞等注意文中措辭，以突出北魏與東晉的主從位序，這也表明他賦予這封書信明顯的政治作用。如此看來，這一封外交書信事關北魏政治，這對於撰寫者所具有的文化素養和政治覺悟有著嚴格的要求。這是常山王拓跋遵所無法完成的任務，而唯有具備這些條件的漢族士人才可勝任。崔逞與張袞倒不是因為他們文化水準或政治素養缺乏而未能勝任，而是他們深藏的對於拓跋政權的貶低引起了道武帝的猜忌。崔逞獲罪致死，張袞也被貶職。〔註20〕在以後的發展過程中，北魏國家與南朝以及周邊其他各國之間的外交仍在繼續，其中仍不免產生大量的書信往來。在一個重視正統地位的時代，外交文書是證明北魏國家的正統性的重要工具，因而對文書的內容表達的嚴格就仍須漢族士人負責撰寫。〔註21〕

〔註20〕《魏書》卷二四《張袞傳》，第 614 頁。

〔註21〕北魏前期在與南朝各政權以及高句麗等周邊其他民族政權的外交往來中，北魏所派遣的外交使節大體上以漢族士人為主，而且北魏國家也十分重視外交使節的人選。外交使節的折衝尊俎乃是北魏國家對外文化展示的重要管道，他同樣與北魏國家的正統性密切相關。比之外交使節，外交文書與外交使節有著類似的政治功能，我們就有理由相信，有著文化優勢的漢族士人同樣要

二、孝文帝時期中央政權中漢族士人的主要活動

　　我們在此處所指稱的孝文帝時期則是指史書記載的孝文帝居皇帝位的時期。雖然自太和十四年馮太后去世以前孝文帝並未實際執掌大權，但馮太后也是保持一種較爲積極的政治改革的態度，這也確實地反映在她的施政實踐當中。馮太后的施政也爲孝文帝掌權之後大規模的改革奠定了基礎，因而儘管存在某些分歧，但學界將馮太后的施政與孝文帝的改革一體看待則是較爲一致的。我們在以下的分析當中將同樣建立在這種認識之上。

　　眾所周知，孝文帝在位時期，北魏的政治制度、政治結構開始了顯著的變化，漢化成了這一時期政治運作的主旋律，馮太后、孝文帝的主觀意志當然起著主導作用。而另一不可忽視的現象則是，經過長期的積累和磨合，大批漢族士人在北魏的政治舞臺上漸漸崛起。雖然他們在進入權力上層的過程中阻力重重，但比之以前，他們已經更爲廣泛和深入地參與到政治權力的實際行使中來。漢族士人的政治心態與最高統治者的漢化意願不謀而合，他們的知識素養也滿足了統治者政治改革的需求。所有這一切都促進了北魏政治體制的轉變，體制的轉變又爲他們贏得了更大的政治發展空間。總之，孝文帝時期，漢族士人在北魏中央政權中的作用越來越顯著，而這些具體的作用又是我們以下需要討論的內容。

（一）參與制度建設

　　由於漢化改革的需要，漢族士人自然成了孝文帝倚重的對象，漢族士人也積極參與其中。他們或者主動提出各項涉及國計民生的制度構想，或者積極討論各項禮儀制度的具體設計，這便使得孝文帝的改革能夠落到實處，並爲改革的成功提供了重要保證。以下我們就漢族士人參與的幾項較爲重要的制度改革略爲申說。

　　對法律制度的改革仍是孝文帝時的重要任務。孝文帝時曾有過多次修訂律令的命令，這其中有不少又屬於局部的修改，而較大規模的集中修律則有兩次。第一次是在太和元年至太和五年，這一次大致以高閭與中秘諸官爲主。〔註22〕第二次是在太和十五、六年之間，修改後的新律在太和十六年頒行天下。〔註23〕至於參與兩次修律的人員，亦見於史籍。《魏書》卷一一

　　　　成爲外交文書的主要撰寫者。

〔註22〕《魏書》卷七《高祖紀》、卷一一一《刑罰志》，第 114、2876～2877 頁。

〔註23〕《魏書》卷七《高祖紀》，第 168～169 頁。

一《刑罰志》：「先是以律令不具，姦吏用法，致有輕重。詔中書令高閭集中秘官等修改舊文，隨例增減。又敕群官，參議厥衷，經御刊定。」此處所言為第一次修律之事。其中「中秘官」是指中書省和秘書省官員，這一直都是漢族士人任職最多的機構。其他修律人員，程樹德先生曾廣為搜集，其中就包括李沖、封琳、高綽、游明根、高遵、鄭懿、高祐、李彪、崔挺、馮誕以及源懷等人，〔註24〕他們基本上都參與了太和十五年的修律。漢族士人仍是修律之主體。孝文帝改革即以漢化為主導，作為改革內容之一部分的法律制度更是漢化政策得以貫徹的佳例。相關的研究亦表明孝文帝提倡孝道、務存寬刑、以禮入法，實現了法律的儒家化，這自然與漢族士人的參與有關。〔註25〕參與修律的漢族士人自然是飽學之士。他們或來自河西，或生長於河北；或者博學經史，或者具有律學世家背景。〔註26〕不管怎樣，他們大體上都繼承了漢魏儒家文化傳統。這不僅滿足孝文帝禮法結合的法律修訂意圖，同時也很大程度上影響了孝文帝時法律修訂的發展方向。

財政制度改革方面，漢族士人亦有積極的參與。首先是官俸制的實行。太和八年，朝廷下詔始頒百官俸祿，並規定「以十月為首，每季一請」，〔註27〕這當是針對中央政權中內外百官而定。太和十年，又規定「州郡縣官，依戶給俸」。〔註28〕至此，北魏建立了一套中央和地方一體受俸、受俸方式各有差別的俸祿體制。至於俸祿制具體條例的制定是否源於漢族士人的提議，我們不得而知。但一些跡象表明，這一辦法是贏得了漢族士人的贊同的。如高閭為中書監時，淮南王拓跋他曾提議廢止俸祿制，高閭即上表極力反對，高閭的意見最終獲得了馮太后的認同。〔註29〕馮太后掌權時所推行的三長制和均田制同樣也是在漢族士人的建議下展開的。三長制和均田制歷來是學界討論的經久不衰的課題，對於其確立的時間、過程、內容以及意義都有了許多成熟的意見，在此無

〔註24〕 參看程樹德：《九朝律考》卷五，中華書局，2003年，第341～342頁。

〔註25〕 參看鄧奕玲：《北朝法制研究》，第66～88頁；李書吉：《北朝禮制法系研究》，人民出版社，2003年，第188～195頁。

〔註26〕 比如封琳，他出自勃海封氏，自漢魏以來，勃海封氏就以律學傳家。參看郭東旭、申慧菁：《勃海封氏──中國律學世家的絕響》，載《河北學刊》2009年第5期。此外，廣平游氏亦當有律學世傳之背景，如太武帝正平定律即有游雅參與，而太和十五年定律又有游明根參與。

〔註27〕 《魏書》卷七《高祖紀》，第154頁。

〔註28〕 《魏書》卷七《高祖紀》，第161頁。

〔註29〕 《魏書》卷五四《高閭傳》，第1199頁。

需多贅。但我們需要指出的是，三長制和均田制大體上是爲了解決宗主督護體制下地方豪強苞蔭戶口與賦稅徵收困難的問題，而在提出相關的解決辦法時，漢族士人的實際從政經驗和知識背景又起了重要作用。比如提出建立三長制的李沖時任南部給事中，〔註30〕北魏前期尚書南部即分管南邊州郡事務，李沖的這一任職經歷當使其對於地方上的豪強蔭戶的現象有著直接而深入的認識，這當有助於他提出建立三長制的建議。均田制的初步構想是由李安世所提出，均田制的具體條文則當是集體討論的結果，而相關的研究表明儘管均田制的成立受著多種歷史和現實因素的影響，但井田制的儒家理念無疑是其形成的一個重要源頭。〔註31〕這同時也符合孝文帝時的改革理念，而這些又決定了漢族士人在具體的田制改革措施的制定中更有發言權。

官制改革是孝文帝時政治制度改革的核心。馮太后去世，孝文帝主政，他立即啓動了官制改革。《魏書》卷七《高祖紀》：「（太和十五年十一月），乙亥，大定官品。」此次改制的最終結果即太和十七年所頒佈的《職員令》，此爲第一次官制改革。但這次改革仍存瑕疵，所以孝文帝仍舊醞釀進一步完善。《魏書》卷一一三《官氏志》：「（太和）二十三年，高祖復次職令，及帝崩，世宗初班行之，以爲永制。」這是孝文帝所推動的第二次官制改革，這便是《官氏志》所記錄的後職令。官制改革雖然要照顧鮮卑貴族的政治利益，但是它關係到整個漢化進程，所以對於制定相關制度的人選當然偏重於熟悉魏晉南朝之制的漢族士人。這一點學界並無異議，只是對於北魏官制是否模仿南朝一事，學界抱有不同的看法。〔註32〕

（二）負責行政事務

孝文帝一朝，漢族士人在政治上的活躍不光表現在參議禮樂制度方面，在具體的行政運作中推行各項擬定的制度同樣使漢族士人得到了另一層面的政治表現。繼高允之後執掌中書省的高閭就是一個典型事例。他首先能積極履行其「職典文詞」的本職工作。《魏書》卷五四《高閭傳》：「承明初，爲中書令，加給事中，委以機密。文明太后甚重閭，詔令書檄碑銘讚頌皆其文也。」對於軍國大事，他也積極參謀，發表意見。我們從其本傳中即可看到在任職

〔註30〕《魏書》卷五三《李沖傳》，第 1180 頁。
〔註31〕關於均田制及其研究史的分析可參看堀敏一：《均田制的研究》（韓國磐等譯），福建人民出版社，1985 年。
〔註32〕參看本文第三章第一節的相關敍述。

於中書省期間，他曾上表諫止太和三年的南伐之舉、反對淮南王拓跋他提出的斷百官俸祿之議、上表籌畫包括練兵、築長城和善待邊將等在內的安邊之策、上表建議應對饑饉的辦法及注意事項。這些表奏或出於朝廷集議政治的命令，或是他主動的政策建議，但都顯示了高閭積極履行國家賦予他的職責。他的許多建議也贏得了君主的認可，並得到了實際的推行。又如王嶷，「遷南部尚書，在任十四年。時南州多事，文奏盈幾，訟者填門。嶷性儒緩，委隨不斷，終日在坐，昏睡而已。」〔註33〕王嶷雖然理政不勤，但他為南部尚書而主持尚書南部的日常行政卻是不爭的事實。

　　孝文帝掌權之後，漢族士人對於中央機構日常行政的參與也越來越多。他們憑藉才幹，常常被委以重任。《魏書》卷六六《崔亮傳》：

　　　　（崔亮）轉議郎，尋遷尚書二千石郎。高祖在洛，欲創革舊制，選
　　　　置百官，謂群臣曰：「與朕舉一吏部郎，必使才望兼允者，給卿三日
　　　　假。」又一日，高祖曰：「朕已得之，不煩卿輩也。」馳驛徵亮兼吏
　　　　部郎。

此處之「創革舊制，選置百官」當指太和十九年之事。《魏書》卷七《高祖紀》：「（太和十九年）十有二月乙未朔，引見群臣於光極堂，宣示品令，為大選之始。」這一次大選並非擬定制度，而是具體職官的考選。這次選舉百官又在遷都洛陽之後不久，其意義自然重大。此事當由尚書吏部具體負責。孝文帝對於主其事的吏部郎人選同樣重視，不僅要求才望兼允，他還親自考察指定人選，足見孝文帝的慎重其選。崔亮獲膺此任，也顯示出漢族士人在具體的行政事務中的關鍵作用。《魏書》卷六九《崔休傳》：「高祖南伐，以北海王為尚書僕射，統留臺事，以休為尚書左丞。高祖詔休曰：『北海年少，未閑政績，百揆之務，便以相委。』」此次南伐當指太和二十三年征討荊州之事。〔註34〕孝文帝對於留守洛陽官員的安排雖以北海王元詳為主、以崔休為輔，但孝文帝的詔命同時又表明北海王元詳實際上是作為一種權力的象徵以維護後方穩定，而實際處理政務的則是崔休。

　　崔亮負責百官選舉以及崔休輔佐元詳暫理留臺事務大體上還是兼任的、臨時性的做法。實際上，漢族士人能夠臨時委以重任也得益於他們在才幹和權力方面長期的積累。比如崔光，「遷中書侍郎、給事黃門侍郎，甚為高祖所知待……

〔註33〕《魏書》卷三三《王憲傳附王嶷傳》，第775頁。
〔註34〕《魏書》卷七《高祖紀》，第185頁。

雖處機近，曾不留心文案，唯從容論議，參贊大政而已。高祖每對群臣曰：『以崔光之高才大量，若無意外咎譴，二十年後當作司空。』」〔註35〕崔光任職黃門侍郎而受孝文帝知待，雖然他對於日常的公文處理較少留心，但這也從反面證明處理公文是黃門侍郎所要負擔的一項重要職責。崔光的「不留心文案」應只是特殊現象。崔休在輔佐元詳之前就為黃門侍郎，深得孝文帝信任，「常參高祖侍席，禮遇次於宋、郭之輩」。〔註36〕至於宋弁和郭祚，就更得孝文帝重用。《魏書》卷六四《郭祚傳》：

> （郭祚）遷尚書左丞，長兼給事黃門侍郎。祚清勤在公，夙夜匪懈，高祖甚知賞之。從高祖南征，及還，正黃門。……遷散騎常侍，仍領黃門。是時高祖銳意典禮，兼銓鏡九流，又遷都草創，征討不息，內外規略，號為多事。祚與黃門宋弁參謀帷幄，隨其才用，各有委寄。祚承稟注疏，特成勤劇。

郭祚、宋弁二人因其才用而成為孝文帝倚重的臣僚，他們所承擔的事務又各有不同。郭祚「承稟注疏」，宋弁所擔任的事務雖未得明言，但我們至少可以肯定評定士族門第當是其主務之一。《魏書》卷六三《宋弁傳》：

> 未幾，以弁兼黃門，尋即正，兼司徒左長史。時大選內外群官，並定四海士族，弁專參銓量之任，事多稱旨。

我們需要注意的是，以上宋弁、郭祚、崔光以及崔休等人能夠參與到行政核心，這與他們所擔任的黃門侍郎一職關係密切。也正是因為身在門下，他們才能近侍君主，時獲重用。

除了近侍帷幄，承稟聖旨之外，漢族士人在孝文帝主政以後的中央其他機構中也漸掌實權。李沖自不必說，馮太后當政時他因寵信而獲重用，孝文帝主政後他依然寵望不減，被授以吏部尚書一職，負責典選百官。〔註37〕又如李彪，遷都洛陽之後任職為御史中尉，「彪既為高祖所寵，性又剛直，遂多

〔註35〕《魏書》卷六七《崔光傳》，第 1488 頁。
〔註36〕《魏書》卷六九《崔休傳》，第 1525 頁。
〔註37〕 李沖典選百官之事屢見於記載。《魏書》卷六三《宋弁傳》：「始，高祖北都之選也，李沖多所參預，頗抑宋氏。」又《魏書》卷四三《房法壽傳附房景伯傳》：「尚書盧淵稱之（景伯）於李沖，沖時典選，拔為奉朝請。」李沖能夠排抑宋氏，盧淵向李沖推薦人選，這些都可說明李沖是選官事務的實際主持者，權力頗大。《魏書》卷七三《楊大眼傳》：「時高祖自代將南伐，令尚書李沖典選征官，大眼往求焉。」這又說明李沖不僅主持日常的選官工作，在臨時性的征官典選中他同樣是主持者。

所劾糾，遠近畏之，豪右屏氣。」〔註 38〕可見他履行監察職責也頗爲盡心。不僅如此，在孝文帝率師南伐之時，他也受命兼任度支尚書，與李沖等同理留臺事務。

外出爲使也是漢族士人時常需要承擔的一項行政任務。使者所處理的事務的場所雖不在中央，但他們既爲中央直接派遣，其權力就直接來源於中央政府，他們所處理的各類事務實際上就是中央日常行政的延伸。延續此前的常例，在孝文帝一朝，作爲外交使節出聘高句麗以及南朝宋、齊諸政權，或者應接外國來聘使節，這仍是主要由漢族士人承擔的任務。此外，漢族士人還常常受命解決各類地方事務。《魏書》卷五六《鄭羲傳》：

> 延興初，陽武人田智度，年十五，妖惑動眾，據亂京索。以羲河南民望，爲州郡所信，遣羲乘傳慰諭。

鄭羲時任中書侍郎，以之爲使慰諭河南反人，這正是北魏國家希望借助其爲河南民望的優勢而做出的決定。事實也證明，這一安排也實現了中央政府平定叛亂的預期。又如《魏書》卷四五《柳崇傳》：

> （崇）舉秀才，射策高第。解褐太尉主簿、尚書右外兵郎中。于時河東、河北二郡爭境，其間有鹽池之饒，虞坂之便，守宰及民皆恐外割。公私朋競，紛囂臺府。高祖乃遣崇檢斷，民官息訟。屬荊郢新附，南寇窺擾，又詔崇持節與州郡經略，兼加慰喻。

柳崇本爲河東人氏，中央政府派遣他解決河東、河北二郡邊境糾紛，這或許是利用他熟悉當地實情的優勢。其性質或許同於上述鄭羲的事例。而被派遣經略荊郢，慰諭新民，就其所任的尚書右外兵郎中一職來看，這應當屬於其本職工作之內。《魏書》卷三三《王憲傳附王嶷傳》：「（嶷）少以父任爲中書學生，稍遷南部大夫。高祖初，出使巡察青、徐、兖、豫，撫慰新附，觀省風俗。」王嶷以南部大夫之身分巡察河南諸州，這也應當是其職任之一部分。可見，漢族士人的外使同樣也是爲了解決各種事務，而北魏國家對他們的派遣也有著一定的原則，或者是利用他們的文化或地域優勢，或者是任職者的分內之事。

以上我們從制度建設和行政運作兩個方面簡要分析了孝文帝時期漢族士人的具體作爲。隨著此一時期北魏國家政治改革步伐的加快，漢族士人既能滿足孝文帝的改革需求，又在實際的行政過程當中進一步促進了改革的步伐，也爲其制度的漢化提供了知識和實踐兩方面的支持和保障。漢族士人在

〔註 38〕《魏書》卷六二《李彪傳》，第 1390 頁。

中央政權中的活躍也與孝文帝時的政治局勢有關。孝文帝急進的改革徹底破壞了鮮卑貴族的政治利益格局，也導致了鮮卑貴族反對漢化、反對孝文帝的情緒急增。有論者認爲正是這一政治上的緊張局面導致了孝文帝積極尋求應對之法，遷都洛陽就是在這一政治局勢之下出臺的頗爲突然的舉措。〔註 39〕而遷都過程中漢族士人自然成了孝文帝極爲倚重的對象，他們大體上積極贊成遷都洛陽的構想，並且在遷都之後的善後事宜中表現積極。比如李沖、成淹等人，他們在營建新都的過程中都勤勉其職，這也不失爲他們支持遷都的具體表現。〔註 40〕就北魏時期漢族士人政治地位變遷的整個過程來看，孝文帝時期無疑是一個重要的轉捩點。這既是此前漢族士人政治勢力長久積聚的提升，同時也爲此後漢族士人深入北魏政權核心奠定了基礎。

三、北魏後期漢族士人在中央政權中的政治活動

　　儘管在某些制度上以及實際的政治運作當中還帶有胡族因素，〔註 41〕孝文帝的政治改革還是使得北魏國家的政治制度在漢化一面有了長足的進展。改革帶來了統治模式的轉變。不惟如此，他也進一步促進了胡漢雙方的融合。自孝文帝以後，漢族士人成了北魏國家行政機構中的官僚的主要組成部分。我們在本文第二章已就此問題進行了討論。以下我們則需要考察漢族士人大量充斥於北魏中央行政機構之後所起到的作用，他們對北魏的權力格局產生了何種影響。

（一）漢族士人與北魏後期中央政權的日常行政

　　關於北魏後期中央行政機構的改革及其特點我們在本文第二章已經詳爲闡述。若就北魏後期國家的行政特點而言，漢式的、文治化的行政無疑是其主要方面，這就爲以文化見長的漢族士人創造了仕宦上的優勢。儘管北魏後期胡族的漢化已經取得了長足的進展，但他們在具體的行政運作上顯然不及

〔註39〕　參看何德章：《論北魏孝文帝遷都事件》，載《魏晉南北朝隋唐史資料》第 15 輯，武漢大學出版社，1997 年，第 72～83 頁。

〔註40〕　《魏書》卷五三《李沖傳》、卷七九《成淹傳》，第 1187、1757 頁。

〔註41〕　韓國學者朴漢濟先生即強調北魏政治體制中的胡族因素，參看氏著《北魏王權與胡漢體制》，收入《中國史研究的成果與展望》，社會科學出版社，1991 年，第 87～107 頁。祝總斌先生亦指出北魏一直實行的公卿集議之制以及孝文帝所安排的「六輔」政治在一定程度上仍是部落體制風習的殘存，參看氏著《魏晉南北朝宰相制度研究》，第 232～241 頁。

漢族士人。另一方面，孝文帝的改革加深了民族融合，北魏國家與漢族士人的結合日趨緊密，漢族士人對於北魏政權的認同也因此而更加深入。漢族士人積極進入北魏政權的現象既是政治改革的結果，又是胡漢融合以及漢族士人認同感的具體表現。我們可以從以下幾個方面來看待漢族士人在北魏後期中央政權的日常行政中的作用及其影響：

第一，漢族士人進入到中央各類、各級行政機構當中。北魏後期在尚書省、中書省、門下省等三省機構當中，漢族士人的擔任者都要占到多數。其他諸如御史臺、諸卿寺等機構當中，漢族士人同樣也占到了頗為可觀的比例。漢族士人充斥於中央各行政機構當中，這不僅僅是任職人數數量對比的變化，他同時也意味著漢族士人在各機構的日常行政中發揮的作用越來越大。以御史臺為例。北魏時期由於鮮卑貴族的特權地位、官吏貪污以及門閥政治等各種因素的存在，其社會政治的正常運作往往受這些因素的干擾、影響，御史臺為維護統治體制的正常運行、監督官吏的違規、違法之舉而展開的監察行動就十分常見。御史臺中的漢族士人在履行監察職能方面同樣有著較為突出的表現。宣武帝時，李平為御史中尉，文獻中所記載的他彈劾群臣的事例既有元謐在母喪聽音聲飲戲、平北長史韓務受納、東徐州刺史王世弼為治任刑受納、南兗州刺史崔暹在任貪污諸事。〔註 42〕顯然，李平稱得上是勤於其政的，他所彈劾的對象既包括元魏宗室、也包括地方官吏，而彈劾之事則以官吏貪污為主，對於違反禮制之事亦加彈劾，可見李平也能較好地履行其職務。除李平外，御史臺中的漢族士人嚴格執法，勇於彈劾者也較為常見。《魏書》卷三二《封懿傳附封回傳》：「（封回）轉為七兵尚書，領御史中尉。尚書右僕射元欽與從父兄麗妻崔氏奸通，回乃劾奏，時人稱之。」封回因為能彈劾朝中重臣而受世人欽許，這顯示出他的不畏權勢。《魏書》卷五五《游明根傳附游肇傳》：

（游肇）徙廷尉卿，兼御史中尉，黃門如故。肇，儒者，動存名教，

　直繩所舉，莫非傷風敗俗。持法仁平，斷獄務於矜恕。

游肇以廷尉卿而兼御史中尉，此處則應該是對其同時兼任二職的執行水準的評價。與封回相比，游肇也同樣顯示了漢族士人對於禮俗名教的關心。當然我們不能排除漢族士人在御史臺中的任職上的一些不如人意的表現。如甄琛

〔註42〕分見《魏書》卷二一《獻文六王·趙郡王幹傳附元謐傳》、卷四二《韓秀傳附韓務傳》、卷七一《王世弼傳》、卷八九《酷吏·崔暹傳》。

爲御史中尉，「俛眉畏避，不能繩糾貴遊，凡所劾治，率多下吏。於時趙修盛寵，琛傾身事之。」〔註 43〕甄琛交結權貴，對於勳貴之類不敢究治，這自然也要影響到御史臺監察職能的發揮。孝明帝末年，裴延儁爲御史中尉，「守職而已，不能有所裁斷直繩。」〔註 44〕儘管有這些守職無爲、畏避權貴的現象出現，但漢族士人大體上能夠將儒家的政治理念貫徹到平時的監察實踐中去，對於貪賄和違制等事都能積極彈劾。這對於彰顯御史臺監督百官的權威性，維護國家統治的良性運作自然是有著促進作用的。

　　漢族士人積極行政在其他機構亦爲常見。還是上舉李平，他後來歷任度支尚書、吏部尚書，最後官至尚書右僕射。史家評價他在尚書省的表現爲：

　　　　（李平）自在度支，至於端副，夙夜在公，孜孜匪懈。凡處機密十
　　　　有餘年，有獻替之稱。〔註45〕

李平不僅是勤於從政，而且對於促進尚書省行政運作機制的完善也頗有其功，所謂「有獻替之稱」。《魏書》卷六六《崔亮傳》：

　　　　（崔亮）遷度支尚書，領御史中尉。自遷都之後，經略四方，又營
　　　　洛邑，費用甚廣。亮在度支，別立條格，歲省億計。又議修汴蔡二
　　　　渠，以通邊運，公私賴焉。

崔亮以度支尚書規劃「別立條格」、修理邊疆漕運，這既是度支尚書的職責所在，同時也顯示出他積極履行職務的一面。《魏書》卷五五《劉芳傳附劉懋傳》：

　　　　（劉懋）世宗初入朝，拜員外郎。遷尚書外兵郎中，加輕車將軍。
　　　　芳甚重之，凡所撰制朝廷軌儀，皆與參量。尚書博議，懋與殿中郎
　　　　袁翻常爲議主。達於從政，臺中疑事，咸所訪決。

劉懋爲劉芳從子，他參量劉芳撰制朝廷軌儀可暫置不論，就從他擔任尚書外兵郎中的表現看來，他與袁翻成爲尚書省中討論行政事務的「議主」，這也足見他們對於政務的熟稔。史家雖然有意凸顯他們這一才能，這應該是大多數漢族士人所具有的共同特徵。又如宣武帝時擔任尚書祠部郎的宋世景，他同樣也長於理政。《魏書》卷八八《良吏·宋世景傳》：

　　　　（宋世景）轉尚書祠部郎。彭城王勰每稱之曰：「宋世景精識，尚書
　　　　僕射才也。」臺中疑事，右僕射高肇常以委之。世景既才長從政，

〔註43〕《魏書》卷六八《甄琛傳》，第 1512 頁。
〔註44〕《魏書》卷六九《裴延儁傳》，第 1530 頁。
〔註45〕《魏書》卷六五《李平傳》，第 1454 頁。

加之夙勤不怠，兼領數曹，深著稱績。

宋世景的才能使他不僅獲得朝中大臣的稱譽，他在尚書省中實際也被委以重任。尚書僕射高肇委以太重疑事，他又「兼領數曹」，這也是建立在他對政務運作程式的熟悉的基礎上的。總之，大多數漢族士人以其才幹和勤勉成了尚書省日常行政運作的重要支撐力量，這也使得北魏國家的行政通暢有了有力的保障。

以上所舉是以御史臺和尚書省中的漢族士人的行政情況爲主。漢族士人積極履行職責，勤勉從政的事例不止於這兩個部門。《魏書》卷五七《崔挺傳附崔纂傳》：「熙平初，（崔纂）爲寧遠將軍、廷尉正。每於大獄，多所據明，有當官之譽。」又如崔休：「徵拜司徒右長史。休聰明強濟，雅善斷決，幕府多事，辭訟盈幾，剖判若流，殊無疑滯，加之公平清潔，甚得時談。」〔註46〕北魏後期三省、諸卿寺以及三公府等在國家的行政運作當中各司其職，漢族士人不僅能夠任職於各機構，而且在具體履行職務方面也有不少人基本上做到了盡職盡責。

漢族士人對於北魏中央行政的積極作用不僅表現在他們長於從政、勤於從政，對行政制度的改革也是他們常常關心之事。關於這一點我們僅以北魏後期的官吏考課制度的改革爲例加以說明。北魏後期的官吏考課顯然是朝廷頗爲關心的事務之一。制度上中央職官和地方職官的區分，散、實官的分野，北魏後期常常實行的泛階以及軍功授職等措施，使得朝廷考課需要面臨諸如考課時間、考課標準難以統一，冒階竊勳等問題，所以如何解決這些現實問題，並建立一套相對較爲公平的考課辦法就成了朝廷眾官積極討論的問題之一。〔註47〕如上所述，漢族士人在北魏尚書省的日常行政當中起著主導作用。對於由尚書省具體負責的官吏考課他們也尤爲關心，許多人也提出了相關的解決辦法：王肅在宣武帝即位之初即提出要及時考課官僚；〔註48〕延昌年間，針對此前頒行的永平考格，時任尚書右僕射的郭祚則對考課年限以及考課標準提出了疑問，這也促使宣武帝明確相關考課標準；〔註49〕孝明帝時，尚書左僕射蕭寶夤也指出了京官、地方官以及東西省文武散官考課中存在的不合理之處，並設計了更

〔註46〕《魏書》卷六九《崔休傳》，第 1526 頁。

〔註47〕北魏後期官吏考課的複雜並非我們此處可以說明之事，因而我們只是關心漢族士人在提供解決辦法方面的努力。相關的研究可參看陶新華：《北魏孝文帝以後北朝官吏管理制度研究》；戴衛紅：《北魏考課制度研究》；王東洋：《魏晉南北朝考課制度研究》，社會科學文獻出版社，2009 年。

〔註48〕《魏書》卷六三《王肅傳》，第 1410 頁。

〔註49〕《魏書》卷六四《郭祚傳》，第 1424～1425 頁。

為嚴格、公平的考課程序，他的建議也為朝廷採納；〔註50〕也是孝明帝時，尚書左丞盧同也注意到勳簿中存在的偽冒造假問題，他提出了勳簿著錄、署理以及保管等一系列改革辦法；〔註51〕對於考課改革值得一提的當然是崔亮所創立的停年格，其法是為了解決當時的社會矛盾而設，「專以停解日月為斷」〔註52〕的辦法雖然頗獲失才之譏，批評之聲不斷，但他在一定程度上緩解了代北武人的不滿，而且操作簡便，之後就一直沿用下來，直到東魏元象元年（539）才予以廢除。〔註53〕

第二，對於漢族士人自身而言，入仕於中央政權並負責各項具體的行政事務，這也是他們政治地位提高的標誌。漢族士人以各種途徑進入中央政權，分擔各項具體的職務，並通過年資、政績的累積，在相關部門的考銓之下逐漸升資進品。無論是就個人還是群體的角度觀察，這都意味著漢族士人基本上獲得了北魏國家的同等對待。不僅這樣，漢族士人在某些重要的權力部門也獲得了較高的地位。《魏書》卷三八《王慧龍傳附王遵業傳》：

> （王遵業）轉司徒左長史、黃門郎、監典儀注。遵業有譽當時，與中書令陳郡袁翻、尚書琅琊王誦並領黃門郎，號曰三哲。時政歸門下，世謂侍中、黃門為小宰相。

以「三哲」來形容王遵業等三人，這種讚譽的背後也透出時人對於黃門侍郎一職的重視。王誦的墓誌銘在敘述他擔任黃門侍郎一職時也道出了該官職的重要性：

> 瑣門清切，任亞衡宰，自非時宗戚右，罔或斯授。〔註54〕

此處是從任職者的身份來彰顯黃門侍郎所具有的社會地位。不光如此，黃門侍郎親從承旨，並負責詔書等的擬定也是其受世人重視的原因之一。〔註55〕

〔註50〕　《魏書》卷五九《蕭寶夤傳》，第1318～1320頁。

〔註51〕　《魏書》卷七六《盧同傳》，第1682～1683頁。

〔註52〕　《魏書》卷六六《崔亮傳》，第1479頁。

〔註53〕　《魏書》卷六六《崔亮傳》，第1479～1480頁；《北齊書》卷三《文襄帝紀》，第31頁。

〔註54〕　《王誦墓誌》，趙超：《漢魏南北朝墓誌彙編》，第242頁。

〔註55〕　負責詔書的擬定，這應該是北魏後期中書省所具有的職能之一。《魏書》卷六七《崔光傳》：「（永平）四年秋，除中書令，進號鎮東將軍。永平元年秋，將刑元愉妾李氏，群官無敢言者。敕光為詔，光遂巡不作。」宣武帝命崔光為詔當是遵常制而行，但我們也應該看到，門下省對於詔書的擬定頒行也有了越來越多的參與。《魏書》卷二一《獻文六王‧北海王雍傳》：「雍表曰：『臣初入柏堂，見詔旨之行，一由門下。』」元雍是在孝明帝即位之初即入宮中西

《魏書》卷九三《恩倖·徐紇傳》：

> （徐紇）俄遷給事黃門侍郎，仍領舍人，總攝中書門下之事，軍國
> 詔命，莫不由之。時有急速，令數友執筆，或行或臥，人別占之，
> 造次俱成，不失事理，雖無雅裁，亦可通情。時黃門侍郎太原王遵
> 業、琅琊王誦並稱文學，亦不免爲紇秉筆，求其指授。

徐紇受到靈太后的私寵而權勢大增，他也因此而入主門下，以黃門侍郎而總
管軍國詔命的擬定。與徐紇同時的袁翻，他也以黃門侍郎的身分負責軍國文
翰。《魏書》卷六九《袁翻傳》：

> 孝昌中，（袁翻）除安南將軍、中書令，領給事黃門侍郎，與徐紇俱
> 在門下，並掌文翰。

以上王遵業等數人都是孝明帝時活躍於門下省的漢族士人。從其任職的總體特
點來看，一則不論他們是正爲黃門侍郎，還是以他職兼領，總之具有黃門侍郎
的身分才能入參軍國文翰。同時，這些漢族士人大體出身高門，而且文學優長，
這也是他們能夠參與擬詔的先決條件。漢族士人擔任黃門侍郎一職的數量，根
據本文表 3.8 的統計爲 50 人，要遠遠超過元魏宗室和其他政治群體擔任人數的
總和（26 人），這就說明漢族士人在北魏後期門下省的日常行政中的重要作用。
漢族士人在門下省的政治地位和作用只是一個較爲突出的例子。我們借此正要
說明的是，漢族士人在文化上的優勢使他們更符合北魏期的行政需要，一些對
文化要求較高的行政職位就成了漢族士人施展才華，提升地位的重要手段。

漢族士人在行政中政治地位提高的另一表現則是寒門士人獲得了一定的
上升空間。這在門下、中書二省當中負責詔令、公文傳遞的漢族士人當中表
現的較爲明顯。《魏書》卷七九《馮元興傳附曹道傳》：

> 高祖時，有譙郡曹道，頗涉經史，有幹用。舉孝廉。太和中，東宮
> 主書、門下錄事。景明中，尚書都令史，領主書。後轉中書舍人。
> 行使，每稱旨。

曹道以孝廉入仕，這在北魏時期寒門士人的入仕途徑中是較爲常見的。也正
是門第不高的緣故，他所擔任的主書、門下錄事、尚書都令史等職雖入流內，
但品級偏低。〔註 56〕就其職務而言，實屬吏職。這從孝文帝時范紹爲門下錄

柏堂總決國政的，他此處所說當就他入宮總政之時而言，我們由此也可以推
斷，至少到宣武帝末期，門下省負責擬定詔書是較爲常見之事。
〔註 56〕據《魏書·官氏志》所載，北魏《後職令》當中，門下錄事、主書令史、尚

事時的例子可以看出。《魏書》卷七九《范紹傳》：

> （太和）十六年，高祖選（范紹）爲門下通事令史，遷錄事，令掌
> 奏文案，高祖善之。又爲侍中李沖、黃門崔光所知，出内文奏，多
> 以委之。高祖曾謂近臣曰：「崔光從容，范紹之力。」

范紹爲門下錄事，他所負責的也正是奔走趨從、出內文奏之事。尚書都令史也主要是負責署理文書等事務。〔註57〕寒門士人擔任中書、門下各省吏職，負責處理文書、傳遞詔命等基礎性工作，有時甚至還要承擔外使的事務。《魏書》卷七九《劉桃符傳》：「（劉桃符）舉孝廉，射策甲科，歷碎職。景明中，羽林監、領主書。蕭寶夤之降也，桃符受詔迎接。」劉桃符受詔迎接蕭寶夤，這當與他帶領主書一職有關。他外使的命令當是直接承之於宣武帝。也正是因爲負責處理君主與中書、門下等行政機構的文書工作，他們也易爲君主和朝中大臣所知曉。《魏書》卷八二《常景傳》：

> （常景）有才思，雅好文章。廷尉公孫良舉爲律博士，高祖親得其
> 名，既而用之。後爲門下錄事、太常博士。……景淹滯門下積歲，
> 不至顯官，……景在樞密十有餘年，爲侍中崔光、盧昶、游肇、元
> 暉尤所知賞。

常景爲北魏前期自河西歸附的儒生常爽之孫，〔註58〕雖文名稱盛，但官閥門第卻不高，這從他「淹滯門下積歲」一點也能有所反映。雖然一段時期內仕途不暢，但他卻頗爲前後擔任過侍中的崔光等人稱賞，他在履行職務上的表現當是原因之一。總體來看，寒門士人大多擔任著中央行政機構的胥吏職務，負責公務文書處理的工作。其職權雖然低微，但由於接近樞密，他們也由此獲得了君主和朝中大臣的重視，所以其政治地位也較爲重要。

最後，我們應該指出的是，儘管漢族士人在北魏後期中央行政機構中佔據了相當顯著的比例，在國家日常的行政運作當中發揮了重要的作用，這也確實意味著漢族士人這一群體政治權勢的增長。但這些權勢增長的現象在更

書都令史都列於從八品，這頗低於高門士人所擔任的官職。

〔註57〕盧同爲尚書左丞時曾提議檢糾吏部勳簿。《魏書》卷七六《盧同傳》：「竊見吏部勳簿，多皆改換。……愚謂罪雖恩免，猶須刊定。請遣一都令史與令僕省事各一人，總集吏部、中兵二局勳簿，對勾奏按。」盧同提出的具體的檢核辦法當是針對尚書省職權所轄而言的，此處之都令史當指尚書都令史，當然，檢核吏部勳簿只是其職責之一，這也從一個方面反映了尚書都令史處理文書的職務性質。

〔註58〕《魏書》卷八四《儒林·常爽傳》，第1848頁。

大程度上需要制度保障，也受到制度的制約。進而言之，由於北族政治傳統的影響，使得以元魏宗室爲主的代人集團仍舊能夠超越制度的限制，牢牢地掌握政治大權，並一直主導著北魏後期的政治發展趨勢。孝文帝死後，他爲宣武帝輔政安排了「六輔」體系，〔註59〕其中即有王肅和宋弁兩位漢族大臣。祝總斌先生即指出這一政治安排「是爲了吸收多方面的代表人物，以保證統治集團內部，特別是鮮卑貴族之間的團結、穩定」〔註60〕。顯然，極力漢化的孝文帝同樣未能解決北魏前期的胡族政治傳統問題，他的臨終顧命也顯示他平衡各方的心跡。即便如此，王肅和宋弁處於次位的狀況則十分明顯。宋弁於孝文帝顧命詔發佈之前已經逝世，〔註61〕而王肅雖爲尚書令，但他頗受元澄等輔政大臣的排擠，不久即受命外出爲揚州刺史，經營淮南，〔註62〕他在中央政權中實際發揮的作用十分有限。

宣武帝雖然對於執掌朝政的宗室諸王多有打壓，但這並不意味著元魏宗室在北魏權力體系中核心地位的喪失。比如元澄，他雖然經歷起伏，但在北魏後期政治發展的關鍵時期他仍扮演著重要的角色。〔註63〕北魏後期中央的權力結構交織著元魏宗室、宦官、恩倖、外戚、代人勳貴以及漢族士人等各類政治身分的勢力之間的聯合與衝突，他們共同構成了此一時期政治鬥爭的複雜局面。宦官與恩倖因爲親侍左右，他們所獲得的權勢與君主的親寵密不可分。由於這種關係，他們往往成了外界交結的對象，漢族士人自不例外。比如宣武帝時趙修貴寵，甄琛、高聰以及李憑等人多傾身事之。〔註64〕這也正是宦官與恩倖影響朝政的最好證明。北魏後期外戚當以高肇爲代表。他因爲是宣武帝之舅，「數日之間，富貴赫弈」，〔註65〕這是一般漢族士人所無法獲得的政治優待。高肇獲得宣武帝的重用之後，「既無親族，頗結朋黨，附之

〔註59〕《魏書》卷七下《高祖紀》：「詔司徒勰微太子於魯陽踐阼。詔以侍中、護軍將軍、北海王詳爲司空公，鎮南將軍王肅爲尚書令，鎮南大將軍、廣陽王嘉爲尚書左僕射，尚書宋弁爲吏部尚書，與侍中、太尉公禧，尚書右僕射、任城王澄等六人輔政。」

〔註60〕 祝總斌：《兩漢魏晉南北朝宰相制度研究》，第 233 頁。

〔註61〕《魏書》卷六三《宋弁傳》，第 1416 頁。

〔註62〕《魏書》卷六三《王肅傳》，第 1410 頁。

〔註63〕 參看陳冠穎：《任城王元澄在北魏所扮演的角色》，載《中國歷史學會史學集刊》第 39 期，2007 年。

〔註64〕《魏書》卷六八《甄琛傳》、卷六八《高聰傳》、卷四九《李靈傳附李憑傳》，第 1512、1521、1099 頁。

〔註65〕《魏書》卷八三《外戚·高肇傳》，第 1829 頁。

者旬月超升，背之者陷以大罪」。〔註66〕顯然，高肇的權勢以一種非正常的方式迅速膨脹，他也借此構築維繫自身權勢的政治網路，一時間成了權力核心。宦官、外戚和恩倖之外，于忠和元叉也曾先後掌控朝政。他們一屬代人勳貴，一為元魏疏宗，但在掌控朝政方面他們則同樣有著超越制度約束的一面。于忠的家族因世代執掌禁軍而漸獲君主信遇，元叉則因是靈太后妹夫的關係而獲得重用，二人均以侍中兼掌禁衛軍權而建立了掌控權力的深厚基礎，這也使他們能夠權傾一時。〔註67〕需要說明的是，元叉等人權勢顯赫，這並不是一種屬於個體的、偶然的現象。儘管這些人之間也存有衝突，但他們建構自身權力並實際上影響著北魏政治的發展，這仍是北族政治傳統的延續。

　　相比以上宦官、外戚、恩倖以及代人勳貴等而言，漢族士人不僅沒有超越官僚制度的限制而獲得權勢的機會，他們在日常政治中的權勢也顯然難及上述諸人。《魏書》卷六七《崔光傳》：

　　　　（崔）光寬和慈善，不逆於物，進退沉浮，自得而已。常慕胡廣、
　　　　黃瓊之為人，故為氣概者所不重。始領軍于忠以光舊德，甚信重焉，
　　　　每事籌決，光亦傾身事之。元叉於光亦深宗敬。及郭祚、裴植見殺，
　　　　清河王懌遇禍，光隨時俛仰，竟不匡救，於是天下識之。

崔光最後位至太保，頗為北魏君主尊敬，但他在政治上的作為卻乏善可陳。這或許不能僅以他性情和善、與物無競加以解釋。他不能掌控大權，主導朝政才是根本原因。這一狀況又不是屬於崔光的個別現象，他應屬於漢族士人群體政治權勢的典型反映。《魏書》卷六九《崔休傳》：

　　　　（崔）休少而謙退，事母孝謹。及為尚書，子仲文納丞相雍第二女，
　　　　女妻領軍元叉長庶子秘書郎稚舒，挾恃二家，志氣微改，內有自得
　　　　之心，外則陵藉同列。尚書令李崇、左僕射蕭寶夤、右僕射元欽，
　　　　皆以雍、叉之故，每憚下之。

崔休借著與元雍、元叉所建立的婚姻關係而增進了自身的權勢，這本身即說明元魏宗室、代人勳貴等在政治權力格局中的優勢地位。李崇等懼憚的顯然不是崔休本人，而是他背後所聯繫的元叉、元雍等當權人物。我們也看到，北魏後期漢族士人積極交結當權貴勢，尤其是元叉、于忠等人，其中所反映

〔註66〕《魏書》卷八三《外戚・高肇傳》，第1830頁。
〔註67〕《魏書》卷三一《于栗磾傳附于忠傳》、卷一六《道武七王・京兆王黎傳附元叉傳》，第745、404頁。

的問題實際上即同於上舉崔休的例子。

（二）漢族士人參與軍事行動

北魏前期的拓跋集團是國家權力的核心，其中一個突出的表現就是他們在軍事方面獨掌大權。不僅宮城禁衛由其負責，出兵抵禦外寇、鎮撫地方同樣也是由他們統領軍隊，裁度形勢。漢族士人雖然也能參與軍事行動，但基本上還是以參謀者的身份隨行，對軍事力量和軍政事務的掌控自然成了拓跋集團主掌大權的重要保障。北魏後期，邊境地區外敵侵擾頻頻發生，部內民眾的起事日趨激烈，複雜的形勢使得北魏國家的軍事行動逐漸增多。雖然元魏宗室和代人勳貴依舊是軍事行動的主要統領者，但我們需要注意的是，大批漢族士人也參與到軍事征討的行動當中。他們或為軍事統領，或為征府僚佐，也從一定程度上參與到北魏國家軍事權的執掌中來。北魏的軍事行動雖然是針對邊境或內郡，但軍事決策無疑是北魏中央政府重要的行政事務之一。《魏書》卷五九《蕭寶夤傳》：「（景明三年冬），蕭衍江州刺史陳伯之與其長史褚緭等自壽春歸降，請軍立效。世宗以寶夤誠懇及伯之所陳，時不可失，四年二月，乃引八座門下入議部分之方。」顯然，在軍事行動展開之前，具體的軍事部署就已經在中央核心層進行討論、決策。他同樣是中央政府具體處理的事務，所以漢族士人對軍事行動的參與同樣可以視作他們作用於北魏中央政府行政、決策的一個方面。

漢族士人參與軍事行動可以分為兩個層面。首先是作為軍事統領負責作戰指揮、領軍攻佔，這種情況頗為常見，我們試舉數人如下：

1. 邢　巒

（1）正始元年，蕭梁梁秦二州行事夏侯道遷以漢中內附，詔加邢巒使持節、都督征梁漢諸軍事，假鎮西將軍，進退征攝，得以便宜從事；（2）正始三年，邢巒為度支尚書，蕭梁侵軼徐兗，乃以邢巒為使持節、都督東討諸軍事、安東將軍，率軍前往攻討；（3）永平元年，豫州城民白早生殺刺史司馬悅，以城南入，詔邢巒持節率羽林精騎以討之，後加邢巒使持節、假鎮南將軍、都督南討諸軍事。〔註68〕

2. 李　平

（1）永平元年，李平為度支尚書，元愉反於冀州，以李平為使持節、都

〔註68〕征討的具體過程參看《魏書》卷六五《邢巒傳》，第 1439～1447 頁。

督北討諸軍事、鎮北將軍，行冀州事以討之；（2）熙平元年，李平爲吏部尚書，蕭梁左遊擊將軍趙祖悅偷據硖石，詔李平以本官使持節、鎮軍大將軍、兼尚書右僕射爲行臺，節度諸軍，東西州將一以稟之，如有乖異，以軍法從事。〔註69〕

3. 盧　同

盧同爲太尉屬，元英、邢巒等討白早生，詔盧同爲軍司。〔註70〕

4. 蕭寶夤

（1）景明三年，蕭梁江州刺史陳伯之自壽春歸附，詔除蕭寶夤使持節、都督東揚南徐兗三州諸軍事、鎮東將軍、東揚州刺史，配兵一萬；（2）元英南伐，蕭寶夤上表求征，乃爲使持節、鎮東將軍、別將以繼元英，配羽林、虎賁五百人；（3）永平四年，蕭梁攻克朐山戍，盧昶督眾軍救之，詔蕭寶夤爲使持節、假安南將軍、別將，率軍往赴，受盧昶節度；（4）蕭梁堰淮以灌徐揚，除蕭寶夤都督東討諸軍事以討之；（5）正光五年，爲尚書左僕射，蕭梁軍將裴邃、虞鴻等寇揚州，詔蕭寶夤爲使持節、散騎常侍、車騎大將軍、都督徐州東道諸軍事，率諸將討之；（6）莫折念生等反於秦隴，除蕭寶夤開府、西道行臺，率所部東行將統，爲大都督西征。〔註71〕

5. 曹世表

爲尚書右丞，出行豫州刺史，孝昌三年，東豫州州民劉獲、鄭辯反叛，朝廷以源子恭代曹世表爲州，以曹世表爲東南道行臺，率諸將等討之。〔註72〕

以上諸人只是北魏後期參與過軍事行動的漢族士人中的較具代表性的幾位，類似的人物我們不必窮舉。就從以上數人的事例來看，有以下幾點值得我們注意：

首先，漢族士人往往多次參與軍事行動。比如以上邢巒有 3 次，蕭寶夤則有 6 次，而軍事行動所針對的也主要是阻擊南朝諸政權等的入侵以及地方的叛亂。

其次，他們在出軍征討之前也多是中央高級文官，其中大體以尚書省各級官員較爲常見。而出征之時也多授以各類軍事統帥的職務，征討都督、行臺是

〔註69〕《魏書》卷六五《李平傳》，第 1452～1454 頁。
〔註70〕《魏書》卷七六《盧同傳》，第 1681 頁。
〔註71〕《魏書》卷五九《蕭寶夤傳》，第 1314～1324 頁。
〔註72〕《魏書》卷七二《曹世表傳》，第 1623 頁。

較爲常見之職，這都是指揮整支軍隊並握有實權的軍事統帥。〔註73〕當然，漢族士人也有作爲別將等軍將參與作戰，接受行軍統帥的統一節度的例子。

再次，漢族士人也以軍司、監軍等身分參與各類軍事行動。《魏書》卷八二《李琰之傳》：「孝莊初，太尉元天穆北討葛榮，以琰之兼御史中尉，爲北道軍司。」李琰之以御史中尉的身分擔任軍司一職，從御史中尉的性質也能推出軍司等職所具有的隨軍監察的性質。又如元法僧爲徐州刺史，畢祖彥「以侍御史爲元法僧監軍」〔註74〕，畢祖彥以侍御史而負監軍之責，這也足見監軍一職與監督軍隊的職能之間的關係。學者的研究亦指出，監軍、軍司等不僅負責代表中央監督軍事統帥的行動，而且也能夠統兵作戰、參謀軍事、決策行動，其作爲軍事統領的性質同樣不能忽視。〔註75〕

最後，儘管在北魏後期由中央政府直接籌畫的軍事活動中，擔任軍事統領的某些漢族士人擁有特殊的背景，比如蕭寶夤爲蕭梁宗室，他也在北魏與蕭梁的軍事鬥爭中多次委以重任，李平則爲文成元皇后之親族，但我們也應該看到諸如邢巒、盧同等士人在北魏軍事行動方面的突出表現，而且某些情況下漢族士人作爲軍事統帥似更有優勢。《魏書》卷六九《裴延儁傳》：

> 汾州山胡恃險寇竊，正平、平陽二郡尤被其害，以延儁兼尚書，爲西北道行臺，節度討胡諸軍。

裴延儁本爲河東聞喜人，其地近於汾州。以之爲行臺節度討胡諸軍，顯然是因爲他熟悉鄉情，便於征討行動的有效開展。顯然，漢族士人自身的軍事才幹以及地域優勢等因素使他們在北魏後期的軍事行動中有了更爲深廣的參與。

漢族士人得以成爲各級軍事統領的原因以及他們領兵出征的結果是勝是負我們可以置而不論。單從他們能夠參與各類軍事行動這一點來看，我們就應該承認他們在對北魏國家軍事權力掌控方面的突破。這是胡漢民族融合加深、漢族士人政治地位上升的一個標誌，也是北魏國家政治轉型的成果之一。可以說，漢族士人在軍事行動的參與中得到了北魏國家的積極利用，至少我

〔註73〕 關於北魏征討都督、行臺的設置特點、軍事權力等的分析參看張鶴泉師：《魏晉南北朝都督制度研究》，吉林文史出版社，2007 年，第 236～253 頁；牟發松：《六鎮起義之前的北魏行臺》，《魏晉南北朝隋唐史資料》第 11 輯，武漢大學出版社，1991 年。

〔註74〕 《魏書》卷六一《畢眾敬傳附畢祖彥傳》，第 1365 頁。

〔註75〕 陶新華先生對於監軍、軍司等職事官進行了考察，他認爲這些職官既具監察性質，又是主帥的副手。參看氏著《北朝的軍事監察官──監軍、軍司》，載《殷都學刊》2005 年第 1 期。

們很難看到這一方面北魏國家針對漢族士人的制度防限。漢族士人成了軍事行動的各級統領，他們或者作為一軍主帥負責整體調度，或者作為各級將領率兵攻戰，或者負責監察整個軍隊的行動，這些行為切實提高了他們的政治地位。與此同時，漢族士人也成了維護國家穩定的重要力量之一。

對於領軍出征的軍事統帥而言，他們不僅具有各項軍事權力，各種具體的事例亦表明，他們在出征之時也能像出任地方刺史一樣設置僚佐，只是具體的僚佐職務容有差別而已。〔註76〕漢族士人作為僚佐，也構成了他們參與北魏國家的各類軍事行動的另一層面。《魏書》卷六七《崔光傳附崔鴻傳》：「（崔鴻）轉尚書都兵郎中。⋯⋯永平初，豫州城人白早生殺刺史司馬悅，據懸瓠叛。詔鎮南將軍邢巒討之，以鴻為行臺鎮南長史。」邢巒征討白早生，崔鴻以都兵郎中而擔任行臺鎮南長史，作為邢巒的僚佐隨同征討。這一措置當出於中央政府的安排。《魏書》卷七七《辛雄傳附辛纂傳》：「（辛纂）轉越騎校尉。尚書令李崇北伐蠕蠕，引為錄事參軍。臨淮王彧北征，以纂隨崇有稱，啟為長史。及廣陽王淵北伐，又引為長史。」辛纂屢為僚佐，隨軍出征，這一方面表明才幹卓絕的漢族士人往往受到軍事統帥的親睞。同時，從李崇等「引」、「啟」辛纂為其僚佐一點來看，軍事統帥對於自己的僚佐的選擇和推薦也擁有一定的自主權。

軍事統帥十分注意僚佐的選擇，而才幹優長的漢族士人也多得重用，這也能提示我們在軍事行動中僚佐的作用實不可小覷。《魏書》卷八五《文苑·溫子升傳》：「正光末，廣陽王淵為東北道行臺，召（溫子升）為郎中，軍國文翰皆出其手。」溫子升為元淵行臺僚佐，其主要責任就是負責「軍國文翰」，亦即與此次行軍相關的各類文書的擬定。《周書》卷三八《蘇亮傳》：「（蘇亮）從（蕭）寶夤西征，轉記室參軍。寶夤遷大將軍，仍為之掾。寶夤雅知重亮，凡有文檄謀議，皆以委之。」蘇亮為蕭寶夤府掾，他也負責軍事文書的撰擬工作。此處之「文檄謀議」與上引之「軍國文翰」可視為對文，他們實際上都指稱所有的軍事文書。可見，參與軍事謀議、負責軍中文書工作是漢族士

〔註76〕比如以行臺而進行軍事征討的情況下，其僚佐的設置就較為複雜，張鶴泉師即指出行臺僚佐的設置隨行臺長官——行臺長官可由尚書省中的令、僕、各部尚書、左右丞，乃是尚書郎擔任——的級別的不同而變化，一般而言，行臺僚佐包括尚書丞、各部尚書以及尚書郎等尚書省官員以及長史、從事和列曹參軍等同於軍府、公府僚佐的兩類性質的僚佐，參看張鶴泉師《魏晉南北朝都督制度研究》，第273～292頁。

人作爲僚佐時的主要職責之一。不惟如此,他們也需要負責督導作戰。《魏書》卷七二《陽尼傳附陽固傳》:

> 肅宗即位,除（陽固）尚書考功郎,……大軍征硤石,敕爲僕射李平行臺七兵郎。平奇固勇敢,軍中大事,悉與謀之。又命固節度水軍,固設奇計,先期乘賊,獲其外城。

陽固爲李平所信任。在硤石之戰中,他不僅參議軍事,而且還受命節度水軍,這便是實際指揮軍隊作戰了。總而言之,作爲征府僚佐,漢族士人以其文化上的優勢成爲軍事統帥積極引用的對象,他們在軍中主要負責各類文書工作。當然,在行軍爭戰的特殊情況下,他們也需要隨時參議軍中事務,乃至親自領軍爭戰。

以上的分析當中,我們注意到北魏後期漢族士人對於國家的軍事行動有了越來越多的參與。他們不僅是作爲僚佐隨軍參謀,負責軍事文書工作而已,在不少行動當中,他們也作爲各級軍事統領指揮作戰,其權力和作用也越來越大。雖然軍事行動只是暫時的,相應地,漢族士人爲統帥或僚佐也是事罷即撤,但與前期漢族士人參與軍事行動的狀況相比,這無疑可以視作漢族士人在北魏國家軍事權力的掌控方面一個明顯的突破。

第二節　漢族士人與北魏國家的禮制和文化建設

在北魏的社會政治制度發展的過程中,我們雖然不能否定胡族傳統在一定程度、一定範圍內始終存在,但胡族的漢化以及由此帶來的民族融合一直是時代發展的主流。一些學者的研究也試圖揭示出拓跋氏統一中國的意願在其剛剛進入華北之時就已經十分強烈。拓跋鮮卑對於華夏正統觀念的認同及自身正統性的強調就是最爲突出的例證。這本身是受漢族政治思想的影響,而在具體的構築自身的正統性的過程中,拓跋氏又必須倚重熟諳此道的漢族士人的具體規劃,包括國號的確定、五德曆運的討論以及具體的制度設計,這些並非長於武力的拓跋集團所能做到的。以文化見長的漢族士人自然就成了北魏國家政治運作當中不可或缺的一環。當然。北魏漢族士人所建議、主持的制度建設涉及政治、經濟、文化以及禮儀等諸多方面,通過這些制度的制定與實施來確立拓跋鮮卑政權的正統性。這只是其作用表現的一端,而關涉北魏社會、政治發展的總體局勢才是其核心意義所在。漢族士人與北魏國

家的制度建設這一問題本身是一個內容廣泛、關係複雜的課題，其深度和難度也並非筆者目前學力所能及。因此，我們不擬對漢族士人所進行的制度建設進行全面深入的探討，而只是希望結合漢族士人所具有的文化特性，通過分析漢族士人對北魏的禮儀制度和教育制度的規劃，從而對於漢族士人在北魏制度建設的過程當中所發揮的作用有一個側面的瞭解。

一、漢族士人與禮制建設

　　在中國古代社會，儒家一直重視禮樂制度在國家政治統治當中的作用，而以儒家思想作爲國家意識形態的統治者也將禮樂制度的建設視爲其政治統治中的重要環節，他們將禮樂制度滲透到國家行政的各個部分，通過對具體的禮樂制度的制定和履行來體現其統治的合法性。在社會分崩離析的南北朝時期，對於禮樂制度的重視就不僅是一種政治統治合法性的訴求，由於民族矛盾的凸顯，南北朝各政權更希望通過對禮樂制度的制定和踐履以贏得其政權的正統性存在。北魏國家禮樂制度的建設及其變遷同樣可以在這種爭取政權的正統性和統治的合法性訴求的理路下予以認識。拓跋鮮卑以其胡族身分入主中原，他們需要重視對禮制的建設，通過一套完整的禮樂制度以贏得漢族社會的認同，並由此獲得其政治統治的合法、正統的地位。漢族士人以其身分特徵和知識優勢，則勢必要在北魏國家的禮制建設當中發揮重要作用。北魏時期漢族士人以儒學立身，他們掌握儒家禮儀知識，並在日常生活當中具體實踐，這便形成了我們熟知的士族家禮。〔註77〕漢族士人對儒家禮儀知識的掌握和實踐同時也是他們進入仕途的重要條件。在北魏時期胡、漢文化衝突和民族矛盾的大背景下，漢族士人對儒家禮儀的推崇又爲北魏統治者的漢化政策所吸收。通過對統治政權的改造，漢族士人與胡族統治者之間的相互認同得以建立，胡、漢文化之間的衝突逐漸消淅，這也爲維持胡族統治者的統治以及漢族士人的政治利益建立了更爲堅實的基礎。

　　關於北魏政權的禮制建設以及禮樂制度的運作情況，北齊魏收有一個總體的概括：

　　　　自永嘉擾攘，神州蕪穢，禮壞樂崩，人神殲殄。太祖南定燕趙，日

〔註77〕參看谷川道雄：《六朝士族與家禮》（李濟滄譯），收入高明士主編：《東亞傳統家禮、教育與國法（一）：家族、家禮與教育》，華東師範大學出版社，2008年，第3～16頁。

> 不暇給，仍世征伐，務恢疆宇。雖馬上治之，未遑制作，至於經國
> 軌儀，互舉其大，但事多粗略，且兼闕遺。高祖稽古，率由舊則，
> 斟酌前王，擇其令典，朝章國範，煥乎復振。早年厭世，叡慮未從，
> 不爾，劉、馬之迹夫何足數？世宗優遊在上，致意玄門，儒業文風，
> 顧有未洽，墜禮淪聲，因之而往。肅宗已降，魏道衰贏，太和之風，
> 仍世凋落，以至於海內傾圮，綱紀泯然。〔註78〕

魏收的議論是在王朝興亡觀的認識下進行的，在他看來，北魏國家的禮樂制度與其國運興衰相隨，國家之興亡決定著禮樂制度的建設和受到重視的程度，而禮樂制度的建設和實踐情況又反映著北魏國家國勢的強弱。魏收論禮樂以寄興亡的做法我們暫且不論，應該說，魏收的議論也較為準確地反映了北魏禮樂制度發展演變的總體情況：北魏前期，拓跋氏雖然也開始了禮制建設，但「事多粗略」；孝文帝時期的改革重視禮制建設，從而使得國家制度「煥乎復振」；宣武帝以來，由於統治者的政治傾向以及社會動盪局面日益激烈，北魏國勢日蹙，相應的也導致禮制建設「仍世凋落」。

北魏前期，因為統治集團的胡族因素尚處強勢，其各項制度改革雖然也因循漢制，但受著政治現狀的影響，對於胡族制度因素的徹底排除還難以實現。這在我們前面考察北魏中央行政機構的演變過程當中已有論述。禮制建設同樣如此。上述魏收的議論以「粗略」來定性北魏前期的禮制建設。這種觀念同樣為唐代史家所繼承。《隋書》卷一二《禮儀志七》：「後魏已來，制度咸闕。天興之歲，草創繕修，所造車服，多參胡制。故魏收論之，稱為違古，是也。」《隋書》撰者以車服一項為例說明北魏禮制建設的違古之處，其原因即在於多參胡制。這應當是北魏前期禮儀制度中頗為常見之事。道武帝平定中原之後，就開始為其即位稱帝展開了緊鑼密鼓的工作，剛剛投降的漢族士人也立即被利用起來。《魏書》卷二《太祖紀》：

> （天興元年）十有一月辛亥，詔尚書吏部郎中鄧淵典官制，立爵品，
> 定律呂，協音樂；儀曹郎中董謐撰郊廟、社稷、朝覲、饗宴之儀；
> 三公郎中王德定律令，申科禁；太史令晁崇造渾儀，考天象；吏部
> 尚書崔玄伯總而裁之。

天興年間的制度建設是為拓跋珪稱帝所做的前期準備之一，其規模頗大，包含國家日常運作的各個方面，而禮儀制度的制定就是其中之一部分，董謐即

〔註78〕《魏書》卷一〇八《禮志》，第 2733 頁。

受命負責其事。當然，董謐所制定的制度不光是爲拓跋珪的即位作準備，它也在之後的北魏朝廷的日常活動中得到遵行。北魏前期的禮制固雜胡俗，如祭祀、婚姻、喪葬等，但也在一定程度上融入漢族因素，樓勁先生即已論證北魏開國建制之時便已大幅度的依據《周禮》展開運作，這其中自然少不了漢族士人爲其出謀劃策，而這在胡族統治者與漢族士人之間建立了基於家國認同而傾力合作的立場。〔註79〕北魏前期禮制建設中，漢族制度的融入雖不足以替代其舊俗，但其漸漸的積累也在逐漸改變北魏政權的胡族政治性格。

　　孝文帝的改革在北魏歷史發展中的作用以及意義一直爲史家所關注，我們不必贅言。但就本文所關心的禮制問題而言，孝文帝的禮制改革顯然又是這些制度變革中極爲重要的一部分。一般而言，學界都認同孝文帝的禮制改革重視對《周禮》的認同和遵行。比如李書吉先生即認爲孝文帝禮制改革是以《周禮》爲核心，他並以「周典化禮制體系」來概括孝文帝以後北朝的禮制格局。〔註80〕梁滿倉先生的最新研究也指出孝文帝的禮制改革也標誌著五禮制度化的格局在北朝的正式形成，而「五禮」——吉、凶、賓、軍、嘉——的內容也正是在《周禮》中得到記載。〔註81〕近來學者對北朝禮制的某些專題研究更認爲北朝禮制建設實際上頗有創新之處，實際上自成一系，而遠非仿襲魏晉南朝之制可以概括。〔註82〕不管北魏禮制建設是完全遵行《周禮》，還是繼承和糅合了魏晉南朝的制度因素，還是別開生面獨成一系，顯然，漢族士人在孝文帝的禮制改革當中無疑發揮了主導作用。從制度的討論、擬定直到具體的執行，這些都離不開漢族士人的擘議、籌畫和設計。《魏書》卷四〇《陸俟傳附陸凱傳》：

> 初，高祖將議革變舊風，大臣並有難色。又每引劉芳、郭祚等密與
> 規謨，共論時政，而國戚謂遂疏己，怏怏有不平之色。

孝文帝的改革本以捨棄拓跋舊制爲目的，其結果不僅是改變代人集團所熟悉的制度模式和政治運作方式，它同時也是對代人集團政治利益的侵害。這自然不能獲得代人集團的贊同。在這種情況下，孝文帝就只能倚重漢族士人。

〔註79〕樓勁：《〈周禮〉與北魏開國建制》，載《唐研究》第13卷，北京大學出版社，2007年。

〔註80〕李書吉：《北朝禮制法系研究》，人民出版社，2002年。

〔註81〕梁滿倉：《魏晉南北朝五禮制度論考》，中國社會科學出版社，2009年。

〔註82〕參看閻步克：《北魏、北齊的冕旒服章：經學背景與制度淵源》，載《中國史研究》2007年第3期；郭善兵：《中國古代皇帝宗廟禮制研究》，人民出版社，2007年，第319～332頁。

劉芳、郭祚等本以儒學見長，禮制改革自然是他們能夠多爲貢獻之事。劉芳等人如此，其他漢族士人也不例外。如李彥，「轉諫議大夫。後因考課，降爲元士。尋行主客曹事，徙郊廟下大夫。時朝儀典章咸未周備，彥留心考定，號爲稱職」〔註83〕；裴修，「高祖嘉之，徵爲中部令。轉中大夫，兼祠部曹事，職主禮樂，每有疑議，修斟酌故實，咸有條貫」〔註84〕。李彥與裴修能夠參與禮制改革，乃在於他們職專其任，而之所以能夠擔任此職並有稱職之譽，則他們對儒家禮儀知識的掌握必爲決定條件。也正是在他們的具體參與下，孝文帝才能建立一套龐大的禮制體系。《北史》卷五〇《王肅傳》：

> 自晉氏喪亂，禮樂崩亡，孝文雖鑿革制度，變更風俗，其間樸略，
> 未能淳也。（王）肅明練舊事，虛心受委，朝儀國典，咸自肅出。

王肅的事例也常爲討論北魏禮儀制度建設的史家所提及，一般也認爲正是王肅等南朝降人爲北魏制度改革加入了南朝因素。而孝文帝之所以引用王肅等人，乃是欣慕南朝文物制度所致。孝文帝禮儀、制度改革中所包含的各系文化因素也爲學界所熟知，我們不必贅言，在此我們只想指出，不管漢族士人本身的文化背景爲何，他們在孝文帝改革當中都得到了積極有效的利用。這也使得孝文帝所確定的各項制度有更爲多樣化、更具活力。孝文帝通過禮儀制度的改革，以一套維護皇權統治的制度模式約束了各股政治力量，使他們的政治利益與皇權、與規範的制度緊密聯繫起來。

孝文帝以後的北魏政治雖然常常受到權貴、恩倖以及外戚的干擾，國家統治的穩定局面也面臨著日益激盪的地方變亂的侵害，但皇權政治格局基本上仍得以有效運作，而作爲維持皇權體系的禮儀制度同樣也在執行和發展。不僅如此，北魏後期在政治上逐漸發展的漢族士人也一直爲北魏國家的禮制建設和運作提供支持。《魏書》卷五五《劉芳傳》：

> 還朝，議定律令。（劉）芳斟酌古今，爲大議之主，其中損益，多芳
> 意也。世宗以朝儀多闕，其一切諸議，悉委芳修正。於是朝廷吉凶
> 大事皆就諮訪焉。

應該看到，孝文帝的禮制改革雖然成就卓越，但禮制體系本身的龐大以及禮制所作用的現實環境的多變使得我們有理由相信孝文帝的禮制改革必有不完善之處。它仍存在改進的地方，也需要根據不同情況作出調整或者解釋，劉

〔註83〕 《魏書》卷三九《李寶傳附李彥傳》，第 888 頁。
〔註84〕 《魏書》卷四五《裴駿傳附裴修傳》，第 1021 頁。

芳主持朝儀的討論更定自然應在這樣一種背景下予以理解。前述魏收對北魏後期禮制發展狀況的評述當有違事實。《魏書》卷八二《常景傳》：「先是，太常劉芳與（常）景等撰朝令，未及班行。別典儀注，多所草創。未成，芳卒，景纂成其事。及世宗崩，召景赴京，還修儀注。」又《魏書》卷三八《王慧龍傳附王遵業傳》：「轉司徒左長史、黃門郎、監典儀注。」北魏後期雖是政治混亂，但禮儀之事本寓於國家的日常活動當中，禮儀制度的制定和運作仍未停輟，常景和王遵業修撰或監典儀注的事例可做爲明證。與此同時，儘管北魏後期一批頗具學識的鮮卑士人也參與到禮制建設中來，但這同樣不能改變漢族士人在禮制建設當中的主導地位。隨著漢族士人在政治地位上的升進，他們與北魏政權的聯繫日益緊密，認同日益加深，他們更需要憑藉自己在掌握儒家禮儀知識及其實踐方面的優勢來贏得更多的政治利益，他們也更願意促進北魏國家禮制建設的發展。

　　以上我們對於漢族士人在北魏國家禮制建設當中的作用做了總體評價。漢族士人參與北魏國家的禮制建設並發揮主導作用，這是北魏國家的需要，也是漢族士人的願望。通過禮制建設，雙方建立了認同。這一方面有利於北魏國家的政治統治，另一方面也擴大了漢族士人在北魏政權當中的政治利益空間。當然，漢族士人在北魏國家禮制建設當中的作用僅憑這種籠統的論述是難以清晰起來的，我們還需要對於他們參與的具體的禮制建設進行考察。需要說明的是，北魏禮制體系龐大，漢族士人如何參與各項禮制建設又並未得到文獻巨細靡遺的記載，所以我們以下的考察可能仍只是一些個案說明。

（一）對祭祀制度的改革

　　祭祀制度包括的內容較爲廣泛，宗廟祭祀、郊祀以及山川神靈祭祀都爲其所包含。中國古代政治是中央集權的皇帝一元統治，這種皇帝制度的特質包含眾多方面，學者的研究也從租稅制度、勞役制度、土地制度以及君臣關係等眾多方面來闡釋這一制度的特質。以皇帝祭祀爲中心的祭祀制度近來也成爲學者關心的話題，因爲祭祀乃是禮制的一環，而禮制又是皇帝一元統治的直觀象徵。〔註85〕北魏王朝雖爲鮮卑族所建立，但皇權政治也是其政治發展的主線，故祭祀制度對於北魏政治的意義同樣能在祭祀制度對於皇帝統治的作用這一歷史發展主線之下予以關照。與之同時，我們也須注意北魏統治

〔註85〕參看金子修一：《皇帝祭祀的展開》（蔡春娟譯），收入溝口雄三、小島毅主編：《中國的思維世界》，江蘇人民出版社，2006年，第410～440頁。

者的胡族性質，而其祭祀制度的改革，即由胡族傳統向漢族傳統的轉化也與其政治轉型相輔相成。

北魏前期祭祀制度的特點以胡漢雜糅爲主，在吸收了漢族的宗廟制度、南郊祭天等制度的同時，傳承胡族傳統的西郊祭天以及多套宗廟體系等也同樣引人注目，這也爲許多相關研究所指出。〔註86〕當然，在北魏前期的種種祭祀活動當中，漢族士人作爲國家官僚也得以參與其中。《魏書》卷三五《崔浩傳》：「每至郊祠，（崔浩）父子並乘軒輅，時人榮之。」又《魏書》卷一〇〇《烏洛侯傳》：「世祖眞君四年來朝，稱其國西北有國家先帝舊墟，石室南北九十步，東西四十步，高七十尺，室有神靈，民多祈請。世祖遣中書侍郎李敞告祭焉，刊祝文於室之壁而還。」這次祭奠鮮卑舊墟所遣李敞當爲漢族士人，他並在石室刊刻祝文。〔註87〕祝文當中有「天子臣燾」等字樣，金子修一先生認爲這標誌拓跋氏的祭祀實際上也吸收了漢族因素，〔註88〕這也當與主持刊刻祝文的李敞有關。此外，北魏前期，漢族士人也提出過祭祀制度改革的建議。如太武帝時崔浩就建議過廢除淫祠，此議雖得暫時推行，但不久被禁止的祭祀又顯然回復原態。〔註89〕總的說來，北魏前期的祭祀制度當中有漢族士人的參與，他們也在一定程度上爲北魏的祭祀活動引入了漢族因素，但限於當時的政治環境，漢族因素在北魏前期的祭祀活動中所發揮的影響還處於次要地位。

孝文帝時期，祭祀制度的改革被視爲整個改革行動當中極爲重要的一環。孝文帝一方面廢除西郊祭天，規範宗廟體系，將祭祀制度當中的胡族因素予以徹底清除；另一方面，孝文帝也積極引用漢族士人參議制度。在積極引進漢族制度的同時，又致力於釐清儒家文獻所記載的祭祀制度中的矛盾之

〔註86〕 參看陳戍國：《中國禮制史·魏晉南北朝卷》，湖南教育出版社，1995 年，第403～413 頁；王柏中、史穎、董春龍：《北魏國家宗廟祭祀制度考述》，載殷憲主編：《北朝史研究》，商務印書館，2004 年；劉惠琴：《北朝郊祀、宗廟制度的儒學化》，載《西北大學學報》2000 年第 1 期；郭善兵：《中國古代皇帝宗廟禮制研究》，第 313～319 頁；梁滿倉：《魏晉南北朝五禮制度論考》，第178～258 頁。

〔註87〕 關於鮮卑石室的考古發現，參看米文平：《鮮卑石室的發現與初步研究》，載《文物》1981 年第 2 期。

〔註88〕 參看金子修一：《日本戰後對漢唐皇帝制度的研究》，載《中國史研究動態》1998 年第 1 期。

〔註89〕 《魏書》卷一〇八《禮志》，第 2739 頁。

處，從而使其祭祀制度在漢化的同時又更具獨創性。比如孝文帝將自己生入宗廟七廟當中，在禘祫祭的處理上兼采鄭、王又偏重王肅之議，〔註90〕六宗合於一祀，等等。而這些又是在游明根、郭祚、封琳和崔光等漢族大儒的具體參議下才最終得以確立的。〔註91〕在參議祭祀制度的同時，漢族士人也主持了與祭祀相關的各種禮制建築的修建。〔註92〕李沖可謂此一方面的代表。《隋書》卷四九《牛弘傳》：「後魏代都所造（明堂），出自李沖，三三相重，合爲九室。」孝文帝在平城所修建的明堂建成於太和十五年，〔註93〕而具體負責其事的就是李沖。李沖所負責的禮制建築還不止於此。《魏書》卷五三《李沖傳》：「沖機敏有巧思，北京明堂、圓丘、太廟，及洛都初基，安處郊兆，新起堂寢，皆資於沖。」可見，李沖對於孝文帝所設立的各項祭祀建築都有參與。李沖之外，以工巧著稱的蔣少遊當也有參與。《魏書》卷九一《術藝‧蔣少遊傳》：「後於平城將營太廟、太極殿，遣少遊乘傳詣洛，量準魏晉基趾。」可見，孝文帝所推動的祭祀制度的改革當中，漢族士人既參與制度的討論，也負責相關禮制建築的具體規劃，發揮了重要作用。

　　孝文帝以後，漢族士人仍舊關心對既定的祭祀制度的進一步完善和調整。宣武帝景明二年，時爲秘書丞的孫惠蔚就對禘祫祭提出了改善意見，主張專取鄭玄之議，這一主張也得到了宣武帝的批准。〔註94〕劉芳爲北魏大儒，在宣武帝時，他也依據經義，對於郊祀壇祠的設置方位以及靈星、周公等神靈祭祀的歸屬問題提出了自己的看法，並希望據此修改既定制度。〔註95〕孝明帝時，崔光等人也遵照詔命，制定了百官參與五時祭祀的朝服制度。應該說，北魏後期對於祭祀制度的建設仍在進行，漢族士人仍是制定相關制度的主要力量。他們或者根據自己對經義的理解對先前所行制度提出修改建議，或者根據國家命令集合禮官共同討論完善或調整舊制。這些措施或許得不到北魏國家的批准，但他們對於北魏國家祭祀制度的發展所起到的直接或間接的推動作用則是我們不能忽視的。

〔註90〕　參看郭善兵：《中國古代皇帝宗廟禮制研究》，第326～330頁。
〔註91〕　《魏書》卷一〇八《禮志》，第2741～2744頁。
〔註92〕　關於北魏時期禮制建築的研究可參看姜波：《漢唐都城禮制建築研究》，文物出版社，2003年，第144～171頁。
〔註93〕　《魏書》卷七《高祖紀》，第168頁。
〔註94〕　《魏書》卷一〇八《禮志》，第2759～2761頁。
〔註95〕　《魏書》卷五五《劉芳傳》，第1223～1225頁。

（二）對喪制的改革

北魏前期對於婚喪之制大體上仍按鮮卑舊俗，儘管太武、文成諸帝對於國家及民間婚喪之事有所規定，但這種制度規範卻並未見得到確實的執行。文成帝時高允上奏指責當時風俗之弊，婚喪奢侈逾制並雜以鮮卑舊風就是其中之一，這其實也說明先前頒佈的婚喪禁令未得有效執行。《魏書》卷一〇八《禮志》：「魏自太祖至於武泰帝，及太皇太后、皇太后、皇后崩，悉依漢魏既葬公除。」〔註96〕此處之即葬公除雖言依漢魏制度，但這顯然是史家之託辭，這一制度實際上是鮮卑族自身的風俗習慣。孝文帝改革之時，喪制改革成爲其重心。以馮太后逝世爲契機，孝文帝開始了對喪制的改革，其中主要包括起方山陵、服三年之喪和終喪三臨志哀等措施。在制定具體措施之時，孝文帝更是身體力行堅持服喪三年並親臨志哀。〔註97〕這些措施由於是對拓跋舊俗的徹底更改，其推行並不順暢，面臨著重重阻力。最大阻力則來自平城的拓跋宗室以及其他代人勳貴，他們集體上奏勸阻孝文帝的改革以及躬行其禮。但是，孝文帝的這一改革措施卻贏得了漢族士人李彪、高閭和游明根等人的支持。儘管他們也就孝文帝是否應服喪三年的問題與孝文帝往復爭辯，〔註98〕但有學者指出這其實是孝文帝與李彪等人的精心設計，孝文帝其實是要借爭辯以申明自己的觀點，並以之說服朝中反對派。〔註99〕由此看來，孝文帝的喪制改革雖然與他自身的主觀意志有關，但漢族士人的參與則使得制度的推行獲得關鍵性的支持。

喪制的確立，使得此後北魏朝野上下有制可依。當然，制度的確定只是意味著在服喪期、喪制中的等級問題等方面有了基本規定，而一些新出現的並且未有明確規定的情況仍需要漢族士人具體解釋和踐履。《魏書》卷五五《劉芳傳》：「高祖自襲斂暨於啓祖、山陵、練除，始末喪事，皆芳撰定。」這是劉芳爲孝文帝所制定的喪葬禮儀。更多的情況，漢族士人則需要對一些先前並未加以規定的案例結合經籍與實際情況進行調整、解釋。《魏書》卷一〇八《禮志》：

〔註96〕此處「武泰帝」疑誤，因爲自孝文帝喪制改革之後，服喪三年之制在北魏國家已得到普遍執行，若「武泰」指年號，則在北魏孝明帝之時，這顯然不合事實。參看梁滿倉：《魏晉南北朝五禮制度考論》，第638頁。

〔註97〕參看李書吉：《北朝禮制法系研究》，第66～80頁。

〔註98〕《魏書》卷一〇八《禮志》，第2777～2788頁。

〔註99〕參看梁滿倉：《魏晉南北朝五禮制度考論》，第638～651頁。

世宗永平四年冬十二月，員外將軍、兼尚書都令史陳終德有祖母之
喪，欲服齊衰三年，以無世爵之重，不可陵諸父，若下同眾孫，恐
違後祖之義，請求詳正。

陳終德請求是否能為祖母服齊衰三年之喪，這一案例顯然是既定制度未曾詳
明的。《禮志》同樣也記載了參與討論的諸人：國子博士孫景邕、劉懷義、封
軌、高綽，太學博士袁昇，四門博士陽寧居以及太常卿劉芳。他們也都是精於
儒家經典的漢族士人，陳終德欲為齊衰三年的請求並非一般情況，而參與討
論諸人無論是贊成還是反對，都需要對儒家禮制相當熟悉，這才能提出合理
的論據。顯然，北魏後期大多數胡族人士是無法達到這一程度的。《魏書・禮
志》還列舉了不少有關喪制的案例，如偏將軍乙龍虎喪父，居喪二十七月，
乙龍虎並數閏月；清河王元懌叔母薨，元懌上表請問是否可以鼓吹出入；清
河王元懌生母喪，表求齊衰三年，這些案例都引起了以漢族士人為主的朝臣
的討論。值得注意的是，他們與上述參與陳終德事件的討論者一樣，大多屬
於太學、國子學以及四門學博士、助教，當然也有居官尚書省等職務者。這
些討論不僅是為了解決具體問題，他們討論的結果也為朝廷所取捨，成為判
斷當事人是否違制的依據。更重要的是，這些討論也將作為既定喪制的調整
和補充，並將作為以後處理類似案例的依據。

（三）對輿輦制度的改革

　　《魏書》卷三九《李寶傳附李韶傳》：「延興中，補中書學生。襲爵姑臧
侯，除儀曹令。時修改車服及羽儀制度，皆令韶典焉。」又《魏書》卷一○八
《禮志》：「高祖太和中，詔儀曹令李韶監造車輅，一遵古式焉。」可見，李
韶制定輿輦制度之事，乃在孝文帝大舉改革之際，李韶其時為儀曹令，職當
其任，所以孝文帝才命其主持改革之事。《隋書》卷一○《禮儀志五》：

後魏天興初，詔儀曹郎董謐撰朝饗儀，始制軒冕，未知古式，多違
舊章。孝文帝時，儀曹令李韶，更奏詳定，討論經籍，議改正之。
唯備五輅，各依方色，其餘車輦，猶未能具。至熙平九年，明帝又
詔侍中崔光與安豐王延明、博士崔瓚采其議，大造車服。定制，五
輅並駕五馬。皇太子乘金輅，朱蓋赤質，四馬。三公及王，朱屋青
表，制同於輅，名曰高車，駕三馬。庶姓王、侯及尚書令、僕已下，
列卿已上，並給軺車，駕用一馬。或乘四望通幰車，駕一牛。自斯
以後，條章粗備，北齊咸取用焉。其後因而著令，並無增損。

綜合以上記載，我們可以得出以下結論：第一，北魏天興初年，拓跋珪即位之前的禮制建設當中即包括輿輦制度，而主持其事的是儀曹郎董謐，但這一次定制顯然未能遵循古制。第二，孝文帝在李韶的提議下對前期所行用的輿服制度進行了改革，具體的制度細節當首先經過朝臣討論、制定，再根據制定的制度具體製作各種輿輦，而這整個過程又是由李韶具體負責。《魏書》稱李韶所制「一遵古式」，《隋書》的記載對此無有異議，但卻認爲李韶的改制仍只是完成了五輅部分的改革。第三，北魏輿服制度改革徹底完成要到孝明帝時期，這一次改革所確定的輿服之制也一直爲北齊所沿用。實際上，孝明帝時輿服制度的改革也是在群臣的集體討論之下才得以確立。改革的起因在於熙平元年〔註100〕劉騰的一道奏章：

> 中宮僕刺列車輿朽敗。自昔舊都，禮物頗異，遷京已來，未復更造。
> 請集禮官，以裁其制。〔註101〕

劉騰上此奏章的背景值得注意。其時靈太后臨朝聽政，其政治地位需要得到禮儀制度的確認，而劉騰上奏中特別指明「中宮」車輿，也正可說明這一點。隨後靈太后即令尚書省召集群官討論。參與討論的官員的名單也具見於《魏書·禮志》，我們錄其名如下：

> 太學博士王延業，司空領尚書令任城王澄，尚書左僕射元暉，尚書右僕射李平，尚書齊王蕭寶夤、尚書元欽，尚書元昭，尚書左丞盧同，右丞元洪超，考功郎中劉懋、北主客郎中源子恭，南主客郎中游思進，三公郎中崔鴻，長兼駕部郎中薛悅，起部郎中杜遇，左主客郎中元韡，騎兵郎中房景先，外兵郎中石士基，長兼右外兵郎中鄭幼儒，都官郎中李秀之，兼尚書左士郎中朱元旭，度支郎中谷穎，左民郎中張均，金部郎中李仲東，庫部郎中賈思同，國子博士薛禎、邢晏、高諒、奚延、太學博士邢湛、崔瓚、韋朏、鄭季明，國子助教韓神固，四門博士楊那羅、唐荊寶、王令儁、吳珍之、宋婆羅、劉爕、高顯邕、杜靈儁、張文和、陳智顯、楊渴侯、趙安慶、賈天度、艾僧樹、呂太保、王當百、槐貴等五十人。

其中王延業認爲靈太后所乘諸車當有所降改，而其餘諸人皆認爲靈太后所乘車

〔註100〕上引《隋書·禮儀志》的材料稱輿服制度的改革在熙平九年，北魏「熙平」年號唯止三年，《隋書》所言「九年」當爲「元年」之誤。

〔註101〕《魏書》卷一〇八《禮志》，第2814頁。

可「宜同至尊，不應更有製造」，〔註 102〕其觀點孰是孰非我們不擬討論。就以上參與討論的諸人來看，這一次車輿制度的改革涉及到的人員即有五十餘人，其規模不小。當然，我們並不排除有些人員只是署名於上，而具體的討論過程中他們並沒有發表意見。參與的人員來自尚書省令、僕、丞及諸郎官，太學、國子學以及四門學諸博士、助教等。參與人員中漢族士人仍要占絕大部分。這一次討論不光是討論靈太后所乘車輿問題，同時也應對孝文帝車輿改革的成果加以確立，所以《隋書》才會將北魏車輿制度的完備定在孝明帝時。

（四）對冠服制度的改革

《魏書》卷一○八之四《禮志》：

> 太祖天興元年冬，詔儀曹郎董謐撰朝覲、饗宴、郊廟、社稷之儀。六年，又昭有司制冠服，隨品秩各有差，時事未暇，多失古禮。世祖經營四方，未能留意，仍世以武力爲事，取於便習而已。至高祖太和中，始考舊典，以制冠服，百僚六宮，各有差次。早世升遐，猶未周洽。肅宗時，又詔侍中崔光、安豐王延明，及在朝名學更議之，條章粗備焉。

從這一段敘述中，我們也可以看出，北魏冠服制度的改革，大體上也同於輿輦制度的發展歷程。這也與二者之間的共同屬性相關：他們具有標示官員身份高低以及職位等級的作用。與輿輦制度一樣，冠服制度也爲道武帝時董謐撰定朝儀時包括進來。但北魏前期對這一套標示等級差別的禮儀重視有限。直到孝文帝時期，冠服制度也成了改革內容之一，李彪即申述了輿服制度的意義：

> 古先哲王之爲制也，自天子以至公卿，下及抱關擊柝，其宮室車服各有差品，小不得逾大，賤不得逾貴。夫然，故上下序而人志定。……臣愚以爲第宅車服，自百官以至於庶人，宜爲其等制，使貴不逼賤，卑不僭高。不可以稱其侈意，用違經典。〔註 103〕

李彪的議論強調宮室車服之制在確定人群社會、政治等級方面的標示意義，而社會等級的確定有序又是國家統治得以穩定的前提。制定宮室車服之制的意義既爲李彪所點明，而具體操作其事的則另有其人。《魏書》卷九一《術藝·蔣少遊傳》：

〔註 102〕《魏書》卷一○八《禮志》，第 2816 頁。
〔註 103〕《魏書》卷六二《李彪傳》，第 1382～1383 頁。

> 及（高祖）詔尚書李沖與馮誕、游明根、高閭等議定衣冠於禁中，
> 少遊巧思，令主其事，亦訪於劉昶。二意相乖，時致諍競，積六載
> 乃成，始班賜百官。冠服之成，少遊有效焉。

以上參與冠服制度制定的俱爲漢族士人。其中既有儒學精深、學識高明之人，如游明根、高閭諸人；也有長於實際操作，有「巧思」之人，如蔣少遊。從其地域分佈來看，高閭、游明根等人籍貫河北，馮誕、李沖等則來自河西、關中，而蔣少游、劉昶又是來自南朝。可見，孝文帝時期的冠服之制既重理論與實踐的結合，又糅合了河西、河北以及南朝等各股文化因素。〔註104〕

　　孝文帝所確立的冠服制度的具體內容我們已經不能盡曉，其體制大體完備已爲史家所肯定。但由於孝文帝「早世升遐，猶未周洽」，可見還存在進一步完善的可能，這才有了孝明帝時詔命議論冠服之制。《魏書》卷九《肅宗紀》：「（正光二年）十有二月甲戌，詔司徒崔光、安豐王延明等議定服章。」此事具見於元延明與崔光本傳。〔註105〕我們需要指出的是，儘管元延明也以博聞稽古聞名，但他與崔光可能只是此次議定冠服的主持者。換言之，此次議定冠服制度的最終結果當集合眾人意見而成。一些資料也顯示確實有其他漢族士人參與其中。如常景，「侍中崔光、安豐王延明受議定服章，敕景參修其事」；〔註106〕王遵業，「與崔光、安豐王延明等參定服章」。〔註107〕根據北魏後期禮制制定的一般情景，我們也能夠推定孝明帝這次議定服章之事當仍以漢族士人爲主要參與者。

　　以上，我們從北魏禮制建設的整個發展過程的考察當中，對於漢族士人所起到的作用進行了總體上的評價。同時，我們又以祭祀、喪制、輿輦以及冠服等禮制的的具體發展過程爲例，考察了漢族士人在制定相關制度方面所起到的重要重用。他們或爲儒學修養精神的碩儒，或爲職兼禮儀的國子博士、太學博士等禮官。可以肯定，他們所參與討論或具體操作的禮制當包括北魏禮制建設的所有內容，以上所舉當只是其中具有代表性的禮制建設。儘管北

〔註104〕《魏書》卷九四《閹官·張宗之傳》：「始，宗之納南來殷孝祖妻蕭氏，劉義隆儀同三司思話弟思度女也，多悉婦人儀飾故事。太和中，初制六宮服章，蕭被命在內預見訪采，數蒙賜賚。」可見，六宮冠服之制當多以蕭氏意見爲準，這也是太和服制吸收南朝因素的一個例證。

〔註105〕《魏書》卷二〇《文成五王·安豐王猛傳附元延明傳》、卷六七《崔光傳》，第530、1498頁。

〔註106〕《魏書》卷八二《常景傳》，第1803頁。

〔註107〕《魏書》卷三八《王慧龍傳附王遵業傳》，第878頁。

魏未能像蕭梁一樣系統地制定五禮，〔註108〕但學者的研究已指出北魏孝文帝太和年間實際上已經建立起五禮體系。〔註109〕這也提示我們，至少到孝文帝以後，漢族士人對於禮制的建設和完善已在一個更爲系統的模式下進行。禮制實爲漢族儒家文化的核心，與官制、門閥制度等注重實際操作方面的制度相比，北魏國家對漢族禮制的吸收實際上是對其文化屬性的改造，其所具有的深遠影響自不待言。

二、漢族士人與國史修撰

自漢魏以來，國史修纂就是歷朝歷代十分重視的事情，統治者將其視爲政治運作的重要一環。他們或以專人執掌其事，或設立專門機構主持修撰，相沿罔替，國史修撰的機構設置、制度安排逐越來越完善。國史修纂與國家政治密切相關，統治者視之爲留名後世、獎懲善惡的重要手段。通過對本朝文治武功的記載並使之流傳後世，這又是其政治統治的合理性建構的重要途徑。當然，國史修撰需要主持其事者具備良好的史學、文學素養，從而使其筆下所記錄的國家的文治武功能夠得到彰顯，因而我們仍可以將其視作歷代政權的一項帶有政治目的的文化事業。國史修纂不僅在魏晉南朝的漢族政權中受到重視，即便是入主中原的各胡族政權，也對修纂國史的政治意義極爲重視，不少胡族統治者亦授命專人、或設立專職以編纂國史。〔註110〕這種關注同樣爲北魏統治者所繼承。自道武帝拓跋珪統治中原開始，就展開了國史修纂的工作。迄於北魏滅亡，雖然期間修史工作屢有廢替，但自獻文帝以後，北魏國家的修史制度漸漸形成較爲完整、穩定的模式。這也使得這一項事關國家政治統治的文化事業有了穩定的發展。北魏滅亡之後，其相應的制度體系也基本上爲以後北朝諸政權所繼承。而在北魏一朝的國史修撰中，漢族士人無疑一直起著主導作用。

欲明瞭北魏國家國史修撰的具體過程，我們得先從其制度發展的整體過程說起。北魏國史修撰之制，魏收之《魏書》多有記載，而唐代的劉知幾則爲之概述如下：

〔註108〕《梁書》卷三《武帝紀下》：「天監初，則何佟之、賀瑒、嚴植之、明山賓等復述制旨，並撰吉凶軍賓嘉五禮，凡一千餘卷，高祖稱制斷疑。」

〔註109〕參看梁滿倉：《魏晉南北朝五禮制度考論》，第 145～146 頁。

〔註110〕劉知幾撰、浦起龍釋：《史通通釋》卷一一《史官建制》、卷一二《古今正史》，上海古籍出版社，1978 年，第 313、358～360 頁。

元魏初稱制，即有史臣，雜取他官，不恒厥職。故如崔浩、高閭〔註111〕之徒，唯知著述，而未列名號。其後始於秘書置著作局，正郎二人，佐郎四人。〔註112〕其佐三史者，〔註113〕不過一二而已。普泰以來，三史稍替，別置修史局，其職有六人。當代都之時，史臣每上奉王言，下詢國俗，兼取工於翻譯者，來直史曹。及洛京之末，朝議又以爲國史當專任代人，不宜歸之漢士。於是以谷纂〔註114〕、山偉更主文籍。凡經二十餘年，其事闕而不載。斯蓋猶秉夷禮，有互鄉之風者焉。〔註115〕

劉知幾乃唐前期之人，長期職任史官，他對北魏國史修撰的記敘當可採信。這段材料乃是就北魏史館建制沿革、國史修撰的方式及其變遷進行的概述。從以上敘述可以看出，北魏初期雖有國史修撰之事，卻並無專職機構以掌其事，修史之人也是由他職兼、領；後來北魏國家設立著作局，國史修撰成爲著作局的一項經常性任務；〔註116〕北魏末年，又設立專門的修史局，這才使修史工作確定了專職、專人的制度形態。〔註117〕

〔註111〕高閭或爲高允之誤。
〔註112〕《魏書》卷五《高宗紀》：「（和平元年六月），崔浩之誅也，史官遂廢，至是復置。」北魏於文成帝時重新設置史官，則劉知幾所謂「其後始於秘書置著作局」或者從此時起漸成定規。
〔註113〕「三史」就其本意，當指《史記》、《漢書》和《東觀漢記》，至唐代開元以後漸以范曄《後漢書》代《東觀漢記》，「三史」遂指《史記》、《漢書》和《後漢書》。參看程千帆：《史通箋記》，中華書局，1980年，第88～89頁。此處之「三史」當爲國史之代稱，並非謂北魏國史分爲三類。
〔註114〕浦起龍注曰：「郭本注以綦俊易之。」按，「谷纂」當爲「綦俊」之誤。《魏書》卷八一《山偉傳》：「國史自鄧淵、崔琛、崔浩、高允、李彪、崔光以還，諸人相繼撰錄，綦俊及偉等諂說上黨王天穆及尒朱世隆，以爲國書正應代人修緝，不宜委之餘人，是以俊、偉等更主大籍。」與山偉一起堅持「國史正應代人修緝」的正是綦俊。綦俊與山偉、劉仁之以及宇文忠之等同卷，諸人雖爲代人，但都涉獵文史，魏收將此諸人編爲一卷，當是注意到他們的這一特點。綦俊本傳雖未明言，但他當參與過修史之事，由同卷諸人的文化特點，我們似可作此推測。
〔註115〕劉知幾撰、浦起龍釋：《史通通釋》卷十一《史官建制》，第315頁。
〔註116〕著作局雖掌國史修纂，但並不專爲修史之事，劉知幾所謂「其佐三史者，不過一二而已」，正是對著作局職務的一個描述，我們還可以提供相關的例證。《魏書》卷二七《穆崇傳附穆眞傳》：「高祖追思崇勳，令著作郎韓顯宗與眞撰定碑文，建於白登山。」韓顯宗以著作郎而受命爲穆崇撰寫碑頌，這可以說明著作郎實際上還參掌其他著述事務。
〔註117〕關於北魏的史官制度可參看牛潤珍：《漢至唐初史官制度的演變》，河北教育

　　當然，劉知幾僅就修史之事而敘述其沿革，我們還需要指出的，無論是著作局，還是修史局，他們在行政上都隸屬於秘書省。太和十一年，孝文帝下詔改析國史之體例爲紀傳體，促成這一詔令下達的正是時任秘書令的高祐和秘書丞李彪的建議。〔註118〕又《魏書》卷六○《韓麒麟傳附韓顯宗傳》：「（高祖）又謂顯宗曰：『見卿所撰《燕志》及在齊詩詠，大勝比來之文。然著述之功，我所不見，當更訪之監、令。校卿才能，可居中第。』」韓顯宗時任著作郎，孝文帝的這一番話正是對其擔任著作郎的才能進行的考評，至於其修撰史籍的具體情況，則需要秘書監、令提供相關信息。這樣兩件事也說明著作局隸屬秘書省，秘書省長官對於著作局的修史之事負有直接管理的權責，而著作局人員也接受秘書省長官的行政領導。

　　另外，自北魏開展修史工作以來，其事大體上就由漢族士人專任。在國史修纂之外，北魏國家自孝文帝以來又設立起居注制度。〔註119〕此事劉知幾亦有敘述：

> 又案《晉令》，著作郎掌起居集注，撰錄諸言行勳伐舊載史籍者。元魏置起居令史，每行幸宴會，則在御左右，記帝言及賓客酬對。後別置修起居注二人，多以餘官兼掌。〔註120〕

北魏設立起居注制度雖然有沿襲晉制的成分，但它同樣也形成了自己的獨特之處：晉制以著作郎掌起居注，北魏則專設起居令史以記錄君主言行，修起居注之事也同樣以專官擔任。北魏的起居注制度爲以後諸朝所沿用。由此看來，北魏的修史工作可以分爲國史修纂和修起居注兩部分。謝保成先生曾指出北朝修史制度的幾點變革：第一，著作局之外另設「史閣」或史局爲專門修史機構；第二，建立大臣兼修國史制度，著作官需指定「修國史」；第三，著作官與修史官、起居官逐漸分職。〔註121〕結合上述劉知幾的敘述，可以肯定，劉知幾的敘述大體上符合北魏一朝的修史制度的發展變遷。

　　就修史的具體環節來看，漢族士人以其文學上的優長而負責國史修纂則是終北魏一朝持續可見之事。我們先從對國史修纂負有行政上和業務上的領

　　　　出版社，1999年，第164～174頁。

〔註118〕《魏書》卷六二《李彪傳》、卷五七《高祐傳》，第1381、1260頁。

〔註119〕《魏書》卷七《高祖紀》：「（太和十四年十二月）戊寅，初詔定起居注制。」

〔註120〕劉知幾撰、浦起龍釋：《史通通釋》卷十一《史官建制》，第315頁。

〔註121〕參看謝保成主編：《中國史學史》（第三卷），商務印書館，2006年，第336～340頁。北朝部分爲謝保成先生撰寫。

導權的秘書省長官的任職者的情況予以考察。秘書監一職的擔任者，文成帝和平元年以前有崔徽、伊馥和竇瑾等三人。北魏文成帝以前國史修纂的展開大體上以皇帝特命專人負責，此時秘書省大概還未將修史之事納入其職責範圍之內，故可暫置不論。文成帝以後擔任過秘書監者（包括兼領），我們根據文獻搜集得如下諸人：元太興、元熙、元融、元詳、穆紹、山偉、高允、游雅、鄭羲、鄭道昭、李彪、王誦、李季凱、李凱、李琰之、祖瑩、常景和孫惠蔚。以上 18 人當中，漢族士人占總人數的 2/3，其中李彪和鄭道昭都曾兩任秘書監。秘書令一職，文獻中所見者大體上出現於孝文帝以後，包括李彪、盧淵、高祐、梁祚和楊崇諸人，秘書令則全部爲漢族士人。秘書丞一職的擔任者則包括元晏、元梵、平恒、李伯尚、盧道將、盧道裕、盧昶、劉筠、鄭道昭、李彪、孫惠蔚等 11 人。不難看到，北魏時期秘書省長官的擔任者中，漢族士人基本上要占絕大多數。北齊秘書省「典司經籍」，並且也領著作省。〔註 122〕北齊制度沿襲北魏，則北魏著作局或史局的工作同樣要接受秘書省的監督。實際上，以上所列擔任過秘書省長官的漢族士人當中就有不少一直負責修史工作。比如高允以中書監領秘書、典著作，游雅亦以秘書監而掌史事，李彪先後爲秘書丞、秘書令，他也一直負責國史修纂。〔註 123〕

秘書省長官負責修史工作，這當然是一種制度上的規定使然。與之同時，以他職兼領修史工作亦爲常見之事。《魏書》卷八一《山偉傳》：「國史自鄧淵、崔琛、崔浩、高允、李彪、崔光以還，諸人相繼撰錄。」〔註 124〕這是對北魏一朝負責國史修纂的人員的概括，他們修史的具體過程也爲史籍所載明。首先是鄧淵。《魏書》卷二四《鄧淵傳》：「入爲尚書吏部郎。……太祖詔淵撰《國記》，淵造十餘卷，惟次年月起居行事而已，未有體例。」鄧淵即以尚書吏部郎而受命撰寫北魏國史。雖然其修史方式從體例、內容上而言都較爲粗略，但他所開創的這種修史形式在較長一段時間內也一直爲北魏以後的修史者所沿用。繼鄧淵之後主持修史的是崔浩，崔浩仍是在太武帝的授意之下開展了兩次國史修纂。第一次是在神𪊻二年，「詔集諸文人撰錄國書，浩及弟覽、高

〔註 122〕《隋書》卷二七《百官志中》，第 754 頁。

〔註 123〕分見《魏書》卷四八《高允傳附劉模傳》、卷五四《游雅傳》、卷六二《李彪傳》，第 1093、1195、1381 頁。

〔註 124〕《北史》卷五〇《山偉傳》，「崔琛」作「崔深」，崔琛參修國史並不見他處記載，《北史》中華書局標點本卷五〇之校勘記已疑「崔琛」當有訛誤。

讜、鄧穎、晁繼、范亨、黃輔等共參著作，敕成《國書》三十卷。」〔註125〕
崔浩此時居官太常，而參與修史的基本上爲漢族士人，他們同樣也是以他職
領史官，如崔覽、鄧穎和高讜等人此時就是中書侍郎。〔註126〕崔浩第二次受
命續修國史是在北魏平定涼州之後，這一次修史仍舊有一大批漢族士人參與
其中，如高允、張偉以及崔浩從河西降人中特別舉薦的段承根、陰仲達等人。
〔註127〕國史之獄發生後，北魏也暫時廢止了史官設置，北魏的國史修纂也因
此而暫時中斷。

　　文成帝和平元年，北魏又重新恢復史官設置。與此前國史修纂需在詔命
的特別授意下進行的情形不同，文成帝之後北魏的史官設置成了一項完整的
制度，國史修纂也就以一種連續的狀態進行。游雅、高允、高祐、李彪、崔
光以及孫惠蔚等人先後或以秘書省長官、或以他職如中書監、侍中等主持國
史修纂工作，雖然他們之中也有疏於其職的，如游雅，「徵爲秘書監，委以國
史之任。不勤著述，竟無所成」，〔註128〕孫惠蔚也因爲缺乏史才，雖掌史職五
年，「無所撰著」，〔註129〕但他們大多數能夠積極地履行修史的職責。比如李
彪就建議改變國史編排體例，仿《史記》、《漢書之例》將以前一直通行的編
年體改爲紀傳體，「創爲紀傳表志之目」，而這一體例改變正是爲了解決以前
國史編纂「遺落時事，三無一存」的局面。〔註130〕宣武帝以後，國史編纂除
以孫惠蔚執掌一段時間之外，直到孝明帝正光末年，一直由崔光主持其事。
崔光修史也頗爲勤勉，「光年耆多務，疾病稍增，而自強不已，常在著作，疾
篤不歸」。〔註131〕崔光之後，崔鴻曾短暫主持過國史修纂之事。〔註132〕隨後
即有代人山偉以「國史應由代人修纂」爲名專掌其事，但他們顯然難以勝任
此一工作。〔註133〕

〔註125〕《魏書》卷三五《崔浩傳》，第815頁。

〔註126〕分見《魏書》卷二四《崔玄伯傳附崔覽傳》、卷二四《鄧淵傳附鄧穎傳》、卷
　　　　五七《高祐傳》，第623、635、1260頁。

〔註127〕《魏書》五二《段承根傳》、卷五二《陰仲達傳》，第1159、1163頁。

〔註128〕《魏書》卷五四《游雅傳》，第1195頁。

〔註129〕《魏書》卷八四《儒林·孫惠蔚傳》，第1854頁。

〔註130〕《魏書》卷六二《李彪傳》，第1381頁。

〔註131〕《魏書》卷六七《崔光傳》，第1498頁。

〔註132〕《魏書》卷六七《崔光傳附崔鴻傳》，第1502頁。

〔註133〕《魏書》卷八一《山偉傳》：「是以（綦）俊、（山）偉等更主大籍。守舊而已，
　　　　初無述著。故自崔鴻死後，迄終偉身，二十許載，時事蕩然，萬不記一，後
　　　　人執筆，無憑據，史之遺闕，偉之由也。」

　　以上崔浩等諸人爲主持國史修撰者，他們大多以秘書省長官或其他機構職官兼領史職，他們雖然也實際參與國史的編撰，但我們應該看到，他們恐怕更大程度上是承擔國史的選材、內容審定等方面的工作，至於具體的撰寫則應由著作郎等史官負責完成。孝文帝末年，被罷官的李彪請求以白衣入史官修國史，他的表奏中有一段話頗可說明這一情況：

> 今大魏之史，職則身貴，祿則親榮，優哉游哉，式穀爾休矣，而典謨弗恢者，其有以也。而故著作漁陽傅毗、北平陽尼、河間邢虯、廣平宋弁、昌黎韓顯宗等，並以文才見舉，注述是同，皆登年不永，弗終茂績。前著作程靈虬同時應舉，共掌此務，今從他職，官非所司。唯崔光一人，雖不移任，然侍官兩兼，故載述致闕。〔註134〕

李彪所舉傅毗諸人專以著作郎負責修史，即是明證。北魏孝文帝以後，著作佐郎成了士人起家官之一，這也從制度上爲國史修撰提供了固定的人才保障。而就著作佐郎的任職情況來看，漢族士人以此起家者更爲常見，他們或者需要承擔其他著述工作，但編撰國史無疑是其主務之一。實際上，對於編撰國史的著作郎、著作佐郎的人選，北魏國家一直強調其文才標準。上引材料中李彪稱傅毗諸人「並以文才見舉」自是實情。其他實例如江紹興，「高允奏爲秘書郎，掌國史二十餘年，以謹厚稱」；〔註135〕李琰之，「爲侍中李彪啓兼著作郎，修撰國史」，〔註136〕他以儒素自業，博學知名則是世所共知；房景先，「解褐太學博士。時太常劉芳、侍中崔光當世儒宗，歎其精博，光遂奏兼著作佐郎，修國史」。〔註137〕可見，以文學之士參與國史修撰在北魏時期成了一項定規，這也足見北魏國家對國史修撰的關注態度。文學才能的具備又是久習武功的胡族人士在短時間難以形成的，漢族士人所處的社會環境以及漢族士族對文化素養的重視使得他們在國史修撰方面就更爲北魏統治者所重用。

　　除了國史修撰，孝文帝以來所形成的起居注制度同樣是北魏國家記載君主言行以及朝廷政事的重要史職機構。《隋書·經籍志》著錄有《後魏起居注》，共 236 卷，這當是就北魏孝文帝以降歷代君主所修起居注的總數而言。至於起居注修撰的具體環節，從其修撰人員的選擇標準以及主修人員的族群來源

〔註134〕　《魏書》卷六二《李彪傳》，第 1397 頁。

〔註135〕　《魏書》卷九一《術藝·江式傳》，第 1960 頁。

〔註136〕　《魏書》卷八二《李琰之傳》，第 1797 頁。

〔註137〕　《魏書》卷四三《房法壽傳附房景先傳》，第 978 頁。

來看，其情形也基本同於國史修撰，即主要以具文學才華的漢族士人充任，胡族士人參與起居注的除山偉一人之外，再未見其他記載。起居注的修撰人員又可分爲兩部分，一是監、典人員。太和十八年，孝文帝親自考課百官，對於其時擔任散騎常侍的元景等人的政績，孝文帝做了以下評價：

> 卿等自任集書，合省逋墮，致使王言潰滯，起居不修，如此之咎，責在於卿。〔註 138〕

孝文帝的批評乃是以集書省諸官的職掌爲準，其中即提到「王言潰滯，起居不修」，這說明集書省是要負責起居注的修撰的。從文獻中所反映的情況來看，北魏國家常以散騎常侍、散騎侍郎等監、典起居注。如孝明帝時裴延儁爲散騎常侍，監起居注；裴伯茂爲散騎常侍，典起居注；節閔帝時，魏收爲散騎侍郎，敕典起居注。〔註 139〕當然，我們也能見到以集書省以外職務監、典起居注的，如祖瑩以國子祭酒監起居事，鄭伯猷以尚書外兵郎中典起居注，〔註 140〕但這僅爲偶見。集書省官員監、典起居注，正可說明集書省參與起居注編撰的主要方式，而北魏一朝監、典起居注的又主要是漢族士人，他們居官散騎常侍、散騎侍郎，職官本身即說明他們大體上也出自高門士族。其次，監、典人員之外就是具體編撰起居注的人員。他們之中有的同樣是以集書省官員擔任修撰任務。如李伯尚爲通直散騎侍郎，孝文帝敕撰《太和起居注》；房景先以員外郎撰《世宗起居注》。〔註 141〕而以它職如尚書郎、公府僚佐等參與起居注撰修的則更爲常見。與監、典人員的來源相似，撰修起居注的人員也大多是漢族高門士族子弟，此不必多爲列舉。《北齊書》卷四二《陽休之傳》：

> 李神俊監起居注，啓休之與河東裴伯茂、范陽盧元明、河間邢子明等俱入撰次。

李神俊監起居注是在孝莊帝時。他所推薦的修撰人員如上所示，不僅是北魏當朝高門士人，而且都是業精於學、文名顯揚之人。以上所述，顯示了北魏起居注制度的人員構成及其職掌區分。總體言之，漢族士人在起居注的監督

〔註 138〕《魏書》卷二一《獻文六王‧廣陵王羽傳》，第 549 頁。

〔註 139〕裴延儁見《魏書》卷六九《裴延儁傳》，第 1529 頁；裴伯茂見《魏書》卷八五《文苑‧裴伯茂傳》，第 1872 頁；魏收見《北史》卷五六《魏收傳》，第 2026 頁。

〔註 140〕祖瑩見《魏書》卷八二《祖瑩傳》，第 1800 頁；鄭伯猷見《魏書》卷五六《鄭義傳附鄭伯猷傳》，第 1244 頁。

〔註 141〕李伯尚見《魏書》卷三九《李寶傳附李伯尚傳》，第 893 頁；房景先見《魏書》卷四三《房法壽傳附房景先傳》，第 978 頁。

和修撰方面都發揮了主要作用。

最後，我們還需要對前引劉知幾的敘述中提到的國史修纂中「兼取工於翻譯者，來直史曹」的問題略作說明。北魏修撰國史，其材料的來源包括多途，而主要以北族語言所傳載的口頭資料以及以北族文字記載的史料當也是國史修撰時取材之一。這就需要熟悉北族語言文字者居中翻譯。道武帝天興四年重置尚書三十六曹，「曹置代人令史一人，譯令史一人，書令史二人」，〔註142〕各曹所設譯令史一職當也是充當胡、漢語言、文字的翻譯工作的，劉知幾所言的「工於翻譯者」當也是這一行政方式的承襲。《魏書》卷四四《孟威傳》：「河南洛陽人。頗有氣尚，尤曉北土風俗。……後以明解北人之語，敕在著作，以備推訪。」孟威以知曉北族語言而任職著作省，其職掌當是劉知幾所言之事的一個實際例證。可以推斷，這些承擔翻譯工作的當以代人爲主。但是，他們提供的應該僅僅是對原始材料的轉譯，而對材料的潤色、編輯並將其載於國史的工作當還是由漢族士人來承擔。相比而言，代人所承擔的翻譯工作只是一種技術性的操作，他們在北魏國史修撰工作中所起的作用不宜誇大。

太武帝在平定涼州之後詔命崔浩修撰國史，其詔命重在指出國史修撰的意義乃在於隨時記錄下國家開疆拓土、臨民正典所創下的豐功偉績，並通過國史的記載將這種文治武功流傳下去。〔註143〕這便是要將文治武功的政治傳統代代相沿，通過歷史書寫以證明其政治統治的合理性，因而國史編纂所具有的政治意義不言而喻。與此同時，國史編撰也是對一朝社會政治、文物制度、文化思想等的全面記載，他同樣也具有文化意義。漢族士人在北魏的國史、起居注的修撰當中一直發揮著重要作用。這種作用以其文化、思想上的優勢爲根基，這是魯直少文的代北人士所無法取代的。雷家驥先生從中古史學觀念發展的長時段考察出發，指出北魏史官如崔浩、李彪等的修史不僅功績卓絕，而且他們的史學觀念及其修史實踐體現了一種以史制君的意識，這是漢代以降以經制君觀念的延續和發展，體現了北魏史官所具有的獨立意識。〔註144〕儘管國史編纂因爲與政治關聯密切而使得漢族士人受到過政治打壓。〔註145〕直到北魏後期，崔鴻私撰《十六國春秋》時，還因爲其中多涉及

〔註142〕《魏書》卷一一三《官氏志》，第 2973 頁。
〔註143〕《魏書》卷三五《崔浩傳》，第 823 頁。
〔註144〕參看雷家驥：《中古史學觀念史》，學生書局，1990 年，第 394～405 頁。
〔註145〕如田餘慶先生即推測最先編撰北魏國史的鄧淵很可能就因其編纂國史而死，參看氏著《拓跋史探》，三聯書店，2003 年，第 225～243 頁。崔浩國史之獄

拓跋氏初期的史事而不敢顯行於世，〔註146〕但是，國史編撰對於文才的需要同時又使得北魏國家仍舊需要倚重漢族士人。漢族士人在通過國史記載以保存北魏文物制度的同時，也通過其史學觀念的實踐強化了漢族制度、儒家思想對北魏國家的影響。

三、漢族士人與官學教育

漢族士人所參與的國史修撰以及禮制建設等活動主要受政治制度以及政治發展情勢的限制，漢族士人以此為樞紐對北魏政治文化產生的影響還主要體現為一種制度化的、外在的性質。與國史修撰、禮制建設同時獲得發展的是北魏國家的教育。從總體而言，北魏國家的教育體系可分為官學和私學（包括士族家學與面向基層民眾全體的私人傳授兩類），從我們的論述旨趣出發，我們此處只對官學予以討論。北魏官學雖為國家制度所規定，但具體的知識傳授過程卻更為直接，以傳授儒家經典為主的官學體系所吸收的不僅是漢族士族子弟，他同時也針對胡族勳貴。這種傳授使得漢族文化和儒家經典對胡族分子的滲透更為深入，其對胡族人士的漢化、胡族人士主動學習和推崇儒家經典起著更為基礎、更為長遠的影響。

北魏的官學教育以儒家經典的傳授為主。對於進入官學接受儒學傳授的胡族而言，這樣的教育方式不僅提高了他們的文化水準，增強了他們對儒家觀念的認同度，更重要的是，這同樣也是北魏胡族漢化的一項重要的標誌。學界對於北魏的官學教育與胡族漢化之間的關係也大體上秉承以上這種認識，如楊吉仁先生即從漢化教育的角度探討了北魏的學校教育，〔註147〕常倩亦從官學體制、教學內容、教授者和學生來源等角度考察了北魏的學校教育。〔註148〕我們當然同意北魏的官學教育對北魏胡族漢化起到了重要作用。將目光專注於官學本身，我們則應看到，北魏的官學教育雖然得到了統治者的重視，也成了國家制度建設當中的組成部分，但維持官學的日常運作並使其漢化作用得到具體發揮，這就與漢族士人的具體活動密不可分。

北魏官學制度的建立和發展過程我們在本文相關的部分已經略為述

就更是一直為學界所討論，由於這並非本文論述重點，我們故此從略。
〔註146〕《魏書》卷六七《崔光傳附崔鴻傳》，第1502頁。
〔註147〕參看楊吉仁：《北魏漢化教育制度之研究》，正中書局，1970年。
〔註148〕參看常倩：《北魏學校教育與鮮卑族的漢化》，載《青海民族學院學報》2003年第3期。

說，〔註149〕此處若無特殊情況，不再復贅。在學校建立之前，拓跋鮮卑引漢族士人負責教授之事即已存在，昭成帝拓跋什翼犍所吸收的漢人燕鳳和許謙，具習儒經，在參議軍國事務的同時，他們也負責教授昭成帝長子獻明帝經書，此即可為明證。〔註150〕昭成帝的這一舉措又為拓跋珪所繼承。在北魏國家隨後的發展當中，其漢化教育也隨著大批漢族士人的加入而日益發展。對於漢族士人在北魏漢化教育中的作用，我們可以從以下幾個角度予以考述。

首先，北魏的官學機構當中的教授官──博士──基本上為漢族士人充任。北魏前期中書博士的人選以漢族士人占絕大多數，當然，這或許與北魏前期國家對漢族士人的吸收和利用的方式有關。北魏前期，漢族士人雖然也被納入中央政權，但政治機構建設的不完善也使得漢族士人參與行政運作的空間有限，而北魏國家對漢族士人的吸收又不能中輟，故將其一體置於主掌文翰的中書省等機構則不失為一種既能尊重漢族士人又能對其才能善為利用的妥善處置。北魏前期中書省的具體設置及其職能我們已經知曉，而漢族士人作為隸屬於中書省的中書學博士自然也是履行其職能的具體表現。北魏前期中書博士數量龐大，其所負責的工作也不少，而教學顯然為其主務之一。《魏書》卷四八《高允傳附劉模傳》：「太和初，模遷中書博士，與李彪為僚友，並相愛好。至於訓導國冑，甄明風範，遠不及彪也。」此處特別強調劉模、李彪在教學方面的表現，自然是就其職司為準，通過對其教學水準的評價以說明其是否稱職。《魏書》卷五二《索敞傳》：

> 涼州平，（索敞）入國，以儒學見拔，為中書博士。篤勤訓授，肅而
> 有禮。京師大族貴遊之子，皆敬憚威嚴，多所成益，前後顯達，位
> 至尚書、牧守者數十人，皆受業於敞。

索敞同樣也是負責教學的中書博士，此處歷述其門生的仕宦狀況，其用意自然是凸顯索敞的榮耀。這也向我們揭示出北魏官學教育對於北魏政權的貢獻之一就是為北魏國家提供了一批訓練有素、學業有成的各級行政官僚，這對於提高北魏國家的行政水準頗具意義。

北魏後期也重視各類學官的任用，諸如太學、四門以及國子博士和助教成了士人起家官之一，大批漢族士人也由此職開始其仕宦生涯。當然，我們

〔註149〕參看本文第二章第一節「以學校入仕」部分。
〔註150〕《魏書》卷二三《燕鳳傳》、《許謙傳》。

也不能忽視北魏後期中央官學建設頗為遲滯的現實，這也連帶牽連到官學教育受到影響。《魏書》卷八《世宗紀》：

> （延昌元年四月）丁卯，詔曰：「遷京嵩縣，年將二紀，虎闈闕唱演之音，四門絕講誦之業，博士端然，虛祿歲祀，貴遊之冑，歎同子衿，靖言念之，有兼愧慨。

儘管孝文帝遷洛之始即已下詔營建官學，〔註151〕但從這一道詔令可以看出，官學校舍的營建遷延十數年。這也使得中央官學的講授活動無法展開。《魏書》卷五三《李孝伯傳附李郁傳》：「自國學之建，諸博士率不講說，朝夕教授，惟郁而已。謙虛雅寬，甚有儒者之風。」此處所言的「國學之建」當是前引宣武帝延昌元年所下詔令之後的事情。我們雖不否認此前官學渙散之風在官學校舍建立之後繼續產生影響，但「諸博士率不講說」則或有誇大之處，李郁勤於教授就已經說明此後北魏的官學教授至少在一定程度上得到開展。由此，漢族士人在官學教育中的作用也得到繼續。需要指出的是，北魏後期禮樂制度建設的開展過程當中，大批漢族士人也成了其中議論和具體製作的主體，〔註152〕這也說明作為學官，在官學教育受到阻礙的情況下，他們也以另外一種方式發揮對北魏國家政治、文化的影響。

　　其次，拓跋統治者歷來重視對皇子尤其是皇太子的儒學教育。《魏書》卷八四《儒林·梁越傳》：「國初，為《禮經》博士。太祖以其謹厚，舉動可則，拜上大夫，命授諸皇子經書。太宗即祚，以師傅之恩賜爵祝阿侯。」拓跋珪命梁越教授皇子經書，這就為北魏統治集團核心的漢化打下了基礎。從明元帝即位即「以師傅之恩」賜予梁越侯爵一事即可看出，明元帝無疑也在梁越教授之列。明元帝以愛好儒學為史家所稱讚：「帝禮愛儒生，好覽史傳。以劉向所撰《新序》、《說苑》於經典正義多有所闕，乃撰《新集》三十篇，採諸經史，該洽古義，兼資文武焉。」〔註153〕明元帝禮愛儒生，愛好經史，並刊撰《新集》，其舉動已儼然一位漢族君主的做法，這自然與其早年所受漢族士人的儒學教授有著密切關係。明元帝以後的諸位君主也同樣在即位之前即接受嚴格的儒學教育，我們試列舉一些文獻如下：

〔註151〕《魏書》卷八四《儒林傳序》，第1842頁。
〔註152〕比如孝明帝時興輦制度的討論和制定當中就有大批太學、國子和四門博士參與其間。見《魏書》卷一〇八《禮志》。
〔註153〕《魏書》卷三《太宗紀》，第64頁。

1.《魏書》卷八四《儒林‧盧醜傳》：

世祖之爲監國，（盧）醜以篤學博聞入授世祖經。後以師傅舊恩賜爵
濟陰公。

2.《魏書》卷三三《谷渾傳附谷洪傳》：

少受學中書。世祖以（谷）洪機敏有祖風，令入授高宗經。

3.《魏書》卷四六《李訢傳》：

（李）訢聰敏機辯，強記明察。初，李靈爲高宗博士、諮議，詔崔
浩選中書學生器業優者爲助教。浩舉其弟子箱子與盧度世、李敷三
人應之。……世祖意在於訢，……（訢）遂除中書助教博士，稍見
任用，入授高宗經。

4.《魏書》卷四九《李靈傳》：

（李）靈以學優溫謹，選授高宗經。

以上是北魏前期諸帝爲皇太子時所接受的儒學教育。北魏前期教授皇太
子的大多是漢族士人，〔註154〕而北魏政府對於皇太子師的選擇也有著極爲嚴
格的標準，不僅要儒學優深，而且還要聰敏機辯。對於皇太子師的人數設置
似乎並無一定之限，如以上教授文成帝者至少有谷洪、李靈和李訢等三人。

孝文帝以降，北魏政府對於皇太子的教育同樣未曾暫廢。《魏書》卷五五
《劉芳傳》：「（劉芳）拜中書博士。後與崔光、宋弁、邢產等俱爲中書侍郎，
俄而詔芳與產入授皇太子經。」劉芳與邢產所教授的皇太子即爲廢太子元恂，
宣武帝即位以後，劉芳還受孝文帝遺詔入授宣武帝經書。〔註155〕孝明帝即位
年幼，而他所受的儒學教育則更引人注目。《魏書》卷七二《賈思伯傳》：「時
太保崔光疾甚，表薦思伯爲侍講，中書舍人馮元興爲侍讀。思伯遂入授肅宗
《杜氏春秋》。」此處特別強調賈思伯入授孝明帝《杜氏春秋》，我們似乎可
以由此推斷孝明帝所受儒經當不止這一種，而每一種儒家經典當由專人講
授。北魏後期朝廷制度畢竟已經漢化頗深，對於孝明帝的文化教育也就更爲
鄭重。《魏書》卷七九《馮元興傳》：「及太保崔光臨薨，薦元興爲侍讀。尙書
賈思伯爲侍講，授肅宗《杜氏春秋》於式乾殿，元興常爲摘句，儒者榮之。」
可見，孝明帝周圍同樣聚集一個以儒學精深的漢族士人爲主的教授團體，他

〔註154〕盧醜本傳稱其爲盧魯元族人，則盧醜實爲遼東胡族，但從其篤學博聞一點來
看，他也是一個漢化較深的胡族。

〔註155〕《魏書》卷五五《劉芳傳》，第1221頁。

們也極爲認眞的爲孝明帝傳授儒家經義。

孝文帝時期另一項舉措就是設立皇宗學。《魏書》卷七《高祖紀》：「（太和十六年四月）甲寅，幸皇宗學，親問博士經義。」孝文帝親自考察皇宗博士的儒學水準，這也表明他對於皇族文化培養的重視。對皇族的專門培養在北魏後期也當持續進行。北魏後期元魏宗室成員文化特徵凸顯的事實也證明了皇宗學所起到的作用。〔註156〕

漢族士人被選拔出來教授皇子經書，其影響是頗爲深遠的。拓跋氏皇子是北魏政權的權力核心，即便在孝文帝以降皇權政治得以確立之後，元魏皇族在政治上的地位仍舉足輕重。政治地位的顯赫則意味著他們對於北魏政治發展的影響巨大。北魏國家讓他們接受儒家文化的教育，這首先是影響到他們的文化價值觀念，而他們的文化價值觀念又會作用於他們日後的政治活動，這就勢必爲北魏政權的統治上層接受漢化、推行漢化奠定了堅實基礎。正光二年，孝明帝於國子學親自舉行釋奠禮，以一種極富象徵意義的禮儀活動詮釋了北魏國家對儒家文化的認同，漢族士人以能夠參與釋奠禮儀，執經侍講爲榮。《魏書》卷三八《王慧龍傳附王遵業傳》：「及（崔）光爲肅宗講《孝經》，遵業預講，延業錄義，普應詔作《釋奠侍宴詩》。時人語曰：『英英濟濟，王家兄弟。』」這不僅是漢族士人個人的榮耀，他也意味著以傳習儒家經義、秉承儒家理念的漢族士人在北魏國家政治、文化中的重要地位。

最後，皇族以外的社會群體也是北魏官學教育的對象。當然，進入官學本身也是身分和地位的象徵，所以這一社會群體也大體限於北魏的官僚群體。《魏書》卷五二《李孝伯傳附李安世傳》：

> 興安二年，高宗引見侍郎、博士之子，簡其秀俊者欲爲中書學生。
> 安世年十一，高宗見其尚小，引問之。安世陳說父祖，甚有次第，
> 即以爲學生。高宗每幸國學，恒獨被引問。詔曰：「汝但守此至大，
> 不慮不富貴。」

這是文成帝時期有關中書學的一則材料，文成帝特別簡擇侍郎、博士之子弟中秀俊者以爲中書學生，就已經透露出中書學生的挑選標準，父祖的官爵顯貴便是條件之一。文成帝對李安世必獲顯貴的詔令，不僅是一種預言，同時也是基於制度規定的承諾。一般情況下，一入中書學就意味著今後仕宦上的

〔註156〕參看何德章：《北魏遷洛後鮮卑貴族的文士化》，載《魏晉南北朝隋唐史資料》第 20 輯，武漢大學出版社，2003 年。

前景必會超於常人。北魏官學生源來自於胡漢高級官僚子弟，這在漢族士人一方面表現明顯，代人勳貴一方面同樣如此，如竇瑾，他屢立戰功，太武帝時官至內都大官，其四子即俱入中書學；〔註157〕代人陸氏之中亦有陸凱為中書學生的記載，其父陸琇即以功臣子起家，屢立顯官。〔註158〕

北魏官學教育在與官學生員的仕宦相聯繫的同時，也對其文化素養產生著重要影響。漢族士人子弟自不必說，而胡族勳貴子弟受到的漢族文化的影響更值得我們關注。不僅如此，他們自身的身分優勢使他們在日後北魏政權當中多居高位，這種文化素養的形成也必定會影響到他們的政治態度，尤其是在面對漢化的問題方面。至於其在官學當中學習的具體內容，祖瑩的例子當值得一提。《魏書》卷八二《祖瑩傳》：

> （祖瑩）十二為中書學生。……時中書博士張天龍講《尚書》，選為都講。生徒悉集，瑩夜讀書勞倦，不覺天曉。催講既切，遂誤持同房生趙郡李孝怡《曲禮》卷上座。博士嚴毅，不敢還取，乃置《禮》於前，誦《尚書》三篇，不遺一字。講罷，孝怡異之，向博士說，舉學盡驚。後高祖聞之，召入，令誦五經章句，並陳大義，帝嗟賞之。

可見，北魏前期中書學所教授的當以五經為主，而且其教授也頗為嚴格，需要學生單獨講誦經義，這在提高學生文化素養的前提下，也使儒家思想對學生產生著重要影響。北魏後期雖然官學設置有別，但其講授內容以儒家經義為主當無異義。也可以想見，祖瑩本傳所記錄的講誦經義的情形也當是官學當中普遍行之的教學方法，而不會因為胡漢族屬之別而有所差異。

官學教育促使北魏胡族群體出現的最大變化就是其文化觀念的轉變。墓誌中的一些記載可以說明這一問題。如于神恩墓誌稱其「博學多聞，溫恭孝友，輕財重義，愛仁尚節，文武兼立」〔註159〕，這一番評價論其學識、品行和處世，這已經完全同於漢人的文化價值觀念。雖然墓誌銘難免有獻諛之處，但作為胡族，他們能允許其墓誌銘作如此寫法，這本身已經表明他們對漢族文化和儒家理念的認同。類似于神恩的例子還有一些。如吐谷渾璣，「君處武

〔註157〕《魏書》卷四六《竇瑾傳》。關於竇瑾身分的考察參看姚薇元：《北朝胡姓考》，第190～192頁。

〔註158〕《魏書》卷四○《陸俟傳》，第906頁。

〔註159〕《于神恩墓誌》拓本圖片可參看趙君平：《芒洛碑誌三百種》，中華書局，2004年，第26頁。

懷文，博暢群籍，志錄經史，考合統理之明，雜襲殊暉，莫不施其所能」；〔註160〕石育，「君資靈獨立，器兼文武，性重然諾，語必千金，加以門訓慈良，世純忠孝」，〔註161〕這些墓誌當中也同樣突出他們文武兼備的特徵，說明他們既保持著胡族本身尚武的一面，又能重視文化素養，他們通過對自身文武兼資的強調而獲得社會的認可。

　　如果說文武兼資的特徵還表明其胡族特徵還比較明顯的話，我們同樣也可以看到胡族人士漢化頗為徹底的例子。如代人陸氏，從陸俟進入北魏政權漸漸崛起之後，陸氏家族的漢化也在迅速推進，他們重視文化教育，如李彪在尚未入仕之前，陸叡就曾聘其至平城，「館而受業」，〔註162〕而且也不乏學養深厚之人。代人陸氏在文化上的表現也使得他們贏得了漢族士人的認同和稱讚，而這種文化上的突出表現也使得他們的政治地位在北魏後期文治化的政權當中也能獲得保障和發展。應該看到，北魏胡族的漢化並不是一個均質化的過程，他們對漢族文化的認同程度容有高低之別，而他們自身的文化水準也並非整齊劃一。但不論如何，北魏國家推行的官學教育對於改變代人集團尤其是處於社會政治上層的胡族的文化素質起到了決定作用。他們雖然在日後的發展過程中還抱有傳統的胡族特徵，但以儒家思想為主的漢族文化在他們中間已經形成了基本的認同，這是胡族人士與漢族士人之間能夠產生政治、文化交往乃至婚姻聯結的一項重要基礎，也是北魏國家政治轉型得以實現和漢族士人政治地位得以上升的重要條件。

〔註160〕　《吐谷渾璣墓誌》。釋文見趙超：《漢魏南北朝墓誌彙編》，第89頁。
〔註161〕　《石使君戴夫人墓誌》。釋文見趙超：《漢魏南北朝墓誌彙編》，第307頁。
〔註162〕　《魏書》卷六二《李彪傳》，第1381頁。

第六章　漢族士人與北魏的地方治理

　　在對北朝地方社會的研究中，以豪族爲討論的起點和分析的中心，以此來考察北朝地方社會的實態，這是學界經常採用的模式。北朝豪族在地方上所具有的社會控制和社會動員能力之巨大是爲學界所共識，以豪族爲中心來認識這一時段的地方社會自然就有其合理性。近年來，通過對傳世文獻和新出石刻資料的深入分析，侯旭東先生轉換視角，將注意力集中於北朝普通民眾，又爲我們揭示出一幅基於普通民眾的視角的基層社會圖景。〔註1〕對於北朝地方社會的探討現今仍是學界熱衷的問題之一，而隨著新材料的出現和新方法的運用，北朝地方社會還會以更加豐富和眞實的面貌呈現在我們面前。

　　同樣是基於上述對北朝地方社會的學術研究背景，我們則結合本文所關注的北魏的漢族士人這一群體在地方上的活動，試圖對北朝地方社會的研究提供一個認識側面。對於北魏社會漢族士人的仕途而言，出仕於地方基本上是他們必經的環節之一，只是具體到個人時，其任職於地方的情形於其仕途上所占的比例會有所區別而已。就漢族士人擔任地方各級行政長官一事來說，這首先是其個人政治利益的實現。「出州入卿」，這本是一件頗爲榮耀之事。〔註2〕而更重要的是，就國家方面而言，任命地方行政長官則是其政治運作中的一環，漢族士人出仕地方自然就代表國家意志。他們需要履行相關職責，維護地方安定，從而保證國家的統治秩序正常運轉。佐藤佐治先生曾就北朝時期的地方政府與地方豪族之間的關係進行過探討。〔註3〕我們以下所要

　〔註1〕　參看侯旭東：《北朝村民的生活世界》。
　〔註2〕　《魏書》卷八四《儒林・董徵傳》，第1857頁。
　〔註3〕　佐藤佐治：《北朝の地方官と豪族》，載《一橋論叢》第 76 卷第 1 號，1976

考察的則是以北魏時期出任地方官的漢族士人及其地方政府爲中心，試圖對其治理地方的行政過程進行全方面的考察。其研究對象與內容則與佐藤氏有所區別。

第一節　漢族士人與地方的民生經營

　　太延元年（435）十二月，太武帝拓跋燾在一份詔書中闡明了北魏政府對地方長官行政職責的規劃：「操持六柄，王者所以統攝；平政理訟，公卿之所司存；勸農平賦，宰民之所專急；盡力三時，黔首之所克濟。各修其分，謂之有序。……牧守荷治民之任，當宣揚恩化，奉順憲典，與國同憂。直道正身，肅居官次，不亦善乎？」〔註4〕可見，太武帝對地方牧守令長等的職責乃是從國家整體運作的構建中予以規定的。治民之任，需要地方牧守等勸農平賦，奉順憲典，宣揚恩化，其意義不僅在於完成居其職而行其事，它同時也是國家政治整體中的一部分。所謂「各修其分，謂之有序」，也顯示出地方牧守在國家行政中的位置。〔註5〕

　　從國家的角度而言，刺史、郡守，下及縣令長，其治理地方的首要任務是勸農務桑，平訟安民，從而確保地方的穩定並保證國家的賦稅徵收和徭役徵發。北魏時期尤其是北魏前期，中央政府曾多次下詔，對於地方官吏在徵收賦稅、振恤民貧以及維護地方安定等方面的問題加以強調，隨之而來的則是派遣使者實際考察地方。這足見北魏國家對地方治理的重視。對於北魏地方長官中的漢族士人而言，在一般情況下，儘管對於地方的社會習俗、文化教育以及民間信仰等都予以關注，但他們也將勸農平賦、穩定治安作爲治理地方的首要任務。這也是國家統治正常運作的核心所在。當然，作爲北魏國家租稅徭役的承擔者，地方民眾的生計則受著各類因素的影響，天災、人禍、交通以及政治等都會使其生產、生活受到牽連。因而，漢族士人若要完成賦稅的徵收，就必須對地方民眾的生產、生活予以通盤考慮。

　　首先應該提及的是，勸耕務桑是北魏國家所重視的大事。比如孝文帝太和元年就曾連下兩道詔令：

　　　　年，第64～78頁。
〔註4〕《魏書》卷四《世祖紀》，第86頁。
〔註5〕侯旭東先生對北朝國家、地方行政長官以及基層民眾之間的關係進行了多角
　　　　度、多層次的考察，可參看氏著《北朝村民的生活世界》，第297～322頁。

（1）（太和元年正月）辛亥，詔曰：「今牧民者，與朕共治天下也。宜簡
　　以徭役，先之勸獎，相其水陸，務盡地利，使農夫外布，桑婦內勤。
　　若輕有徵發，致奪民時，以侵擅論。民有不從長教，惰於農桑者，
　　加以罪刑。」

（2）（太和元年三月）丙午，詔曰：「朕政治多闕，災眚屢興。去年牛疫，
　　死傷太半，耕墾之利，當有虧損。今東作既興，人須肆業。其敕在
　　所督課田農，有牛者加勤於常歲，無牛者倍庸於餘年。一夫制治田
　　四十畝，中男二十畝。無令人有餘力，地有遺利。」〔註6〕

　　我們應該看到，拓跋氏雖為鮮卑，但對於農業的重視並沒有因為他們的
民族身份和畜牧習慣而有所懈怠。從道武帝拓跋珪平定河北開始，其後各代
君主勸課農桑的詔令就不絕於書。〔註7〕孝文帝這兩道詔令亦當在這樣一種重
視勸課農桑的背景下加以理解。在前一道詔令中，孝文帝將勸課農桑與法律
結合起來，不僅地方長官的擾農之舉要受到法律制裁，就連農民也要受到法
律的督促。而在後一道詔令中，北魏國家則針對牛疫導致耕牛死亡的情況，
專門制定了相應的對策。我們引這兩道詔令於此，就是要說明北魏國家對於
勸課農桑不是流於形式，而是有著具體而全面的實踐。它顯然也成了北魏國
家檢驗地方官治理政績的一項考核內容。

　　漢族士人治理地方的頭件大事，其多重意義自不必說，我們更關心他們
如何實施。作為治理地方的一項政績，這在許多漢族士人的傳記當中都有反
映。如道武帝時出任幽州刺史的張袞，「清儉寡欲，勸課農桑，百姓安之」；
太武帝時出任安置新民的淮陽郡太守的李祥，「勸課農桑，百姓安業」；孝文
帝時出任相州刺史的李安世以及出任河東太守的崔衡亦有勸課農桑之舉；宣
武帝時任燕郡太守的盧道將，「敦課農桑，墾田歲倍」。〔註8〕這些事例讓我們
看到，漢族士人注重督促民眾的農業生產是北魏一朝持續可見之事。只有耕
桑本業獲得保證，民眾才能穩定下來。《魏書》卷八八《良吏·杜纂傳》：「肅
宗初，拜征虜將軍、清河內史。性儉約，尤愛貧老，至能問民疾苦，對之泣

〔註6〕《魏書》卷七《高祖紀》，第143～144頁。
〔註7〕《魏書》卷一一〇《食貨志》，第2849～2854頁。
〔註8〕以上張袞至盧道將諸人分見《魏書》卷二四《張袞傳》、卷五三《李孝伯傳》、
　　　卷五三《李孝伯傳附李安世傳》、卷二四《崔玄伯傳附崔衡傳》、卷四七《盧
　　　玄傳附盧道將傳》，第613頁，1174頁，1176頁，626頁，1051頁。

涕。勸督農桑，親自檢視，勤者賞以物帛，惰者加以罪譴。吊死問生，甚有恩紀。」杜纂通過賞勤罰惰的辦法督促民間加強農業生產，這無疑是更進一步的舉措。若就現有資料予以考察，則太武帝時擔任薄骨律鎮將的刁雍治理當地水利，勤事耕墾之事堪爲典範。我們首先轉錄他上奏的一份水利整治計畫如下：

> 臣蒙寵出鎮，奉辭西藩，總統諸軍，戶口殷廣。又總勒戎馬，以防不虞，督課諸屯，以爲儲積。夙夜惟憂，不遑寧處。以今年四月末到鎮，時以夏中，不及東作。念彼農夫，雖復布野，官渠乏水，不得廣殖。乘前以來，功不充課，兵人口累，率皆飢儉。略加檢行，知此土稼穡艱難。夫欲育民豐國，事須大田。此土乏雨，正以引河爲用。觀舊渠堰，乃是上古所制，非近代也。富平西南三十里，有艾山，南北二十六里，東西四十五里，鑿以通河，似禹舊跡。其兩岸作溉田大渠，廣十餘步，山南引水入此渠中。計昔爲之，高於水不過一丈。河水激急，沙土漂流，今日此渠高於河水二丈三尺，又河水浸射，往往崩頹。渠溉高懸，水不得上。雖復諸處案舊引水，水亦難求。今艾山北，河中有洲渚，水分爲二。西河小狹，水廣百四十步，臣今求入來年正月，於河西高渠之北八里、分河之下五里，平地鑿渠，廣十五步，深五尺，築其兩岸，令高一丈。北行四十里，還入古高渠，即循高渠而北，復八十里，合百二十里，大有良田。計用四千人，四十日功，渠得成訖。所欲鑿新渠口，河下五尺，水不得入。今求從小河東南岸斜斷到西北岸，計長二百七十步，廣十步，高二丈，絕斷小河。二十日功，計得成畢，合計用功六十日。小河之水，盡入新渠，水則充足，溉官私田四萬餘頃。一旬之間，則水一遍，水凡四溉，穀得成實。官課常充，民亦豐贍。〔註9〕

鑒於當地農業條件惡劣，鎮人生活艱苦的狀況，刁雍到任之後就將工作重點放在了勸民耕桑之上，所以治理當地水利系統破敗的狀況就成了農業生產順利開展的前提保證。接下來，刁雍對薄骨律鎮區的水利條件進行了細緻的描述，也擬出了一份詳細的水利開發計畫。這是刁雍在進行了深入的實地考察和認真精確的計算之後得出的結果。這份計畫當中，對需要開鑿的水利管道、

〔註9〕　《魏書》卷三八《刁雍傳》，第867頁。

開鑿的規模、用工量以及工程完成之後的收益都做了具體的說明，因而也顯得全面周到，可行性強。我們從中也可以看到刁雍理政之勤、計畫之密。當然，按照北魏國家的規定，地方政府進行公共工程的建設或徵發民役都需要得到中央政府的批准。〔註10〕因而漢族士人若要興建公共工程，勸民耕桑，就得擬定詳細的計畫，對本地即將開展的水利、交通等公共工程建設的可行性、具體建設方案以及預期收益進行論證或說明，這樣才可能獲得中央批准。如上述刁雍的建設方案不僅獲得了太武帝的批准，而且還得其嘉獎。又如北魏末期擔任幽州刺史的裴延儁，他在任職期間也因為要促進當地的農業發展而上表建議修理當地水利設施：

> 范陽郡有舊督亢渠，逕五十里；漁陽燕郡有故戾陵諸堰，廣袤三十里。皆廢毀多時，莫能修復。時水旱不調，民多飢餒，延儁謂疏通舊跡，勢必可成，乃表求營造。遂躬自履行，相度水形，隨力分督，未幾而就，漑田百萬餘畝，為利十倍，百姓至今賴之。〔註11〕

可以想見，裴延儁當也如同刁雍一樣有一份詳細的計畫表呈奏中央，這樣他才能獲得批准並擁有徵發民役等的權力。在具體的修建過程中，裴延儁也躬親其事，具體指導，而舊渠的修復也確實為當地民眾帶來了實際的效益。蕭寶夤為徐州刺史時亦有興修水利之舉，此事見於《水經注》。「沭水又南逕建陵山西，魏正光中，齊王之鎮徐州也，立大堨，遏水西流，兩瀆之會，置城

〔註10〕《魏書》卷三〇《安同傳》：「（安）同東出井陘，至鉅鹿，發眾四戶一人，欲治大嶺山，通天門關，又築壘於宋子，以鎮靜郡縣，護疾同得眾心，因此使人告同築城聚眾，欲圖大事。太宗以同擅徵發於外，檻車徵還，召群官議其罪。」安同出使河北，竟因擅自徵發民夫修治道路而獲罪，明元帝正是以其「擅徵發於外」定其罪名。又《魏書》卷五八《楊播傳附楊椿傳》：「椿在（定）州，因治黑山道餘功，伐木私造佛寺，役使兵力，為御史所劾除名為庶人。」楊椿為刺史，私役兵力造佛寺，他也因此而除名為庶人，可見不管是出使還是治州，不管是公務還是私事，官員擅自徵發民間而不經國家批准，這不僅違反制度，甚至是觸犯了國家法律。安同與楊椿，一在北魏初期，一在北魏後期，我們也可以看到這一規定終北魏一朝一直執行。王萬盈先生則認為州郡不得擅自徵發賦稅徭役是北魏無地方財政的表現之一，參看氏著《轉型期的北魏財政研究》，光明日報出版社，2006年，第152～168頁。

〔註11〕《魏書》卷六九《裴延儁傳》，第1529頁。裴延儁修復幽州水利之事亦見於《北齊書》卷二二《盧文偉傳》，盧文偉本為范陽人士，時為裴延儁平北府長流參軍，根據盧文偉本傳所載，修理舊渠的動議來自盧文偉。若結合兩處記載來看，我們似乎也可以推測地方水利設施等工程的建設也是在地方長官與當地人士共同參與下進行策劃和具體建設的。

防之，曰曲洈戍。」〔註12〕蕭寶夤爲徐州刺史的時間在神龜中至正光二年，之後入爲尚書左僕射。〔註13〕推尋《水經注》此處文義，似乎蕭寶夤立大堨遏洈水是爲了軍事防守的目的。但論者從立堨之處的地形判斷，指出此處既不爲軍事前線，並無築城駐兵之必要，其眞實目的則可能是爲了使洈水改道和解決水利矛盾之意。〔註14〕

應該說，北魏時期漢族士人治理地方時重視對農業生產的督促以及與農業相關的水利工程的建設是一個普遍的現象。上述刁雍和裴延儁二人只不過是較爲典型的事例。究其原因，首先則是漢族士人大體爲儒家型官僚，而勸農耕桑一直是儒家富民理念的重要組成部分；其次，地方農業發展狀況不僅與賦稅的徵收密切相關，而且也是北魏考核地方官員政績的內容之一；第三，勤力於耕桑本是地方民眾維持生計的本業，然而，地方民眾個體力量單弱，而一些與農業生產息息相關的水利、交通等公共工程單憑民間力量是無法完成的，這就需要地方官員借助行政力量組織和調動各類資源，積極進行公共工程的建設與維護，這才能爲民眾的農業生產提供必要的保證。基於以上原因，我們才能理解北魏時期漢族士人亟亟於勸農事業的動機和動力所在。

在發展農業生產之外，漢族士人也通過其他途徑爲地方民眾的生計經營提供幫助。如孝文帝時，東徐州刺史崔鑒「於州內冶銅以爲農具」；光州刺史崔挺，「先是，州內少鐵，器用皆求之他境。挺表復鐵官，公私有賴」，〔註15〕崔鑒、崔挺二人當也有勸課農桑之舉，但是他們卻更進一步關心農具的生產。除了這種純粹的促進農業生產的措施之外，漢族士人還通過別的辦法以促進當地民眾的生計。如崔亮爲雍州刺史，鑒於民眾交通困難，他遂於長安城北渭水之上修起橋梁，這就爲當地民眾的交通提供了便利，橋梁的興建也就爲當地的商品運輸與交換等提供了重要的保證；此外，他也教民爲水碾：「亮在雍州，讀《杜預傳》，見爲八磨，嘉其有濟時用，遂教民爲碾。」〔註16〕這也見出漢族士人在指導民眾進行生產經營等方面有著十分具體細微的措施。據

〔註12〕酈道元撰、楊守敬疏：《水經注疏》卷二六「（洈水）又南過陽都縣東入於沂」條注，第2199頁。

〔註13〕《魏書》卷五九《蕭寶夤傳》，第1318頁。

〔註14〕參看徐士傅：《洈水北魏正光改道和前洈河》，載《歷史地理》第6輯，上海人民出版社，1988年，第41～44頁。

〔註15〕崔鑒、崔挺二人分見《魏書》卷四九《崔鑒傳》、卷五七《崔挺傳》，第1103、1265頁。

〔註16〕《魏書》卷六六《崔亮傳》，第1481頁。

說崔亮後來爲尚書僕射時也在洛陽推廣水碓磨，民眾頗獲其利。又如北魏前期出任陝城鎮將的崔寬，《魏書》卷二四《崔玄伯傳附崔寬傳》：「弘農出漆蠟竹木之饒，路與南通，販貿來往。家產豐富，而百姓樂之。諸鎮之中，號爲能政。」可見，崔寬利用弘農郡在南北地理交通方面的優勢，積極引導民眾參與南北地區的經濟、貿易往來，無疑，這屬於利用地方的獨特性來促進民眾的生產、生活。看來，漢族士人對於民眾的民生問題大概是有著較爲寬廣靈活的視角的，也只有這樣才能有效地促進民間生產和經濟的發展。

我們前面已經交代過，地方民眾的生產、生活的豐儉與否受著各類因素的影響。在這些情況下，身爲地方長官的漢族士人自然不能袖手旁觀，他們一般也會積極營求解決辦法，以使民眾的生計困難儘量減輕。《魏書》卷三三《張蒲傳附張昭傳》：

> 延和二年，（張昭）出爲幽州刺史、開府，加寧東將軍。時幽州年穀不登，州廩虛罄，民多菜色。昭謂民吏曰：「何我之不德而遇其時乎？」乃使富人通濟貧乏，車馬之家糴運外境，貧弱者勸以農桑。歲乃大熟。士女稱頌之。

張昭任幽州刺史正值其地饑荒。張昭則對全境民眾進行統一調度，讓富餘之家救濟貧窮，組織有車馬的人家於外運購糧食，其他人則全力耕桑。經過這些努力，張昭帶領州民順利度過難關，他也因此獲得民眾的稱讚。北魏末年社會動盪造成民生艱難，此時主政地方的漢族士人同樣也有救濟之舉。如河陰之變後出任東萊太守的王昕，「於時年凶，人多相食，昕勤恤人隱，多所全濟」〔註17〕，王昕如何於年凶之時恤民濟危雖不翔實，但他有此舉措當是事實。孝莊帝初年，崔巨倫出任東陽太守，「時河北紛梗，人士避賊，多住郡界，歲儉饑乏。巨倫傾資贍恤，務相全濟，時類高之」〔註18〕，崔巨倫則將外郡前來避亂的民眾也納入救濟對象。當然，我們也看到有些漢族士人對於經叛亂洗劫的民眾不僅是積極救助，他們也開始組織民眾恢復生產。如同是孝莊帝初年出任趙郡太守的崔孝暐。《魏書》卷五七《崔挺傳附崔孝暐傳》：

> 孝莊初，徵拜（崔孝暐）通直散騎常侍，加征虜將軍，郡經葛榮離亂之後，民戶喪亡，六畜無遺，斗粟乃至數縑，民皆賣鬻兒女。夏椹大熟，孝暐勸民多收之。郡內無牛，教其人種。招撫遺散，先恩

〔註17〕《北史》卷二四《王憲傳附王昕傳》，第 883 頁。
〔註18〕《魏書》卷五六《崔辯傳附崔巨倫傳》，第 1252 頁。

後威，一周之後，流民大至。興立學校，親加勸篤，百姓賴之。

葛榮之亂給趙郡民眾生計幾乎造成了毀滅性的破壞，而崔孝暐則能因此殘破之局面，積極利用現有條件組織民眾開展生產，招撫流民，他的努力也確實獲得了回報。

在發展生產的同時，積極尋求減免民眾租稅賦役也是漢族士人減輕民眾負擔的辦法之一。我們試舉例如下：

1. 《魏書》卷七九《劉道斌傳》：

   （劉道斌）出爲武邑太守。時冀州新經元愉逆亂之後，加以連年災儉，道斌頻爲表請，蠲其租賦，百姓賴之。

2. 《魏書》卷四五《辛紹先傳附辛穆傳》：

   （辛穆）雅有恤民之稱。轉汝陽太守，值水潦民饑，上表請輕租賦。帝從之，遂敕汝陽一郡，聽以小絹爲調。

3. 《魏書》卷七一《李元護傳》：

   景明初，以（李）元護爲輔國將軍、齊州刺史，……值州內饑儉，民人困弊，志存隱恤，表請賑貸，蠲其賦役。

4. 《魏書》卷三二《封懿傳附封回傳》：

   肅宗初，……仍授（封回）平北將軍、瀛州刺史。時大乘寇亂之後，加以水潦，百姓困乏。回表求賑恤，免其兵調，州內甚賴之。

以上四例是文獻中所見到的漢族地方長官請求減免民眾租賦的例子，所指基本上都是北魏中後期的事，北魏前期似無此類事例。北魏中央政府減免民眾租賦之事並非罕見，或因自然災害、社會動亂，或因恩賜；或者全國普遍減免，或者有針對性的減免某地或某類人群的租賦。然而就以上幾例來看，北魏國家對漢族士人的減免租賦的請求仍持較爲謹慎的態度。當然這並不意味著有某種民族歧見在內，如以上劉道斌是「頻爲表請」，辛穆也只是請求「輕租賦」，封回的表請也只是獲得「免其兵調」的結果，李元護雖然也有「蠲其租賦」的結果，但其情形估計與劉、辛差不多。由此看來，漢族士人於地方社會生產遭受自然災害等的嚴重破壞的情況下所請求的減免租賦的舉措可以在一定程度上減輕受災民眾的負擔，但這只能在特定情況下進行。

請求減免租賦之外，開倉賑民也是北魏漢族士人能夠採用的辦法之一。北魏於各州郡都設有倉廩，並設有倉曹參軍、倉曹掾等專職人員進行監管，而倉儲糧食的支配則由中央直接管理，地方官要動用倉儲糧食則需中央批

准。〔註19〕孝莊帝時，楊逸為光州刺史：

> 時災儉連歲，人多餓死，（楊）逸欲以倉粟賑給，而所司懼罪不敢。
> 逸曰：「國以人為本，人以食為命，百姓不足，君孰與足？假令以此
> 獲戾，吾所甘心。」遂出粟，然後申表。右僕射元羅以下謂公儲難
> 闕，並執不許。尚書令、臨淮王彧以為宜貸二萬。詔聽二萬。逸既
> 出粟之後，其老小殘疾不能自存活者，又於州門煮粥飯之，將死而
> 得濟者以萬數。帝聞而善之。〔註20〕

在地方上發生各類災害導致民眾饑困之時，北魏國家主動發佈詔令開倉賑民
一直不絕於書，這從《魏書》各帝紀即可看出。楊逸雖然也是開倉賑民，但
他的做法既不是在北魏國家發佈賑民詔令之時，而私自開倉之後再行表奏顯
然是有違正常程式的。從尚書令元彧等的爭論來看，不管是同意楊逸的做法
與否，北魏中央政府對於開倉賑民同樣是抱著一種謹慎的態度的。漢族士人
請求國家的賑濟寬減以維持民眾生計，這雖然符合北魏國家的制度規定，但
其過程則更像是漢族士人與北魏政府的博弈，不管是何種程度的允諾，其結
果都是來之不易的。

　　實際上，上述減免租賦和開倉賑民的事還是在特定的情況下進行。而在
平時，漢族士人也會注意減輕民眾的負擔。《魏書》卷五七《崔挺傳附崔遊傳》：
「熙平末，（崔遊）轉河東太守。郡有鹽戶，常供州郡為兵，子孫見丁從役，
遊矜其勞苦。乃表聞請聽更代，郡內感之。」河東郡自古就是中原國家重要
的產鹽地。河東郡的鹽戶當是專事產鹽的民戶，從其常供州郡為兵且子孫見
丁從役來看，他們在北魏國家中的政治地位當不高，而崔遊的建議顯然是在
一定程度上減輕了他們服役的強度。楊椿在擔任定州刺史時同樣有減輕民眾
負擔之舉。《魏書》卷五八《楊播傳附楊椿傳》：

> 自太祖平中山，多置軍府，以相威攝。凡有八軍，軍各配兵五千，
> 食祿主帥軍各四十六人。自中原稍定，八軍之兵，漸割南戍，一軍
> 兵纔千餘，然主帥如故，費祿不少。椿表罷四軍，減其帥百八十四
> 人。州有宗子稻田，屯兵八百戶，年常發夫三千，草三百車，修補
> 畦堰。椿以屯兵惟輸此田課，更無徭役，及至閑月，即應修治，不
> 容復勞百姓，椿亦表罷。朝廷從之。

〔註19〕王萬盈：《轉型期的北魏財政研究》，第211～214頁。
〔註20〕《魏書》卷五八《楊播傳附楊逸傳》，第1301頁。

中山地方所置軍府當屬中央政府管轄，其將士俸祿的支付當也由中央負責，但建議裁撤軍府的卻是擔任定州刺史的楊椿，這讓我們不得不懷疑軍府的經費等其實都由當地政府及民眾負擔。同時，定州所立的宗子稻田當屬於這些軍府，從其發徵民夫修理畦堰一事來看，我們不難發現，這已經成了當地民眾一項經常性的徭役。這也能證明定州軍府給當地民眾確實造成了相當大的負擔，所以楊椿的建議應該是從減輕當地民眾負擔的角度出發的。又如楊津在華州刺史任上，他對當地的賦稅徵收弊病進行了整改：

> 先是，受調絹匹，度尺特長，在事因緣，共相進退，百姓苦之。津乃令依公尺度其輸物，尤好者賜以杯酒而出；所輸少劣，亦爲受之，但無酒，以示其恥。於是人競相勸，官調更勝舊日。〔註21〕

「在事因緣，共相進退」當指負責賦稅徵收的基層三長、華州各級政府官吏等人。他們以超過國家規定的大尺度量絹匹，這顯然是對民眾的一種侵奪。楊津對這種欺壓民眾的行爲進行的整改雖然是以保證賦稅徵收的數量與品質，但從客觀上講，楊津的整改確實剔除了弊政對民眾的侵害，這樣才能贏得民眾上交賦稅的積極性。在某種意義上，這同樣不失爲對民眾利益的維護。

我們雖然是從一種積極的角度分析北魏漢族士人對地方民眾民生問題的關注和實踐，但不可否認，他們同樣也有過貪濁亂政之事，「政以賄成」的評價同樣也被加諸一些漢族士人身上。如鄭羲爲西兗州刺史，「羲多所受納，政以賄成，性又嗇吝，民有禮餉者，皆不與杯酒臠肉。西門受羊酒，東門酤賣之」，〔註22〕鄭羲爲賄政，這自然要影響到當地民眾的經濟利益。又如孝文帝時，高遵爲齊州刺史，「遵既臨州，本意未弭，遷召僚吏，多所取納。又其妻明氏家在齊州，母弟舅甥共相憑屬，爭求貨利，嚴暴非理，殺害甚多。貪酷之響，帝頗聞之」，〔註23〕高遵在齊州貪污侵奪，其情形就嚴重得多，甚至連其妻族都倚勢爲非，這對齊州民眾造成的侵害我們也可想而知。再如楊椿侵奪民田之事。《周書》卷三七《寇儁傳》：「永安初，華州民史底與司徒楊椿訟田。長史以下，以椿勢貴，皆言椿直，欲以田給椿。（寇）儁曰：『史底窮民，楊公橫奪其地。若欲損不足以給有餘，見使雷同，未敢聞命。』遂以地還史底。」寇儁認爲楊椿侵奪史底之田地屬於「損不足以給有餘」的行爲，這當

〔註21〕《魏書》卷五八《楊播傳附楊津傳》，第 1297 頁。
〔註22〕《魏書》卷五六《鄭羲傳》，第 1239 頁。
〔註23〕《魏書》卷八九《酷吏‧高遵傳》，第 1921 頁。

然是有違民生的舉動，實際上孝莊帝即贊同寇儁的看法，對於楊椿此舉給予了嚴厲的懲治，「其附椿者，咸譴責焉」。〔註24〕這樣的例子無煩多舉。自然，漢族士人若在任貪濁，其行爲勢必勞擾當地民眾，這也有違國家的治民原則。

　　應該說，在大多數情況下，漢族士人都能將民生問題作爲其治理地方時的主要施政目標。這不僅要通過興修水利、勸民耕桑等方式促進地方的農業生產，同時也要注意減輕各方施加給民眾的賦稅、徭役等負擔，尤其在地方上因爲天災人禍等造成生產破壞時，漢族士人也要及時組織撫恤民眾、恢復生產。我們也並不否認一些漢族士人爲政不潔，但總體而言，漢族士人在解決地方民眾生計方面還是做出過不少努力的。

第二節　漢族士人與禁止「盜賊」

　　北魏時期漢族士人治理地方所要面對的一項重要的任務就是禁止盜賊，這是維護地方治安的關鍵所在。盜賊，若借用英國歷史學家霍布斯鮑姆的話，我們則可稱之爲「秩序化生活的異類」〔註25〕，他們不遵從現有法律和行政體制的約束，但卻並不一定以反對乃至推翻現有政治秩序爲目的。秦漢時期，「盜賊」一詞的使用已經是極爲普遍之事，我們試舉一例如下：

> （王莽末年），吏用苛暴立威，旁緣莽禁，侵刻小民。富者不得自保，貧者無以自存，起爲盜賊，依阻山澤，吏不能禽而覆蔽之，浸淫日廣，於是青、徐、荊楚之地往往萬數。〔註26〕

這是《漢書》對王莽時期地方社會的描述。我們從中則可以看出，盜賊大多來自因爲吏治腐敗、生活困窘的民眾。他們被稱爲盜賊的主要原因乃是「依阻山澤」，並攻劫於民間甚至官府，對民眾生產生活以及生命安全是一種危害。不管是在社會動盪時期還是國家安定年代，他們的行爲都是出於國家正常秩序之外，也給地方社會的穩定造成了極大的衝擊。政府若不對此積極防範與應對，則不僅造成對地方社會和民眾的國家信念的衝擊。長此以往，地方的盜賊行徑會演變成全國性的動亂，這就直接影響到國家的統治了。盜賊

〔註24〕《周書》卷三七《寇儁傳》，第 658 頁。
〔註25〕霍布斯鮑姆：《匪徒》（李立瑋、谷曉靜譯），中國友誼出版公司，2001 年，第 15 頁。霍布斯鮑姆稱匪徒爲秩序化生活的異類，並將其定義爲「拒絕服從的、並踞於權力可控範圍之外的人」。
〔註26〕《漢書》卷二四《食貨志》，第 1185 頁。

的危害不僅爲漢代統治者所深悉，北魏國家的統治者同樣感到盜賊問題的棘手。與秦漢時期相比，北魏國家地方上的盜賊現象因爲社會動盪、民族衝突等因素而顯得更爲複雜。

北魏儘管在中國北方地區建立了統一的政權，但它並不能像秦漢國家一樣在國家的統一與有效的行政控制之間建立比較單一的聯繫。換言之，一方面，從整個北魏時期的發展狀況來看，消除地區差異，建立較爲一致的州郡縣行政模式是總體發展趨勢，這在孝文帝改革之後得到了較爲全面的實現。〔註27〕另一方面，由於地區間的社會結構、經濟狀況以及文化發展水準等方面的差別較大，北魏國家就不得不針對各地的特點相應地調整其統治模式：在民族結構複雜、胡族勢力興盛的山西地區，北魏政府多設軍鎮、護軍以爲鎮護，並加強對胡族集團編戶化的進程；〔註28〕在北方邊境地區，由於需要防禦草原民族柔然等的入侵，設立軍鎮並以之統管軍政和民政就成了必要的措施；在北魏國家較爲有效地控制的中心地區，〔註29〕以漢族爲主體的人群結構就使得傳統的州郡縣三級行政體制更易爲民眾所接受，北魏國家通過這一套原爲漢族民眾所習知的行政模式將其國家權威與世家大族、地方豪強等的社會政治權勢結合起來，從而成了北魏一朝保持得較爲穩固的統治區域；在與南朝交界的邊地，與南朝的軍事對峙狀態以及山蠻勢力的活躍，就使得北魏政府注意其南邊州郡政府的軍事、民政職能的結合，並對山蠻大多採取羈縻政策，山蠻的自治性質較爲明顯，〔註30〕北魏政府則以此達成對當地資源的最有效的組織和利用。北魏時期由於政治、社會以及民族因素的發展和變動，北魏政府對地方的控制呈現了靈

〔註27〕 當然，北魏後期由於外敵入侵以及地方社會動亂的頻繁爆發，作爲臨時派遣性質的軍事指揮機構——行臺，由於其對地方事務參與的逐漸深入，行臺也漸漸與地方行政相結合，成了州郡縣三級體制之上的新一級行政機構，尤其在東魏北齊時期，這一趨勢更加明顯。參看張鶴泉師：《東魏、北齊時期的行臺區》，載韓國中國古中世史學會編：《中國古中世史研究》第 18 輯，2007年，第 27～45 頁；牟發松：《北朝行臺地方官化考略》，載《文史》第 33 輯，中華書局，1990 年，第 75～95 頁。

〔註28〕 參看侯旭東：《北魏境內胡族政策初探》，載《中國社會科學》2008 年第 5 期，第 168～182 頁。

〔註29〕 隨著北魏統治地域的擴大和都城的遷徙，北魏有效控制的地域也有變化，具體的論述可參看毛漢光：《北魏東魏北齊之核心集團與核心區》，收入氏著《中國中古政治史論》，第 29～104 頁。

〔註30〕 參看吳永章：《北朝與蠻族》，載《民族論壇》1987 年第 1 期；陳金鳳：《魏晉南北朝中間地帶研究》，第 188～198 頁。

活多樣的表徵。而隨著北魏國家力量的增強，北魏對地方社會的控制也隨之日益深入，而州郡縣的三級行政模式在各個地區也普遍推行起來。

以上是對北魏時期地方治理方式的地域特徵及其演變的一個總體的敘述。不管治理形式如何表現爲空間上的適應性或者時間上的變化性，其最終目的則是爲了維護地方社會的穩定，以保證統治權威的順利運作。就其具體的制度而言，比起十六國諸胡族政權來，北魏國家在地方行政制度上的靈活性就使得其胡族特性顯得不那麼強烈。〔註31〕我們在第四章中對北魏時期漢族士人擔任地方長官的情況進行了分析。漢族士人的任職分佈具有地域性，大多集中在河北、河南以及江淮汝潁地區，當然，在其他地區漢族士人也有擔任者，只不過在擔任的人數上不及上述地區而已。但是，不管任職何處，其對地方治理則遵循北魏國家的既定方針，他們也是北魏政府維護地方治安的具體實踐者之一。漢族士人任職於地方，在具體的打擊盜賊、維護地方治安的舉措方面，既遵循國家的既定方針，積極配合北魏國家的政策安排，同時又能注意到不同地域因其人口構成、地理位置以及社會結構等方面的不同而形成的地域特色，並根據這些特點制定相應措施，做到有的放矢，能夠較爲有效地禁止盜賊攻劫，確保地方的安定局面。

一、北魏國家的禁盜措施

北魏境內分佈著各族民眾，各族的基層組織結構的差別也各各相異。如漢族多以塢壁組織結合在一起，而部落組織的方式則仍存在於北魏境內山胡、稽胡、丁零以及山蠻等族群的社會結構當中。這些不同就使得胡、漢各族群在脫離正常國家秩序而成爲盜賊時表現出不同的特點，對社會造成的影響也不盡相同，所以北魏國家對他們的盜劫行爲就採取了不同的對策。〔註32〕

我們首先來看北魏國家對待漢族民眾當中的盜賊的情況。拓跋氏初入中

〔註31〕這並不意味著我們要忽略代北集團出任地方刺史、郡守等官職的比例總體上要占多數的事實，畢竟，出任地方刺史、鎮將等行政或軍事長官仍是代北集團實現和維護其政治優勢的一條重要管道。相關的統計信息參看吳廷燮《元魏方鎮年表》。

〔註32〕需要注意的是，被北魏國家目爲盜賊者並不都是以公然聚集起來劫掠鄉里、攻擊官寺爲特徵。在一般情況下，盜賊的行動都較爲隱蔽，而這種公開的聚集侵盜大多是一種極端狀態下的行動，這一般也被視爲反叛事件。這就完全破壞了北魏國家的統治秩序，而地方或中央政府對此也必須堅決予以鎮壓的。

原之時，其所面對的仍是十六國時期社會動盪不安的局面，所以當其剛剛平定中山之時，青、冀地區即有群盜並起。《魏書》卷二九《奚斤傳》：「（道武帝平定中山），車駕還京師，博陵、勃海、章武諸郡，群盜並起，所在屯聚，拒害長吏。（奚）斤與略陽公元遵等，率山東諸軍討平之。」此即在天興元年拓跋珪平定中山之後準備返回平城之時。從地域分佈而言，博陵諸郡人口當主要以漢族為主，奚斤等征討的群盜也當以漢族民眾為其主體。這些盜賊群體何時形成、如何形成可置而不論，但其「所在屯聚，拒害長吏」的行為顯然對初建國基的北魏地方政府造成較大的破壞，北魏國家才命奚斤、元遵等人率領屯駐山東的軍隊予以剿滅。

拓跋珪平定河北之後，隨即開始遷徙河北民眾於平城，而這又使得河北地區民心浮動。《魏書》卷二六《長孫肥傳》：

> （中山平），時中山太守仇儒不樂內徙，亡匿趙郡，推群盜趙准為主。妄造妖言云：「燕東傾，趙當續，欲知其名，淮水不足。」准喜而從之，自號使持節、征西大將軍、青冀二州牧、鉅鹿公，儒為長史，聚黨二千餘人，據關城，連引丁零，殺害長吏，扇動常山、鉅鹿、廣平諸郡。遣肥率三千騎討之，破准於九門，斬仇儒，生擒准。詔以儒肉食，准傳送京師，轘之於市，夷其族。

《魏書·太祖紀》記此事於天興二年四月。趙郡群盜趙准等人在仇儒〔註33〕的鼓動下造作讖緯，廣結聲勢，攻擊官府，其行為已經帶有政治目的，而且對太行山東麓地區造成較大的震動。從中央下詔仇儒肉食、趙准棄市族誅等處理結果來看，北魏國家對仇儒、趙准等的反叛確實相當震怒。另外還需說明的是，此次仍是由北魏中央直接派兵進行征討，負責率軍征討的長孫肥此前正擔任衛尉卿一職。可見，對於仇儒、趙准的反叛，從發兵征討到平亂之後的處理都在中央政府的直接指揮之下進行。與仇儒等在同一年起事的還有范陽人盧溥，而北魏政府也是直接派材官將軍和突予以征討。〔註34〕這樣的事情當不少，北魏初期中央政府對於地方上的劫掠、反逆等盜賊行徑的防範、征討等則由中央政府直接進行。

北魏國家對於地方上的起事直接進行處理在北魏初期地方政治尚未穩定

〔註33〕《元和姓纂》卷五「十八尤」之仇姓下列有遼西地望，該望所舉人物既有後燕尚書仇儒，或與此仇儒為同一人。仇姓當屬漢族。

〔註34〕《魏書》卷二《太祖紀》，第36頁。

的情況下是較爲常見之事，但這並非其經常性的應對之舉。一俟地方行政基本得到控制並實際運作之後，北魏國家即將禁止盜賊列爲地方各級政府日常政務之一。這同時也成了地方長官政績考核的重要組成部分和職官遷轉的重要憑證。《魏書》卷二四《鄧淵傳》：「太祖定中原，擢（鄧淵）爲著作郎。出爲蒲丘令，誅翦奸猾，盜賊肅清。」鄧淵爲蒲丘令，積極禁止盜賊，而這也成了他的主要政績。又如《魏書》卷二四《崔玄伯傳》：「太宗以郡國豪右，大爲民蠹，乃優詔徵之，民多戀本，而長吏逼遣。於是輕薄少年，因相扇動，所在聚結。西河、建興盜賊並起，守宰討之不能禁。」永興五年（413）明元帝曾遣使於民間尋求俊義，〔註 35〕此處所言徵召郡國豪右當也是明元帝尋求俊義的具體內容之一。這次徵召俊義並沒有贏得民間社會的積極回應，反倒引發了範圍較廣的騷動，地方上的劫盜現象一時間凸顯出來。值得注意的是，「守宰討之不能禁」一句則表明在應對劫盜行爲方面，地方政府發揮了主導作用，北魏中央政府並沒有直接參與到相應的征討活動中來。地方政府負責處理其管轄範圍內的寇盜、劫掠以及反叛等事情在北魏進入中原不久就成了一項定規，而在日後北魏統治的演進過程當中，地方政府的這項職能基本上一直不變。〔註 36〕

　　將禁止盜賊作爲地方政府管理職責之一，這只是北魏國家對地方政府維護地方治安的職能的初步規定，對其履行職責的情況進行考察和督促則是之後北魏國家更進一步的制度設計。文成帝太安初年，中央政府即派遣使者巡行州郡，其目的在於對各級地方政府的治理狀況進行考察，而「盜賊劫掠」就成了詔令明文規定的考察內容之一。〔註 37〕到孝文帝延興三年，北魏國家更將官職的升遷與地方官的禁止盜賊聯繫起來：

　　（延興三年二月），詔縣令能靜一縣劫盜者，兼治二縣，即食其祿；
　　能靜二縣者，兼治三縣，三年遷爲郡守；二千石能靜二郡，上至三
　　郡，亦如之，三年遷爲刺史。〔註 38〕

〔註 35〕《魏書》卷三《太宗紀》，第 52 頁。
〔註 36〕《魏書》諸帝紀中對各地發生的聚衆起事之事基本上都加以記載，我們若對這些
　　　　起事予以觀察即不難看到，「州軍討平之」、「州郡捕斬之」之類的話語經常出現，
　　　　這表明平定地方叛亂是各州郡的本職工作，北魏中央政府很少直接派兵參與地方
　　　　政府的征討活動。到北魏末期，由於地方反叛的廣泛性，這已經是地方政府難於
　　　　獨立應對之事，所以北魏中央政府才會多次派兵鎮壓地方民衆的反叛之事。
〔註 37〕分見《魏書》卷五《高宗紀》，第 114 頁。
〔註 38〕《魏書》卷七《高祖紀》，第 138 頁。

這道詔令主要是針對各級地方行政長官而發，其中對於善於禁止盜賊者不僅有俸祿上的優待，還能獲得官職遷轉上的便利。這一規定是否長期執行不得而知，但他至少表明北魏中央政府對地方治安的關注，並在督促地方長官禁止盜賊方面做出了實際的規定。

對於地方上盜賊的興起，就我們的觀察而言，其原因當然是多方面的，然而北魏政府則將地方官的吏治繫爲主要原因。《魏書》卷七《高祖紀》：

> （太和二年十一月），詔曰：「……諸州刺史，牧民之官，自頃以來，遂各息慢，縱姦納賂，背公緣私，致令賊盜並興，侵劫茲甚，姦宄之聲屢聞朕聽。朕承太平之運，屬千載之期，思光洪緒，惟新庶績；亦望蕃翰群司敷德宣惠，以助沖人，共成斯美。幸克己復禮，思愆改過，使寡昧無愧於祖宗，百姓見德於當世。有司明爲條禁，稱朕意焉。」

在這道詔文中，孝文帝對於地方官貪縱枉法的行爲給予了嚴厲的批評。因爲他們的賄政造成的直接後果之一就是地方上的劫盜現象頻爲爆發，所以他也嚴令有司制定相關的禁令以懲治地方官的貪縱。應該說，孝文帝試圖通過嚴明吏治來促進地方的治安穩定並非空穴來風。縱觀整個北魏時期，這一觀點也一直是朝野公私之共識。《魏書》卷五七《高祐傳》：

> （孝文帝）又問止盜之方，（高）祐曰：「昔宋均樹德，害獸不過其鄉；卓茂善教，蝗蟲不入其境。彼盜賊者，人也；苟訓之有方，寧不易息？當須宰守貞良，則盜止矣。」

孝文帝關心地方上的盜賊事宜，而高祐的應對之中就明確指出地方長官的選任及其對地方的訓導治理是解決問題的關鍵。孝明帝時靈太后召百官問朝廷政策得失，時爲都官尚書的封回也指出了吏治好壞與盜賊興起之間的關係：「自古及今，未有不屬威刑而能治者。頃來頗由長吏寬怠，侵剝百姓，盜賊群起。請肅刑書，以懲未犯。」〔註39〕封回指出地方長吏不能嚴肅法治，反而侵剝百姓，這是造成盜賊群起的原因所在。高祐指出禁止地方盜賊的關鍵所在，而封回之言則可謂高祐的觀點的進一步推進，由此我們可以看出，在時人看來，地方長官的選任及其治理是地方社會盜賊能夠得到禁止的重心所在。明確這一點，我們或許可以對以下一條材料有更深入的理解：

> （元）詳與八座奏曰：「竊惟姦劫難除，爲蠹日久，群盜作患，有國攸病。故五刑爲用，猶陷觸網之誅；道幾勝殘，寧息狗竊之響。是

〔註39〕《魏書》卷三二《封懿傳附封回傳》，第 762 頁。

以班制垂式，名爲治本；整綱提目，政之大要。謹尋奪祿事條，班
已周歲。然京邑尹、令，善惡易聞，邊州遠守，或難聽審，皆上下
同情，迭相掩沒。設有賊發，隱而不言，或以劫爲偷，或過掠成盜，
更令賊發難知，攘竊惟甚。臣等參議，若依制削奪，則縣無期月之
宰；附條貶黜，郡靡歲稔之守。此制必行，所謂法令滋章，盜賊多
有。昔黃龔變風，不由削祿；張趙稱美，豈憚貶退。然綏導之體，
得失在人。乃可重選慎官，依律劾禁，不宜輕改法令，削黜群司。
今請改制條，還附律處。其勵己公清，賞有常典，風謠黷賄，案爲
考第。」世宗從之。〔註40〕

這是元詳在宣武帝即位之初所上的一份奏章。奏議中至少有如下幾點值得我們
注意：（一）奏議中所提到的「奪祿事條」當是對地方官禁盜不力的懲罰措施，
而且其頒行時間應該就在宣武帝即位之後，是對原有法令的修改；（二）由於信
息交通的不便，遂爲地方官的舞弊行爲提供了便利，奏議中所指出的「以劫爲
偷」、「遏略成盜」當是地方官故意隱瞞、降低治內盜賊爆發的嚴重程度，而且
這應該是地方州郡通行的辦法，只不過偏遠地區的隱瞞程度要更高；（三）孝文
帝是通過官職的升遷來促進地方長官禁止盜賊，而宣武帝的新制則是通過懲罰
措施來督促地方官加強對盜賊現象的治理。顯然，元詳等人對宣武帝已經實行
的新制頗爲不滿，他們認爲這樣會打消地方長官禁止盜賊的積極性，他們仍建
議將禁止盜賊的重點放在對地方長官的甄選以及相應的法律規範的制定和行
用。總之，不論是懲罰措施還是鼓勵手段，對於地方上的禁止盜賊，北魏政府
都將其視爲地方政府的應有職責，而禁止盜賊的核心在於地方各級長官，所以，
其相應的制度設計和法律制定也就圍繞這一認識進行。

　　對於廣大的以漢族民眾爲主體的地區，北魏政府的統治比較穩固，如上
所述，他們對這些地區的盜賊的禁止也形成了一套完整的制度體系。而在北
魏境內尤其是太行山以西直到河西地區還分佈著大量拓跋鮮卑之外的其他
胡族，諸如丁零、敕勒、稽胡、契胡、山胡、盧水胡、屠各、焉耆胡、烏丸、
氐以及羌等少數族群。〔註41〕他們族屬不一，原有的部落組織的方式在初

〔註40〕《魏書》卷二一《獻文六王・北海王詳傳》第560頁，。
〔註41〕關於北魏境內胡族的分佈，可參看唐長孺：《魏晉雜胡考》，收入氏著《魏晉
南北朝隋唐史論叢》，三聯書店，1955年，第382～450頁；周一良：《北朝的
民族問題與民族政策》，收入氏著《魏晉南北朝史論集》，中華書局，1963年，
第117～176頁；馬長壽：《碑銘所見前秦至隋初的關中部族》，廣西師範大學

入北魏之時仍得以保存,這一狀況就使得北魏境內的胡族的聚集起事較爲便利。北魏前期境內各胡族都曾有過聚眾起事之舉,其中尤以今山西、陝西境內的山胡、稽胡以及盧水胡等起事頻繁,他們大多糾集同類,依阻山險,其中亦不乏劫掠民間,攻擊官府者。對於境內胡族的起事,北魏政府同樣以盜賊、寇盜之類視之。胡族的起事往往規模較大,北魏國家在胡族地區雖設有軍鎮、護軍等軍事機構進行監護,但平定叛亂的具體事宜則需北魏中央政府的統一調配。一般情況下,北魏政府都直接從中央發兵進行征討。如明元帝神瑞二年河西胡劉虎、白亞栗斯等聚眾上黨,進攻河內,明元帝就先後令公孫表、叔孫建等人前往征討。〔註42〕又如太平眞君六年（445）九月,盧水胡蓋吳舉旗反叛,蓋吳起事之前似乎有所策劃,所以一旦舉旗之後即贏得關中地區眾多胡族的支持和回應。《魏書》卷一○五《天象志》:「(太平眞君六年)九月,盧水胡蓋吳據杏城反,僭署百官,雜虜皆響從,關內大震。」蓋吳勢力迅速發展,已經遠遠超過一般的盜賊行徑,轉而具有了更爲明確的政治目標。〔註43〕對於北魏國家來說,蓋吳的反叛也遠非造成地方治安隱患那樣簡單,他甚至危及北魏的統治秩序,所以太武帝拓跋燾組織了一次大規模的親征。歷經反覆,才在次年八月徹底平定叛亂。〔註44〕總體而言,由於北魏前期胡族聚居地區政治形勢複雜,胡族獨立性還較強,北魏政府對他們還未形成有效控制,所以一旦胡族聚爲寇盜乃至公然反叛,鎮壓的命令和具體的行動往往直接從中央開始執行。這是與北魏國家處理州郡體制下的盜賊現象不同的地方。這種做法也一直爲北魏國家所持續運用。

當然,爲穩定統治,對於胡族的控制需要加強,北魏國家對於胡族推行改鎮爲州郡、部落民編戶化的措施,就逐漸削弱了境內胡族的獨立性,〔註45〕

出版社,2006年;安介生:《山西移民史》,人民出版社,1997年,第163～176頁。

〔註42〕《魏書》卷三《太宗紀》、卷三三《公孫表傳》、卷二九《叔孫建傳》,第55、783、703頁。

〔註43〕參看劉淑芬:《從民族史的角度看太武滅佛》,收入氏著《中古佛教與社會》,上海古籍出版社,2008年,第3～45頁。

〔註44〕《魏書》卷四《世祖紀》,第99～101頁。文獻中可見的隨同平定蓋吳叛亂的至少包括以下諸人:穆眞、和歸、丘堆、屈道賜、崔浩、蘭延、陸俟、拓跋那、源賀、薛初古拔、裴駿、寶瑾、韓茂。由這一張從征人員名單我們也可以想見其時太武帝對此次征討行動的重視。

〔註45〕參看侯旭東:《北魏境內胡族政策初探》,《中國社會科學》2008年第5期。當然,這種編戶化的效果或許不宜過高估計,《周書》卷四九《異域·稽胡傳》:

對於其地盜賊的禁止與鎮壓也漸漸轉由地方政府負責。元彬爲汾州刺史時平定胡民謀叛之事可以說明這種轉變：

> 是時吐京胡反，詔彬持節，假平北將軍，行汾州事，率幷肆之眾往討之。胡平，仍除征虜將軍、汾州刺史。胡民去居等六百餘人，保險謀反，扇動徒類。彬請兵二萬，有司奏許之。高祖大怒曰：「何有動兵馬理也！可隨宜肅治，若不能權方靜帖，必須大眾者，則先斬刺史，然後發兵。」彬奉詔大懼，而率州兵，身先將士，討胡平之。〔註46〕

汾州前身爲吐京鎮，置於延和三年（434），太和十二年（488）改鎮爲州。〔註47〕元彬先領幷、肆二州軍隊征討汾州叛胡，這還屬於北魏國家對打擊地方盜賊的統一調配之舉。當元彬擔任汾州刺史請求中央發兵平定叛胡時，孝文帝的憤怒表明平定胡族的叛亂已經是汾州政府份內之事，中央政府並不能隨便發兵。既然州郡內的胡族叛亂需要當地政府自行處理，那對付州內的一般性的盜賊侵擾就更是當地政府職責所在了。

　　最後，我們將目光轉向北魏南邊的州郡。由於北魏國家南邊國土的不斷擴張，其南邊州郡的設置也就處於一個不斷變動的狀態。在領土擴張的過程中，南邊州郡要面對來自南朝的侵襲，這一點我們可以置而不論。我們需要注意的是處於南、北政權中間地帶的山蠻。山蠻的分佈頗爲廣泛，魏收對其散佈地域進行了描述：「（蠻）在江淮之間，依託險阻，部落滋蔓，布於數州，東連壽春，西通上洛，北接汝潁，往往有焉。其於魏氏之時，不甚爲患。至晉之末，稍以繁昌，漸爲寇暴矣。自劉石亂後，諸蠻無所忌憚，故其族類，漸得北遷，陸渾以南，滿於山谷，宛洛蕭條，略爲丘墟矣。」〔註48〕可見，

「雖分統郡縣，列於編戶，然輕其徭賦，有異齊民。山谷阻深者，又未盡役屬。而兇悍恃險，數爲寇亂。」此處所言正是稽胡編戶化之後的情形，不難看到，北魏國家對於稽胡的控制還較爲有限，至於其他胡族的情形當也與此不會有太大差別，畢竟，胡族的叛亂是北魏時期一直未曾消泯的現象。

〔註46〕《魏書》卷一九《景穆十二王‧章武王太洛傳附元彬傳》，第513頁。元彬的墓誌亦載：「後以山胡校亂，征撫西嶽，綏之以惠和，靖之以威略。一二年間，群凶懷德。勳績既昭，朝賞方委，而彼蒼不吊，儵焉凤徂。以太和廿三年歲在己卯五月丙子朔二日，春秋卅有六，薨於州。」根據墓誌所透露的信息，則元彬出刺汾州當在太和末年。

〔註47〕《魏書》卷一〇六《地形志》，第2483頁。《魏書》卷二七《穆崇傳附穆羆傳》：「轉征東將軍、吐京鎮將。……後改吐京鎮爲汾州，仍以羆爲刺史。」

〔註48〕《魏書》卷一〇一《蠻傳》，第2246頁。

自十六國之後，山蠻形成了一種北徙的趨勢，這就使得山蠻與北魏之間的聯繫也日益緊密。〔註49〕山蠻與北魏接觸漸趨密切是在孝文帝之後。北魏將疆域推進到淮北之後，山蠻部落前來歸附、內屬者日漸增多，北魏政府對他們則多採羈縻政策，大多授予歸附首領刺史或郡守稱號，並聽其自設郡縣，他們對北魏政府基本上是一種形式上的順從關係。當然，在一些蠻族部落當中，北魏政府也與之結成了良好的互信合作關係，如光城蠻田益宗和大陽蠻桓誕等。〔註50〕這種合作局面既能體現北魏國家的主體地位，又能實際維護蠻族的自治狀態和實際的政治、經濟利益。

然而，蠻族經常對南、北邊地民眾進行寇劫也是時人所周知的。這從一些文獻記載中亦可窺見一斑。如主要分佈於今湖北東北部的五水蠻，「所在並深岨，種落熾盛，歷世爲盜賊」；〔註51〕北魏南豫州地區的大胡山蠻，「時時鈔掠，前後守牧多羈縻而已」。〔註52〕蠻族對南北邊境地區的州郡進行劫掠，這種情況至少是南北朝時期的常見之事。北魏政府對於邊境蠻族雖然以羈縻爲主，但對他們的侵劫也採取積極防範的措施。尤其是北魏遷都洛陽之後，政治中心更加接近南邊邊境，而山蠻的侵擾更成了近畿之患。〔註53〕孝明帝時辛雄就指出積極應對蠻族寇盜的必要性。《魏書》卷七七《辛雄傳》：「蠻左唐突，撓亂近畿，梁汝之間，民不安業，若不時撲滅，更爲深害。」辛雄的警告道出了蠻族的侵擾不僅是對邊境地區社會治安和穩定的破壞，他也直接影響到司州的穩定。一般情況下，北魏南方邊境地區地方政府將應付蠻族作爲其行政的重心。《魏書》卷四四《苟頹傳》：「（苟頹）以本將軍拜洛州刺史。爲政剛嚴，抑強扶弱，山蠻畏威，不敢爲寇。」苟頹出任洛州刺史時大致在孝文帝初年，其具體行政作爲雖不得而知，但我們至少看到禁止山蠻爲寇成了其載於史冊的政績之一。

〔註49〕 關於山蠻的分佈可參看陳再勤：《魏晉南北朝時期南北邊境地帶蠻族的地理考察》，武漢大學博士學位論文，1997年；金裕哲：《魏晉南北朝時期「蠻」的北遷及其種族正體性問題》，載《魏晉南北朝史論文集》，巴蜀書社，2006年，第228～236頁。

〔註50〕 分見《魏書》卷六一《田益宗傳》、卷一〇一《蠻傳》，第 1370～1372、2246～2247頁。

〔註51〕 《宋書》卷九七《豫州蠻傳》，中華書局，1974年，第2398頁。

〔註52〕 《魏書》卷一五《昭成子孫·秦明王翰傳附拓跋禎傳》，第373頁。

〔註53〕 《魏書》卷四二《韓秀傳附韓務傳》，第953頁。

　　南邊州郡要及時禁止蠻族爲寇，北魏政府也要對蠻族的侵擾予以高度注意。《魏書》卷七《高祖紀》：「（太和十八年十月）庚午，詔曰：『比聞緣邊之蠻，多有竊掠，致有父子乖離，室家分絕，既虧和氣，有傷仁厚。方一區宇，子育萬姓，若苟如此，南人豈知朝德哉？可詔荊、郢、東荊三州勒敕蠻民，勿有侵暴。』」從這一詔令中也可以看出，蠻族劫掠緣邊州郡必定是頗爲嚴重之事，也引起北魏中央政府的關注。雖然不能光憑一紙詔令就能對禁止蠻族的侵擾產生實效，但這卻表明了北魏國家對蠻族侵擾的重視。

　　以上，我們從地域的視角論述了北魏國家對於地方禁止盜賊的具體實踐。將禁止盜賊規定爲地方政府應具職責是北魏國家行政規劃的總趨勢，因爲這意味著北魏國家控制力的漸強。各地具體的情況又使得北魏政府必須及時注意地方治安動向，因爲在不少情況下，反叛勢力的強盛是地方政府無力應付的，這就需要北魏中央政府及時介入。

二、漢族士人與「山東地區」的禁盜 〔註54〕

　　北魏政府將禁止盜賊作爲地方官政績考核的內容之一，這在許多詔令中都有明確的體現。魏收對擔任過地方官的政績的評價中，「寇盜止息」、「姦道止息」以及「善禁盜賊」之類的類似考課按語性質的評述則經常出現。這一方面反映出地方社會的治安隱患是北魏社會長期而普遍存在的問題，一方面也顯示了北魏國家在督促地方政府禁止盜賊方面的努力。擔任各級地方官的漢族士人既要履行相關職責，遵循國家意志，同時他們也要瞭解不同地區的實際狀況，積極尋求打擊盜賊的有效措施。以下，我們先從山東地區漢族士人在禁止盜賊上的做法出發進行考察。

　　北魏時期的山東地區有其明顯的地域特點。在族群構成上以漢族爲主，當然，魏晉以來北族南遷也使得山東地區尤其是河北諸州也分佈著一定數量的胡族群體。北魏國家在此基本上延續傳統的治理模式和政治制度，也形成了較爲穩定的控制局面。就這一地區的社會經濟、文化以及風俗各方面言之，

〔註54〕此處所言之山東地區並非一個嚴格的地域概念，它大體上包括太行山以東的地區，這一地區自拓跋氏初出代北南下之時即已受其控制，當然，隨著北魏領土的擴張，黃河以南的一些地區，諸如青齊兗等地亦可納入這一範圍，雖然它們有不少也屬於與南朝交界之地，但重要的是，這一地區大體上處於北魏的有效控制區內，以漢族爲主要族群構成，它同時也是漢族士人擔任地方長官的主要地區之一。

儘管北魏對中原地區基層社會的控制經歷了從宗主督護到三長制的變遷，其控制的力度逐漸加強，但塢壁組織的遺緒、地方豪族政治的發育成長以及胡族的騎射風尚等諸多因素的影響使得北魏的山東地域的地方社會又不是以一種完全服從的姿態呈現在國家的專制統治之下。〔註55〕他們以本地豪族爲中心，既具一定的組織性和自衛能力，能夠應對一定程度的劫盜行動，又具有深厚的地方勢力基礎。這使得他們可能逸出國家正常統治秩序之外，成爲地方治安的隱患。任職於山東地區的漢族士人要想有效地禁止劫盜，實現社會治安的穩定，就必須要注意到地方社會中的這些情況。

要治理地方上的盜賊劫掠之風，首先就需要地方官具有良好的治理才能，能夠嚴明法紀，執政果敢。《魏書》卷四六《李訢傳》：「（李訢）出爲使持節、安南將軍、相州刺史。爲政清簡，明於折獄，姦盜止息，百姓稱之。」盜賊寇竊，一般情況下也不能明目張膽以行之，這就需要地方官洞察細微，這樣才能對劫盜者形成威懾。李訢「明於折獄」，無疑也是就這種意義而言的。趙郡李曾同樣長於治理：

> 太祖時，徵拜（李曾）博士，出爲趙郡太守，令行禁止，劫盜奔竄。太宗嘉之。幷州丁零，爲山東之害，知曾能得百姓死力，憚不入境，賊於常山界得一死鹿，謂趙郡地也，賊長責之，還令送鹿故處。鄰郡爲之謠曰：「詐作趙郡鹿，猶勝常山粟。」其見憚如此。〔註56〕

李曾在禁止盜賊方面就顯得頗爲果斷，這自然能贏得民眾的擁護。而結聚劫盜的盜賊也深知李曾禁止盜賊的措施已經深入民心，竟不敢在李曾治內爲害。宣武帝初年出任勃海太守的崔休也在禁止盜賊方面頗多建樹：

> （崔休）性嚴明，雅長治體，下車先戮豪猾數人，廣布耳目，所在姦盜，莫不擒翦，百姓畏之。寇盜止息，清身率下，勃海大治。〔註57〕

雖然我們不能詳悉崔休禁止盜賊的具體做法，但從史家的概述中也可以看出，誅戮豪滑、廣布耳目，這些做法顯示出他在這方面實具經驗，執法堅決，

〔註55〕關於北朝北方地區的基層社會結構、民間的尚武風氣等的研究，參看唐長孺：《讀〈李波小妹歌〉論北朝大族騎射之風》，原載《北朝研究》1989 年第 1 期，收入氏著《唐長孺社會文化史論叢》，武漢大學出版社，2001 年，第 117～120 頁；史念海：《唐代前期關東地區尚武風氣的溯源》，載《唐史研究會論文集》，陝西人民出版社，1983 年，第 141～169 頁。
〔註56〕《魏書》卷五三《李孝伯傳》，第 1167 頁。
〔註57〕《魏書》卷六九《崔休傳》。

同時這也表明他有心整治地方劫盜之風。

　　漢族士人治理地方盜賊時需要面對的另一個問題就是盜賊與地方豪強的勾結。〔註58〕北魏時期山東地區的地方豪族不僅在仕宦上有突出表現，中央化程度高，而且在地方勢力的積聚上也頗爲顯眼。《北齊書》卷二二《李元忠傳附李景遺傳》：

　　　　（李景遺）少雄武，有膽力，好結聚亡命，共爲劫盜，鄉里每患之。
　　　　永安末，其兄南鉅鹿太守無爲以贓罪爲御史糾劾，禁於州獄。景遺
　　　　率左右十餘騎，詐稱臺使，徑入州城，劫無爲而出之。州軍追討，
　　　　竟不能制。

李元忠籍貫趙郡，趙郡李氏本爲鄉里豪望。這種名聲的形成不僅與其族人的仕宦顯貴有關，也與他們在地方上的具體作爲有密切關係。李景遺交結亡命，侵劫地方，其群體勢力已非地方政府所能壓制。像李景遺這樣的例子並非少見，我們無煩多舉。地方豪強與隱於民間的盜賊勾結是對正常的統治秩序的破壞，他們給地方治安帶來的壓力是地方官需要積極應對並及時化解的。李安世爲相州刺史時消滅當地豪強李波可爲顯例：

　　　　初，廣平人李波，宗族強盛，殘掠生民。前刺史薛道檦親往討之，
　　　　波率其宗族拒戰，大破檦軍。遂爲逋逃之藪，公私成患。……安世
　　　　設方略誘波及諸子侄三十餘人，斬於鄴市，境內肅然。〔註59〕

以一族之力量竟可對抗州軍，也足見李波宗族勢力的強盛。他們又爲害地方，也是所謂的「秩序生活的異類」，自然也就成了更多的亡命之徒依附、集聚的去所。我們雖然不知道李波是否如同北魏一些反叛者那樣主動進攻過官府，但是即便他們不那麼做，其勢力的存在和發展也會讓相州地方政府和民眾面臨安全的威脅。薛道檦與李安世的征討行動也能說明當地政府一直試圖消滅這股力量。又如《魏書》卷七七《辛雄傳附辛纂傳》：「（辛纂）俄轉中軍將軍、滎陽太守。民有姜洛生、康乞得者，舊是太守鄭仲明左右，豪猾偷竊，境內爲患。纂伺捕擒獲，梟於郡市，百姓忻然。」姜洛生、康乞得的例子無疑更進一步揭示出地方勢力的複雜結構。不同於前述李景遺和李波的是，他們通

〔註58〕陳爽先生考察北朝地方的鄉村武裝勢力，對盜賊與地方豪族之間的關係亦有
　　　　論述，參看氏著：《略論北朝的鄉村武裝》，收入吉林大學古籍研究所編：《「1
　　　　～6世紀中國北方邊疆‧民族‧社會國際學術研討會」論文集》，科學出版社，
　　　　2008年，第299～311頁。
〔註59〕《魏書》卷五三《李孝伯傳附李安世傳》，第1176頁。

過與鄭仲明的勾結，其勢力就有了更爲穩固的基礎，他們若爲盜賊，則對地方秩序造成的危害就更加嚴重。

地方豪族與盜賊劫掠之間的緊密關係可以讓地方政府的社會治安感到威脅。漢族士人需要消滅他們以確保地方的安定，但另一方面，如果對這股力量善加利用，這些治安隱患也能轉變成積極的因素。如房景伯爲清河太守之時：

> 後值清河太守杜昶外叛，郡居山險，盜賊群起，除清河太守。郡民劉簡虎曾失禮於景伯，聞其臨郡，闔家逃亡。景伯督切屬縣捕擒之，即署其子爲西曹掾，命喻山賊。賊以景伯不念舊惡，一時俱下，論者稱之。〔註60〕

房景伯爲清河太守顯係臨危受命。他到任之時積極尋求郡民劉簡虎，這雖然是他顯示其不計舊惡的風度，但我們懷疑劉簡虎本身是清河地方的豪強，在地方上當具頗高的威望，這從房景伯讓劉簡虎之子曉喻山賊一點可以看出端倪。房景伯受命之際首先需要解決的就是盜賊群起和地方社會治安紊亂問題，他讓當地豪強劉簡虎參與平定盜賊之事，這不僅是對地方豪族勢力的利用，同時也是以劉簡虎爲範例來傳達他對盜賊「不念舊惡」的原則。我們也看到，此舉所獲功效則頗爲可觀。《魏書》卷三八《刁雍傳附刁雙傳》：

> 蕭宗末，（刁雙）除西兗州刺史。時賊盜蜂起，州人張桃弓等招聚亡命，公行劫掠。雙至境，先遣使諭桃弓，陳示禍福，桃弓即隨使歸罪，雙捨而不問。後有盜發之處，令桃弓追捕，咸悉擒獲，於是州境清肅。

刁雙應對劫盜張桃弓的辦法與房景伯也有相似之處，即利用當地的豪強來應對當地的劫盜、叛亂之事，其作用是十分明顯的。另外，同樣的辦法在不同的地方、不同的時間得到運用。這也表明漢族士人確實瞭解其治內的社會政治結構，也注意通過對地方豪族的控制和引導，以達成其禁止盜賊的目標。

將注意力集中在地方豪族的身上，對於漢族士人而言，這確實是意識到了問題的重心所在。但不可否認，禁止盜賊的辦法也因地方長官個人的治理才能、各個地方的具體情況而互有不同。以下兩位漢族士人在任職山東地區之時所設計的禁盜措施也同樣值得注意。首先是高祐。《魏書》卷五七《高祐傳》：

> （高祐）出爲持節、輔國將軍、西兗州刺史，假東光侯，鎮滑臺。⋯⋯
> 又設禁賊之方，令五五相保，若盜發則連其坐，初雖似煩碎，後風

〔註60〕《魏書》卷四三《房法壽傳附房景伯傳》，第977頁。

化大行，寇盜止息。

高祐將傳統的什伍連坐之法運用到日常行政中來，其目的則是在民眾中間建立相互監督的體系，從而從根本上杜絕盜賊發生的可能。又如李崇。《魏書》卷六六《李崇傳》：

> （李崇）以本將軍除兗州刺史。兗土舊多劫盜，崇乃村置一樓，樓懸一鼓，盜發之處，雙槌亂擊。四面諸村始聞者。撾鼓一通，次復聞者以二爲節，次後聞者以三爲節，各擊數千槌。諸村聞鼓，皆守要路，是以盜發俄頃之間，聲布百里之內。其中險要，悉有伏人，盜竊始發，便爾擒送。諸州置樓懸鼓，自崇始也。

李崇的禁盜之法則頗爲靈活適用。他建立了一套層次分明、易於操作的警報系統，在盜賊劫掠發生之時，相關的信息能夠在短時間內迅速傳達開來，從而實現防盜資源的快捷而全面的調動。李崇的這一設計贏得了廣泛的認可，其辦法也在全國得到推廣。比較李崇與高祐在禁止盜賊方面的做法，雖然二者有所不同，但毋庸置疑的是，二者都將普通民眾納入其禁止盜賊的制度設計和具體的實踐當中。這就使得地方政府禁止盜賊的活動有了更爲堅實的基礎。

三、漢族士人與「山西地區」的禁盜

　　與山東地區相比，太行山以西的廣大地區的族群結構就要複雜得多。大量的胡族族群散佈在這一地區，儘管有不少胡族被北魏國家編戶爲齊民，接受北魏國家的統一管理，但其部族組織的遺緒仍在，所以其部族聯繫仍未斷絕，他們聚集起來還是較爲容易。與之同時，山西地區胡漢雜居，地勢險要之處所在多有，這也爲盜賊劫掠提供了便利。

　　山西地區多有地勢險要之處，這往往成了盜賊盤踞之地。比如弘農郡，史冊所見活動於該地的盜賊亦復不少。漢族士人當中任爲弘農太守而與盜賊周旋的事蹟也所在多見。《魏書》卷二四《崔玄伯傳附崔寬傳》：「（崔）寬後襲爵武陵公、鎮西將軍，拜陝城鎮將。二崤地嶮，民多寇劫。寬性滑稽，誘接豪右、宿盜魁帥，與相交結，傾衿待遇，不逆微細。是以能得民庶忻心，莫不感其意氣。」崔寬爲陝城鎮將的時間大致在獻文帝和孝文帝之間。弘農雖多盜賊，但崔寬並沒有採取一切鎮壓的措施，相反，他倒是積極與盜賊首領聯絡，與他們建立一種和平共處的關係。這也在一定程度上限制了當地盜賊的寇劫行動。這一處理應該說收到了實效，因爲根據崔寬本傳所示，當他

離任之時，「民多追戀，詣闕上章者三百餘人」〔註61〕。又如寇臻，他也於孝文帝初年參與過征討恒農大盜張煩的活動。〔註62〕到北魏後期，弘農地區的盜賊為害的情況仍舊可以看到。如李仲琁為弘農太守，「先是，宮牛二姓阻嶮為害，仲琁示以威惠，並即歸伏。」〔註63〕可見，弘農地區的盜賊往往與當地的豪強之間有著密切的聯繫，有的甚至就是豪強大族為之。他們依託地勢，而任職於此地的漢族士人大多採取了恩威並施的辦法以鎮撫之。像弘農地區盜賊為害的情形亦見之他處，如與弘農臨近的河北郡。《魏書》卷四二《薛辯傳附薛胤傳》：「（薛胤）除立忠將軍、河北太守。郡帶山河，路多盜賊。有韓馬兩姓，各二千餘家，恃強憑險，最為狡害，劫掠道路，侵暴鄉閭。胤至郡之日，即收其姦魁二十餘人，一時戮之。於是群盜懾氣，郡中清肅。」薛胤為河北太守在孝文帝太和年間。我們看到，河北郡盜賊眾多，而擁有強大家族勢力的地方豪族又成了盜賊中的核心。他們依據險地，陰為劫盜。當然，這應該只是一個鬆散的組織，薛胤雖然對其魁首加以誅戮，以期殺一儆百，但薛胤的舉措恐怕只是對盜賊的暫時威懾，我們也很難說他就徹底清除了當地的盜賊勢力。薛胤本屬蜀族，而在其前後也有漢族士人出任河北太守，他們同樣也要面對當地盜賊為害的問題。《魏書》卷四五《柳崇傳》：

> （柳崇）出為河北太守。崇初屆郡，郡民張明失馬，疑十餘人。崇見之，不問賊事，人人別藉以溫顏，更問其親老存不，農桑多少，而微察其辭色。即獲真賊呂穆等二人，餘皆放遣。郡中畏服，境內帖然。

柳崇出任河北太守在薛胤之後，他甫一任職即遇盜馬事件，這也足見當地劫盜之風並未消歇，而此件事也為我們探知盜賊劫盜的具體對象提供了例證。柳崇偵破盜馬之案頗具心智，這無疑顯示了他的折獄能力，而這也對制止民間劫盜起到了震懾作用。

山西地區地方豪族成為劫盜主體，這是當地社會環境、地方豪族勢力的強大有相關的聯繫。這已如上述。我們需要說明的是，在一般情況下，當地

〔註61〕當然，崔寬能獲得當地民眾如此的擁戴，與其平時的行政治民是分不開的，我們從其本傳也看到他利用弘農為南北商貿交通的樞紐優勢，積極鼓勵民間的商業交往，「百姓樂之」。所以，崔寬因結納盜賊而有效地限制了他們的劫掠活動，這同樣不失為對民間社會治安穩定的一項貢獻。

〔註62〕《魏書》卷四二《寇讚傳附寇臻傳》，第948頁。

〔註63〕《魏書》卷三六《李順傳附李仲琁傳》，第845頁。

的盜賊即便是地方上的豪族，擁有強大的勢力，但他們的劫盜活動仍然是在一種隱蔽的狀態下進行。這一點在我們上面所舉的事例當中已經有所反映。我們仍有更爲清晰的事例對此加以說明。《周書》卷三七《韓褒傳》：

> （韓褒）出爲北雍州刺史，加衛大將軍。州帶北山，多有盜賊。褒密訪之，並豪右所爲也，而陽不之知，厚加禮遇。謂之曰：「刺史起自書生，安知督盜，所賴卿等共分其憂耳。」乃悉詔桀黠少年素爲鄉里患者，署爲主帥，分其地界。有盜發而不獲者，以故縱論。於是諸被署者，莫不惶懼。皆首伏曰：「前盜發者，並某等爲之。」所有徒侶，皆列其姓名。或亡命隱匿者，亦悉言其所在。褒乃取盜名簿藏之。因大榜州門曰：「自知行盜者，可急來首，即除其罪。盡今月不首者，顯戮其身，籍沒妻子，以賞前首者。」旬日之間，諸盜咸悉首盡。褒取名簿勘之，一無差異。並原其罪，許以自新。由是群盜屏息。

北雍州始設於孝莊帝永安元年，〔註64〕治於三原縣。三原本屬北地郡，其地民風當也同於河北、弘農地區。地方豪族雖然爲害鄉里，但劫盜之行卻是他們不敢公開爲之的，只有當韓褒設計引誘時，他們才對自己的劫盜行爲供認不諱。韓褒出任北雍州刺史大致在西魏大統四年（538）至九年（543）之間，〔註65〕其時據北魏尚近。若以一種較爲寬廣的視角觀之，則我們可以認爲，一地社會文化、民情風俗的形成和發展變化是逐漸展開的，在一個較長的時段內其基本特質不會發生多少改變。所以韓褒治理北雍州盜賊之事雖然是在西魏初年，但當地豪右陰爲盜賊的現象當也適合北魏社會。

　　胡漢雜居，民風強悍，山西地區民眾這一明顯的地域特點就使得任職於此地的漢族士人需要具有更強的應對和管理能力。《魏書》卷七一《江文遙傳》：「永平初，……（江文遙）出爲咸陽太守。勤於禮接，終日坐廳事，至者見之，假以恩顏，屏人密問。於是民所疾苦、大盜姓名、姦猾吏長，無不知悉，郡中震肅，姦劫息止，治爲雍州諸郡之最。」江文遙治理地方頗見心機。他通過對民眾的直接詢問獲得治內的相關信息，這種信息收集的管道保

〔註64〕　毋有江：《北魏的州建制》，第335頁。

〔註65〕　《魏書》卷三七《韓褒傳》：「（大統）二年，梁人北寇商洛，東魏復侵樊鄧，於是以褒爲鎮南將軍、丞相府從事中郎，出鎮浙酈。居二年，徵拜丞相府司馬，進爵爲侯。出爲北雍州刺史。」由此我們可以確定韓褒爲北雍州刺史大致在大統四年左右，韓褒本傳又稱他在北雍州刺史之後「入爲給事黃門侍郎。九年，遷侍中」，可見，至遲到大統九年，韓褒已經離刺史之任了。

證了信息的眞實，所以使他在禁止盜賊方面能夠掌握更多的主動權。又如崔衡爲秦州刺史，「先是，河東年饑，劫盜大起，衡至，修糞邃之法，勸課農桑，周年之間，寇盜止息」；〔註66〕寇儁爲梁州刺史，「民俗荒獷，多爲盜賊。儁乃令郡縣立庠序，勸其耕桑，敦以禮讓，數年之中，風俗頓革」。〔註67〕崔衡和寇儁兩人治理地方不是直接打擊寇盜，而是敦崇文教、勸課農桑，以此使民爲富，令民知禮，其目的則是希望從根本上解決民間的寇盜問題。可見，在禁止盜賊方面，任職於山西地區的漢族士人還是採取了不少的辦法。

　　然而，在一些胡族勢力強勁的地區，他們有著更強的獨立性質，對於國家的統治容易產生抵制情緒。若當地政府管理失當，就容易使其抵制情緒轉變爲與統治秩序公開的對抗，所以當地政府對胡族積極有效的管理和引導就尤爲必要。從任職於山西地區的漢族士人當中的情況來看，在應對胡族爲盜賊的問題上，漢族士人有得有失。劉藻在撫慰胡族方面頗爲成功。《魏書》卷七〇《劉藻傳》：

> 時北地諸羌數萬家，恃險作亂，前後牧守不能制，姦暴之徒，並無名實，朝廷患之，以藻爲北地太守。藻推誠布信，諸羌咸來歸附。藻書其名籍，收其賦稅，朝廷嘉之。遷龍驤將軍、雍城鎮將。先是氐豪徐成、楊黑等驅逐鎮將，故以藻代之。至鎮，擒獲成、黑等，斬之以徇，群氐震慴。

劉藻「涉獵群籍，美談笑，善與人交」〔註68〕，具有一定文才。但他在應對隴右氐、羌爲亂方面卻文武兼施，頗見治理才能。這種才能在他轉爲秦州刺史時又得到體現。《魏書》卷七〇《劉藻傳》：

> 秦人恃險，率多粗暴，或拒課輸，或害長吏，自前守宰，率皆依州遙領，不入郡縣。藻開示恩信，誅戮豪橫，羌氐憚之，守宰於是始得居其舊所。

比較劉藻在隴右各地任職的舉措，我們可以發現，打擊魁首，開誠推信，待人以恩，這是劉藻能夠有效控制隴右並贏得氐羌等族群信服的重要原因。同樣是治理秦隴胡族，李彥和崔遊卻得到了與劉藻不同的下場。《魏書》卷三九《李寶傳附李彥傳》：

〔註66〕《魏書》卷二四《崔玄伯傳附崔衡傳》，第 626 頁。
〔註67〕《周書》卷三七《寇儁傳》，第 658 頁。
〔註68〕《魏書》卷七〇《劉藻傳》，第 1549 頁。

（李彥）出爲撫軍將軍、秦州刺史。是時，破落汗拔陵等反於北鎮，二夏、豳、涼所在蜂起。而彥刑政過猛，爲下所怨。城民薛珍、劉慶、杜超等因四方離叛，遂潛結逆謀。正光五年六月，突入州門，擒彥於內齋，囚於西府，推其黨莫折大提爲帥，遂害彥。

又《魏書》卷五七《崔挺傳附崔遊傳》：

正光中，（崔遊）起除右將軍、南秦州刺史，固辭不免。先是州人楊松柏、楊洛德兄弟數爲反叛，遊至州，深加招慰。松柏歸款，引爲主簿，稍以辭色誘之，兄弟俱至。松柏既州之豪帥，感遊恩遇，獎諭群氏，咸來歸款，且以過在前政，不復自疑。遊乃因宴會，一時俱斬，於是外人以其不信，合境皆反。正光五年夏，秦州城人殺刺史李彥據州爲逆。數日之後，遊知必不安，謀欲出外，尋爲城人韓祖香、孫襦攻於州館。遊事窘，登樓慷慨悲歎，乃推下小女而殺之，義不爲群小所辱也。尋爲祖香等所執害。〔註69〕

客觀言之，秦州、南秦州民眾的反叛、李彥與崔遊的被殺，這都與北魏末年統治腐朽、政治衰敗以及社會動盪日漸激烈的大環境相關。但我們仍需要指出，李、崔二人不能有效治理轄內氐羌的叛亂，禁止其劫盜行爲，這與其施政不無關係。李彥刑政過猛，崔遊則因斬殺氐帥楊松柏兄弟而失信於民，其根本原因都在於不能與當地胡族建立良好的信任關係，不能以綏撫的政策對待胡族。也正是因爲北魏國家從上至下對待胡族的政策的失敗，從而導致北魏境內的胡族與北魏政權之間的積怨漸深。在北魏政治陷入危機之時，也正是長期受到壓制的胡族首先發難，北魏國家的統治也因此迅速歸於滅亡。

四、漢族士人與北魏南部邊境地帶的禁盜

北魏南部疆域因爲與南朝軍事對峙形勢的變化而盈縮不定，但就總的發展趨勢而言，北魏的南部邊疆面臨的形勢頗爲複雜。南邊大部分地段都有蠻族分佈。〔註70〕他們雖然構成了北魏與南朝疆域之間的緩衝地帶，但他們對

〔註69〕李彥和崔遊本傳中所提到的薛珍、劉慶、杜超以及楊松柏等人，從其姓氏和所在地域來看，我們也不難推斷他們基本上是居於秦隴地區的氐、羌等民族。關於民族姓氏的研究可參看陳連慶：《魏晉南北朝少數民族姓氏研究》，吉林文史出版社，1993年。

〔註70〕當然，南、北政府的中間地帶雖以蠻族爲主，但也包括一些並非蠻族的劫盜、亡命。總體而言，中間地帶的蠻族或非蠻族離心力較強，具有反體制的傾向。

南、北邊境州郡民眾和官府的侵劫卻絲毫不弱。這就使得北魏邊境州郡的政府不得不將其作爲禁止盜賊時防範的重點對象。

我們首先不妨以東豫州的情況爲例加以說明。北魏東豫州之設始於山蠻田益宗的附魏。《魏書》卷六一《田益宗傳》：「（田益宗）世爲四山蠻帥，受制於蕭賾。太和十七年，遣使張超奉表歸款。十九年，拜員外散騎常侍、都督光城弋陽汝南新蔡宋安五郡諸軍事、冠軍將軍、南司州刺史；光城縣開國伯，食蠻邑一千戶；所統守宰，任其銓置。後以益宗既渡淮北，不可仍爲司州，乃於新蔡〔註71〕立東豫州，以益宗爲刺史。」東豫州設立於太和十九年（495），初設之時領汝南、東新蔡、新蔡、弋陽、長陵、陽安諸郡。到孝昌三年（528）爲蕭梁所據，〔註72〕其於北魏時期的存立時間約 33 年。根據我們的考察，北魏擔任過東豫州刺史的依次有：田益宗、韋彧、畢祖朽、張普惠、元慶和。〔註73〕田益宗爲東豫州刺史，自選守宰，儘管在軍事行動上，田益宗積極配合北魏政府以表示其歸順之心，但他實際上仍保有較大

但是相比較而言，這些非蠻族人群總體上仍是處於南、北政權的直接控制之下，以一種完全獨立的姿態游離於政權之外的情形畢竟還屬少數的、短暫的。因此，我們在此不擬將這些非蠻族人群納入考察範圍。關於中間地帶人群結構及其政治動向的分析參看北村一仁：《在南北朝國境地域的同姓集團的動向和其歷史意義》，收入牟發松主編：《漢唐歷史變遷視野下的社會與國家關係》，華東師範大學出版社，2006 年，第 261～294 頁。

〔註71〕「新蔡」當爲「新息」之誤。《水經注》卷三〇「（淮水）又東過新息縣南」注曰：「淮水又東，徑新息縣故城南。……魏太和中，蠻田益宗歸誠，立東豫州，以益宗爲刺史。」可見東豫州實際上是治於新息的。又《資治通鑑》卷一四三齊永元二年（500）九月：「與魏東豫州刺史田益宗戰於長風城。」胡三省注曰：「魏太和十七年，田益宗降魏。十九年，置東豫州於新息廣陵城，以益宗爲刺史。長風城在陰山關南，陰山關在弋陽縣界。」胡三省則更進一步指出東豫州治於新息廣陵城。

〔註72〕《魏書》卷一〇六《地形志》，第 2558 頁。但據《魏書》卷一〇五《天象志》：「（孝昌）二年九月己卯，東豫州刺史元慶和據城南叛。」

〔註73〕《資治通鑑》卷一五一齊大通元年七月：「魏陳郡民劉獲、鄭辯反於西華，改元天授，與湛僧智通謀，魏以行東豫州刺史譙國曹世表爲東南道行臺以討之，源子恭代世表爲東豫州。」根據《資治通鑑》此處的記載，似乎曹世表、源子恭也曾任過東豫州刺史，但我們認爲《資治通鑑》這一記載當誤：首先，元慶和投降蕭梁是在劉獲、鄭辯反叛之後，所以在劉、鄭之反時他尚擔任東豫州刺史一職，此見之於《魏書·蕭宗紀》的相關記載；其次，陳郡屬豫州而並非東豫州轄地；再次，曹世表、源子恭之本傳也明確記載他們爲豫州刺史而不是東豫州刺史。

的自治權。北魏國家對他也一直抱有戒心。〔註74〕田益宗擔任東豫州刺史一直持續到宣武帝延昌年間，才在北魏政府軟硬兼施之下離任赴朝。〔註75〕

　　田益宗離任之後的東豫州則主要由漢族士人來主理。東豫州所轄以山蠻爲多，所以漢族士人治理東豫州首先面臨的就是如何使境內蠻族服從統一的管理，使他們不至於輕爲劫盜，同時還要防範境外蠻族的侵擾。《魏書》卷四五《韋閬傳附韋彧傳》：「（韋彧）稍遷平遠將軍、東豫州刺史。彧綏懷蠻左，頗得其心。蠻首田益宗子魯生、魯賢先叛父南入，數爲寇掠。自彧至州，魯生等咸箋啓修敬，不復爲害。」韋彧當是繼田益宗之後爲東豫州刺史。〔註76〕他的出任正處於東豫州局勢發展的關鍵時期。影響東豫州穩定的主要因素則是來自田魯生集團的侵擾。這就需要韋彧重視對蠻族的綏撫，這樣才能保證東豫州地區的穩定。田益宗之子田魯生等在田益宗離任之時轉投蕭梁。《梁書》卷二二《太祖五王·安成康王秀傳》：「時司州叛蠻田魯生，弟魯賢、超秀，據蒙籠來降，高祖以魯生爲北司州刺史，魯賢北豫州刺史，超秀定州刺史，爲北境捍蔽。而魯生、超秀互相讒毀，有去就心，秀撫喻懷納，各得其用，當時賴之。」田魯生集團雖然投靠了蕭梁，蕭梁政權同樣也是以羈縻政策對待之，他們仍保持著獨立的態勢。但這並不意味他們無所顧忌，田魯生等既順從蕭梁集團的調控，又試圖與北魏政權保持良性的共存局面。可見，韋彧治理地方的才能，再加上田魯生集團自身的生存考慮，這樣雙方面的作用就使得韋彧治下的東豫州基本上能達到盜賊止息的狀態，也實現了本地區的相對穩定。繼韋彧之後出任東豫州的當是畢祖朽。《魏書》卷六一《畢眾敬傳附畢祖朽傳》：「神龜末，（畢祖朽）除持節、東豫州刺史，將軍如故。祖朽善撫邊人，清平有信，務在安靜，百姓稱之。」應該說，韋彧的治理是東豫州地區的治安局勢趨於好轉的關鍵，而畢祖朽的經營則讓這一穩定局面得以繼續延續下去。

〔註74〕陳金鳳：《魏晉南北朝中間地帶研究》，第194～198頁。

〔註75〕《魏書》卷六一《田益宗傳》：「延昌中，詔曰：『益宗先朝耆艾，服勤邊境，不可以地須其人，遂令久屈。可使持節、鎮東將軍、濟州刺史，常侍如故。』世宗慮其不受代，遣後將軍李世哲與桃符率眾襲之，出其不意，奄入廣陵。益宗子魯生、魯賢等奔於關南，招引賊兵，襲逐諸戍，光城已南，皆爲賊所保。世哲討擊破之，復置郡戍，而以益宗還。」

〔註76〕根據韋彧的墓誌所示：「熙平元年，宗官曠德，從神載□，兼太常卿。司徒、廣平王召屬諮議，……尋假節，督東豫州諸軍事，平遠將軍、東豫州刺史。」我們由此可以斷定韋彧爲東豫州刺史當在熙平元年左右，這正是田益宗離任不久。韋彧墓誌釋文見羅新、葉煒：《新出魏晉南北朝墓誌疏證》，第129頁。

　　東豫州地區穩定局面更進一步的發展則要等到張普惠出任刺史之時。《魏書》卷七八《張普惠傳》：

> （張普惠）出除左將軍、東豫州刺史。淮南九戍、十三郡，猶因蕭衍前弊，別郡異縣之民錯雜居止。普惠乃依次括比，省減郡縣，上表陳狀。詔許之。宰守因此綰攝有方，姦盜不起，民以爲便。

張普惠對東豫州政務的處理則不亞於一場地域性的制度改革。他對於原先頗爲雜亂的郡縣設置進行削減整頓，同時又重新整理戶口，這就使得當地政府能夠對治內民眾進行統一、有效的管理。當地政府也因爲這次削減郡縣、整理戶口而對民間的信息有了更爲系統的瞭解，而這也確實有利於「姦盜不起」。應該說，張普惠的治理措施頗具意義。從禁止盜賊一點而言，東豫州政府將防範的重點從境外蠻族轉向了治內齊民，這也意味著對基層社會控制的更加穩定和深入。

　　北魏最後一任東豫州刺史是元慶和，他係景穆太子之子汝陰王拓跋天賜之孫，在孝昌三年蕭梁進攻東豫州時以城降。〔註77〕東豫州實際上歸於北魏直接管理之下要在田益宗離任之後，而接下來韋彧等漢族士人的經營就將阻止境外蠻族的劫掠以及加強對地方民眾的控制作爲穩定地方的重點，這顯然使東豫州保持和發展了穩定的態勢，對於劫盜現象也達到了有效的控制。

　　東豫州禁止盜賊的模式是北魏南境州郡通行的辦法，我們在同一地域其他州郡同樣得見，寇治便可爲一例。關於寇治的事蹟，其墓誌記載較詳，在北魏南境州郡的經歷在他的仕途中要占不小的比例。他先爲魯陽太守，魯陽屬荊州，墓誌稱其治理魯陽的政績：「地實附畿，山蠻死棘，一康善化，期月用成」。〔註78〕這裏也是特意突出他綏撫山蠻的效果。寇治後來轉任東荊州刺史，在接替他續任刺史的酈道元因爲爲政峻刻而遭山蠻訴訟之後，寇治又再任東荊州刺史。北魏政府讓寇治再蒞東荊的理由正是「邊民宜悅」。寇治無論在治理手段還是在當地山蠻中的實際聲望都使他能夠綏撫邊民，並獲得他們的支持。〔註79〕比較寇治和東豫州諸位漢族士人的治理方式，寇治注意綏撫山蠻，保持山蠻的穩定，其目的同樣是爲了維持與山蠻的和平態勢，以減少他們對東荊州的侵劫。

〔註77〕《魏書》卷一九《景穆十二王‧汝陰王天賜傳附元慶和傳》，第 450 頁。

〔註78〕寇治墓誌的釋文見趙超：《漢魏南北朝墓誌彙編》，第 198 頁。

〔註79〕《魏書》卷四二《寇讚傳附寇治傳》、卷八九《酷吏‧酈道元傳》，第 947、1925 頁。

　　寇治之後出任東荊州刺史的裴佗也成功地綏服了山蠻。《魏書》卷八八《良吏・裴佗傳》：

> （裴佗）轉前將軍、東荊州刺史。……蠻酋田磐石、田敬宗等部落萬餘家，恃眾阻險，不賓王命，前後牧守雖屢征討，未能降款。佗至州，單使宣慰，示以禍福。敬宗等聞佗宿德，相率歸附。於是闔境清晏，寇盜寢息，邊民懷之，繈負而至者千餘家。

東荊州之設即起因於大陽山蠻桓誕等部落於孝文帝延興二年（472）的歸附。桓誕及其子桓暉相繼為東荊州刺史，治理其地近三十年，〔註80〕蠻族勢力在東荊州的發展鞏固可想而知。裴佗為東荊州刺史，對於蠻酋田磐石等順利招附，這不僅使東荊州的劫盜現象大為減少，其穩定的治安環境也贏得了大批邊境民眾的歸附。需要指出的是，邊境州郡政府除了要應付日常的蠻族侵擾和敵國的軍事進攻之外，招徠流民也是其鞏固邊防，增強國家實力的重要途徑。邊郡政府也十分注意對邊民的吸納。如李佐，「高祖崩，遺敕以（李）佐行荊州事，仍本將軍。佐在州，威信大行，邊民悅附，前後歸之者二萬許家」；〔註81〕高綽，「以本將軍出除豫州刺史。為政清平，抑強扶弱，百姓愛之，流民歸附者二千餘戶」。〔註82〕邊民能夠歸附某一方是受其邊境州郡的治理狀況而決定的，邊境州郡的社會治安就是邊民考慮的要點之一。

　　在北魏的南部邊境州郡，尤其是在淮水以南，由於這些地區大多是北魏新近擴張之地，對這些地區及其民眾的有效控制局面尚未完全形成，再加上該地區大量蠻族的存在，其地區治安所面臨的困難就比較大。從我們對任職於該地區的漢族士人的治理情況來看，他們對於該地域的各項情況較為瞭解，也基本上將控制或綏撫蠻族作為治理的重點，力圖減少乃至杜絕他們對治內郡縣的劫盜，以保證地方的穩定。

第三節　漢族士人與地方的文化教育

　　與之前的各個朝代一樣，北魏時期出任地方的漢族士人負責一地之事務，舉凡地方風俗、治安、民生以及訴訟等都需要他們進行處理。由於自身

〔註80〕　《魏書》卷一〇一《蠻傳》，第 2246 頁。吳廷燮：《元魏方鎮年表》，第 4547～4548 頁。

〔註81〕　《魏書》卷三九《李寶傳附李佐傳》，第 895 頁。

〔註82〕　《魏書》卷四八《高允傳附高綽傳》，第 1091 頁。

的特點，他們在自己所關心的問題以及治理的方式上都有著獨特的地方。同時，其具體的地方治理實踐又受國家政令以及地方社會本身的特性所影響。鑒於這些情況，我們首先需要對其治理地方的總體特徵予以考察。

一、旌表門閭：漢族士人與地方的教化措施

對於地方民眾中在孝親、守義等方面有特出表現的孝子、義士以及貞女等，以國家的名義於其家門以及其家居所在鄉里予以特別標示，以一種國家授予的榮耀表彰其所擁有的這些品性德行，是北魏國家常見的一種做法。當然，如果對這種做法予以追溯，則其實行就頗為久遠。周武王滅商，「武王入殷，表商容閭，式箕子門，封比干墓」，〔註83〕這應該是此法行之最早的例證。此後旌表門閭的實踐又屢見於漢晉。《後漢書》卷五《安帝紀》：「（元初六年二月）乙卯，詔曰：『……其賜人尤貧困、孤弱、單獨，穀人三斛；貞婦有節義十斛，甄表門閭，旌顯厥行。』」除了國家詔令的明文規定之外，其他旌表門閭的行為亦時常得見。如北海相孔融令高密縣令特名一鄉為「鄭公鄉」以表彰大儒鄭玄，西晉時有東陽太守上奏請旌表郡內孝義許孜，〔註84〕此類事例無煩多舉。北魏之「標其門閭」無疑是對前朝舊法的繼續沿用。可以想見，旌表門閭作為一項特具儒家治民屬俗理念的措施，其對民間社會產生的影響已經具有歷史積澱的意義。而前朝持續不斷的履行該法也使得北魏國家能夠對其作用形成清晰的認識，這也不失為北魏國家推行漢化，使其政權獲得社會認同的重要措施。

就資料本身而言，北魏標其門閭之事大多集中在魏收《魏書》之《孝感傳》（卷八六）、《節義傳》（卷八七）以及《列女傳》（卷九二）中。此三傳材料的來源不一，多有散佚。今本或存《魏書》原文，或據他書補成，但大體上還是承襲《魏書》則無可懷疑。〔註85〕我們先據《魏書》各傳所錄，並略輯其他地方所見「標其門閭」的事蹟，彙為一表如下：

〔註83〕《漢書》卷四〇《張良傳》，第 2029 頁。

〔註84〕分見《後漢書》卷三五《鄭玄傳》，第 1208 頁；《晉書》卷八八《孝友・許孜傳》，第 2280 頁。

〔註85〕對各卷存佚情況的說明，可參看《魏書》中華書局本各卷之校勘記。

表6.1　北魏「標其門閭」諸例一覽

矜表者	籍　貫	旌表原因	備　註	資料來源
楊引	鄉郡襄垣	爲父母守孝13年	郡縣鄉閭三百餘人狀聞	《魏書》卷八六《楊引傳》
閻元明	河東安邑	至孝	刺史呂壽恩狀聞；詔下州郡，表爲孝門，復其租庸兵役，令終母年	同上《閻元明傳》
吳悉達	河東聞喜	至孝，賑恤鄉里	標閭復役	同上《吳悉達傳》
董吐渾	東郡小黃	三世同居，閨門有禮	景明初，大使王凝奏請標異	同上《董吐渾傳》
王續生	滎陽京縣	居喪滅性	標矜門閭，蠲其徭役	同上《王續生傳》
倉跋	滎陽京縣	至孝	見稱州里，詔標門閭	同上《倉跋傳》
張昇	滎陽	居喪盡孝	詔標門閭	同上《張昇傳》
李顯達	潁川陽翟	居喪毀瘠滅性	司州牧元雍表聞	同上《李顯達傳》
王崇	陽夏雍丘	至孝，有異跡	州以表聞	同上《王崇傳》
郭文恭	太原平遙	有孝行	尚書聞奏	同上《郭文恭傳》
趙令安孟蘭疆	天水白石	四世同居	梁州上言	《魏書》卷八七《趙令安傳》
王玄威	恒農北陝	爲獻文舉哀	刺史茍頹表聞，詔下州令表異	同上《王玄威傳》
馬八龍	武邑武強	撫慰友人遺孤	州郡表列，詔表門閭	同上《馬八龍傳》
門文愛	汲郡山陽	有孝行	鄉人魏中賢等標其孝義	同上《門文愛傳》
邵洪哲	上谷沮陽	申理縣令范道榮冤屈	詔下州郡，標其里閭	同上《邵洪哲傳》
李幾	博陵安平	七世同居共財	鄉里嗟美，標其里閭	同上《李幾傳》
張安祖	河陽	自出家財爲鄉人殯殮	尚書聞奏，標其門閭	同上《張安祖傳》
王閭	北海密縣	數世同居	有司申奏，標其門閭	同上《王閭傳》
劉業興	太山	四世同居	有司申奏，標其門閭	同上《劉業興傳》
蓋俊	魯郡	六世同居	有司申奏，標其門閭	同上《蓋俊傳》
兒先氏	涇州	貞女	詔標墓旌善，號曰「貞女」	《魏書》卷九二《兒先氏傳》
耿氏	滎陽	守節	大使狀聞，標牓門閭	同上《耿氏傳》

李氏	趙郡栢仁	至孝，范陽盧元禮妻	詔易其里爲孝德里，標李盧二門	同上《李氏傳》
姚氏	河東	至孝	太守崔游申請爲營墓立碑，表其門閭	同上《姚氏傳》
魯氏	滎陽	夫死，守節不改嫁	詔令本司依式標牓	同上《魯氏傳》
杜纂	常山九門	以私財殯葬縣令齊羅	郡縣標其門閭	《魏書》卷八八《杜纂傳》
李蘭	上黨長子	純孝	旌表門閭	《北史》卷二七《李先傳》
高眞	勃海蓨縣	至孝	有司以聞，詔標閭里	《魏書》卷三二《高湖傳附高眞傳》
元朗	河南洛陽	居喪盡孝	敕下有司，標其門廬	元朗墓誌〔註86〕
李謐	趙郡	隱士	詔表門閭，門曰文德、里曰孝義	《魏書》卷九○《李謐傳》

　　以上是對文獻中所見旌表門閭事件的匯總。從其分佈的地域來看，這些旌表事例主要分佈在今山西、河北、河南以及山東等地區，關隴地區如天水、恒農等地也略有數例。這一地域分佈特徵也正與當時的族群分佈與政府的地域統控能力密切相關。大體言之，這些地區也正是漢族族群密集、儒家文化傳播較爲穩固的地區，北魏國家對其的統治也相對較爲穩定。從其旌表的原因來看，表彰孝道的事例要占到大多數，其他諸如婦女守節、數世同居、撫慰鄉人、隱居有高行以及爲他人申理冤屈等都在表彰之列。〔註87〕大多數表彰事件具體發生的時間已難以具考。可考的最早爲高眞。《魏書》卷三二《高湖傳附高眞傳》：「（高）眞，有志行。兄弟俱至孝，父亡，治喪墓次，甘露白雉降集焉。有司以聞，詔標閭里。」高眞爲高湖之子。高湖死於太武帝時，〔註88〕則北魏國家對高眞的這次旌表應該發生在太武帝時。需要指出的是，高眞這次獲得國家的表彰主要是因爲其守喪之時有嘉瑞出現，故我們很難斷定這次旌表是否爲應對嘉瑞的特殊舉措。旌表門閭發生得較多的還是在孝文帝以後，相關的文獻也能證

〔註86〕趙超：《漢魏南北朝墓誌彙編》，第202頁。

〔註87〕對於列女、數世同居等尚有不同角度的分析，相關的研究可參看盧建榮：《三至六世紀女性的社會形象塑模》，收入盧建榮主編：《性別、政治與集體心態——中國新文化史》，麥田出版社，2001年，第47～98頁；谷川道雄：《中國中世社會與共同體》，第196～202頁。

〔註88〕《魏書》卷三二《高湖傳》，第752頁。

明這一舉措已經成了一項比較固定的制度。《魏書》卷八《世宗紀》：「（延昌元年）十有一月丙申，詔曰：『朕運承天休，統御宸宇，太子體藉靈明，肇建宮華，明兩既孚，三善方洽，宜澤均率壤，榮泛庶胤。其賜天下爲父後者爵一級；孝子、順孫、廉夫、節婦旌表門閭，量給粟帛。』」這是一份普賜天下性質的詔書，其中規定旌表門閭的對象包括孝子、順孫、廉夫、節婦，這幾類人的共同特點也主要是在孝義上有突出表現。此後孝明帝於即位之後的延昌四年發佈的一份普賜天下的詔書中也將旌表門閭納入其中。〔註89〕孝莊帝時，辛雄爲關西慰勞大使，在其請事奏疏中，辛雄亦將旌表「閨門和穆、孝悌卓然者」列爲此次出使任務之一並獲得批准。〔註90〕可見，旌表孝義之門的做法已經成爲北魏後期一項表彰孝義的經常性制度予以推行。

旌表孝義之門是由北魏國家主導的一項制度。這種旌表行爲大多以國家詔令爲主要依據。國家詔令不僅是這種行爲獲得合法性的主要條件，他同時也是國家以儒家意識形態爲指導。通過這種旌表孝義的方式鼓勵民間的道德風尚，提倡孝道，以之作爲國家統合社會力量，鞏固統治基礎的重要舉措。〔註91〕旌表孝義需要獲得相關的信息，民間孝義士女的信息則來源多樣。如上表所示，民眾自發上奏、大使巡行以及地方官府的舉報是這類信息收集與上達的一些管道，而其中又以地方政府一途是最爲固定和主要的管道。其原因也不難知曉。地方政府是國家指令的具體執行者，旌表孝義既然是國家賦予地方政府的日常行政內容之一，則地方政府也就要按照規定在其治理範圍內進行查考和舉薦。實際上，不管中央政府通過何種管道、何種方式獲得這些信息，最終執行詔令旌表里閭這一活動的仍是地方政府，整個過程也就形成了「州郡表聞——主管部門申奏——詔令旌表——地方具體執行」的程式。

執掌地方各級政府的漢族士人，首先是國家意志的忠實貫徹者。北魏國家推行孝道，並將這一治國理念轉化爲具體的措施，漢族士人就要予以實際的推行。《魏書》卷九二《列女·河東孝女姚氏傳》：

> 河東姚氏女字女勝，少喪父，無兄弟，母憐而守養。年六七歲，便有

〔註89〕《魏書》卷九《肅宗紀》，第222頁。

〔註90〕《魏書》卷七七《辛雄傳》，第1697頁。

〔註91〕康樂先生注意孝道與北魏政治的關係，他指出北魏尤其是孝文帝以後的歷代君主都重視對孝道的建設，並從政治制度發展變遷的角度對孝道所具有的政治作用予以考察，參看氏著《孝道與北魏政治》一文，收入氏著《從西郊到南郊》，稻鄉出版社，1995年，第229～280頁。

孝性，人言其父者，聞輒垂泣。鄰伍異之。正光中，母死，女勝年十
五，哭泣不絕聲，水漿不入口者數日，不勝哀，遂死。太守崔游申請
爲營墓立碑，自爲制文，表其門閭，比之曹娥，改其里曰上虞里。

河東姚氏母死，過哀而亡，此一事爲河東太守崔游申所知，他當是依照成規
將其上報中央請求旌表。獲得中央批准之後，具體的處理辦法則由崔游申設
計。崔游申則對此事予以高度重視，他親自爲其營墓立碑，撰寫碑文，並將
其所居之里改名爲上虞里。在這一過程當中，崔游申對於國家政策執行起來
頗爲認眞。我們也可以推測，他也正是希望通過對孝女姚氏的表彰來敦厲民
風，從而使國家弘揚孝道的理念能夠落到實處，並獲得積極的回應。崔游申
旌表孝女姚氏的做法當具有普遍性。

　　漢族士人的文化修養大多以儒家經義錘成。對經典的學習不僅使他們獲
得相關的知識，處身行事之中也必定受到儒家教義的薰陶。儒家教義對漢族
士人的影響不僅在於對其個人或者家門之類日常倫理的規範，它更使得治理
地方的漢族士人將儒家倫理施用於日常行政當中。這又與上述按照國家意旨
理政有所不同。《魏書》卷九二《列女·房愛清妻崔氏傳》：

清河房愛親妻崔氏者，同郡崔元孫之女。性嚴明高尚，歷覽書傳，
多所聞知。子景伯、景先，崔氏親授經義，學行修明，並爲當世名
士。景伯爲清河太守，每有疑獄，常先請焉。貝丘民列子不孝，吏
欲案之。景伯爲之悲傷，入白其母。母曰：「吾聞聞不如見，山民未
見禮教，何足責哉？但呼其母來，吾與之同居。其子置汝左右，令
其見汝事吾，或應自改。」景伯遂召其母，崔氏處之於榻，與之共
食。景伯之溫凊，其子侍立堂下。未及旬日，悔過求還。崔氏曰：「此
雖顏慚，未知心愧，且可置之。」凡經二十餘日，其子叩頭流血，
其母涕泣乞還，然後聽之，終以孝聞。

房景伯本人行止守節，在清河太守任上寬恩遇下，這都是有史可證之事。〔註92〕
而他親身教導感染郡民則爲其治跡提供了實實在在的證據。儘管以親身實踐感
染郡民的主意爲其母所出，但這卻是在房景伯意圖改變風俗，提倡孝道的意志
下得以進行的。與上述旌表孝門的國家行爲相比，這則是漢族士人主動關注地
方道德問題的表現。《魏書》卷三二《封懿傳附封回傳》：「（封回）尋除鎮遠將
軍、安州刺史。山民願朴，父子賓旅，同寢一室。回下車，勒令別處，其俗遂

改。」封回與房景伯一樣，所出任之地都是所謂的「山民」，在他們眼中，這些人未經禮教，需要通過親身的示範或者政令的推行來改變其不符合儒家禮法的地方。房景伯留意孝養，封回改革民眾居處慣習，這也顯示出他們對地方習俗的注意和改革也是多方面的。

當然，北魏國家對地方教化的關注當不止孝道一個方面，舉凡地方的社會風俗、治安、社會信仰等包涵或者影響地方教化，都在他們的考察之列。我們倒不如將旌表門閭這一做法作如下解讀，即北魏國家其實是以對孝道的強調爲中心來敦促地方政府加強對社會風化的整治。這一認識可以從旌表范陽盧元禮之妻李氏的詔令中得到印證。李氏至孝，國家下詔表彰：「孔子稱毀不滅性，蓋爲其廢養絕類也。李既非嫡子，而孝不勝哀，雖乖俯就，而志屬義遠，若不加旌異，則無以勸引澆浮。可追號曰『貞孝女宗』，易其里爲孝德里，標李盧二門，以惇風俗。」〔註93〕以惇風俗正好說明了旌表之舉的目的。而北魏國家所關心的社會風俗的具體內容則包涵廣泛，孝文帝時的一道詔令或許可以作爲例證：「鄉飲禮廢，則長幼之敍亂。孟冬十月，民閑歲隙，宜於此時導以德義。可下諸州，黨裏之內，推賢而長者，教其里人父慈、子孝、兄友、弟順、夫和、妻柔。不率長教者，具以名聞。」〔註94〕顯然，此詔令強調的是儒家所宣導的人間倫理規範，這當是北魏國家所關注的地方風俗重點。

地方政府治理地方面臨的問題也因時因地因人而異，他們採取的做法當然就各各不同。我們首先來看高祐對地方風俗的整頓。他爲西兗州刺史時：

> 令一家之中，自立一碓，五家之外，共造一井，以供行客，不聽婦人寄春取水。又設禁賊之方，令五五相保，若盜發則連其坐，初雖似煩碎，後風化大行，寇盜止息。〔註95〕

高祐制定了一系列的措施以惇風俗。從其要求民間家立一碓、不聽婦人寄春取水以及實行連坐相保制度來看，他應該是希望通過控制民眾相互之間的交往來整頓風俗。這一做法倒也獲得了其預期的效果。我們也知道，對地方風俗的改良也絕非一朝一夕就能實現，高祐制定法令，採取了較爲強硬的立場，但其達到「風化大行，寇盜止息」的效果顯然也是一段時間之後的事。又如寇儁，他於永安二年爲梁郡太守，「民俗荒獷，多爲盜賊。儁乃令郡縣立庠序，

〔註93〕《魏書》卷九二《列女・盧元禮妻李氏傳》，第1984頁。
〔註94〕《魏書》卷七《高祖紀》，第163頁。
〔註95〕《魏書》卷五七《高祐傳》，第1261頁。

勸其耕桑，敦以禮讓，數年之中，風俗頓革」，〔註96〕寇儁的做法不同於高祐，
而頗似漢代循吏治理地方的舉措。〔註97〕他採取興學、勸耕以及敦以禮讓等
舉措的初衷也就是爲了變革當地民俗，而且上述舉措顯然也是出於寇儁的長
期規劃。又如張彝爲秦州刺史：

> （張）彝務尚典式，考訪故事。及臨隴右，彌加討習，於是出入直
> 衛，方伯威儀，赫然可觀。羌夏畏伏，憚其威整，一方肅靜，號爲
> 良牧。……敷政隴右，多所制立，宣佈新風，革其舊俗，民庶愛仰
> 之。〔註98〕

秦、梁交界，共處一區，兩地民族構成、社會習俗也較爲接近，所以張彝治
理秦州實與寇儁面臨差爲相近的問題。但他卻首先從彰顯刺史出入威儀一途
入手。在形成對當地胡漢各族的威懾之後，他也多立制度，以改變當地舊俗
爲主務。再如張長年爲汝南太守：

> 有郡民劉崇之兄弟分析，家貧惟有一牛，爭之不決，訟於郡庭。長
> 年見之，淒然曰：「汝曹當以一牛，故致此競，脫有二牛，各應得一，
> 豈有訟理。」即以家牛一頭賜之。於是郡境之中各相誠約，咸敦敬
> 讓。〔註99〕

張長年自出家牛以息爭訟，並因此使得敬讓之風遍行郡境，若僅憑這一件事
就做到這一點，其實未免誇張。但細加推敲，我們似乎也可推斷張長年唯有
早具體恤民隱之情，他才可能在郡民爭訟之時有自捨家財之舉。這一舉動至
少在民間產生了較大的影響，從而在一定程度上推動了社會習俗的改進。

其他漢族士人執政地方、促進地方教化的事例還有不少。如張蒲，「出爲
相州刺史，扶弱抑強，進善黜惡，教化大行」；〔註100〕高允爲懷州刺史，「勸
民學業，風化頗行」；〔註101〕明亮爲陽平太守，「清白愛民，甚有惠政，聲績
之美，顯著當時。朝廷嘉其風化」。〔註102〕可見，地方的教化問題成了漢族士
人治理的一個主要方面，或者說就是其治理地方的根本任務。在具體的治理

〔註96〕 《周書》卷三七《寇儁傳》，第 658 頁。
〔註97〕 參看余英時：《漢代循吏與文化傳播》，收入氏著《士與中國文化》，上海人民
　　　　出版社，2003 年，第 118～189 頁。
〔註98〕 《魏書》卷六四《張彝傳》，第 1248 頁。
〔註99〕 《魏書》卷八八《良吏·張恂傳附張長年傳》，第 1900 頁。
〔註100〕 《魏書》卷三三《張蒲傳》，第 779 頁。
〔註101〕 《魏書》卷四八《高允傳》，第 1086 頁。
〔註102〕 《魏書》卷八八《良吏·明亮傳》，第 1904 頁。

過程中，他們又能因循舊俗與時勢，採取了不同的辦法以砥礪民風。這種治理又是有著長期與整體的規劃，也體現了漢族士人實際的才幹。

通過以上的論述，我們試圖揭示出，作爲治理地方的一項重要內容，促進地方風俗與教化是北魏中央政府與地方社會共同關心的問題。這中間漢族士人既有遵循中央政府旌表孝義，敦促地方教化的舉措的一面，又有結合實際，廣施方略，主動地促進地方教化的一面。

二、興建學校：漢族士人與北魏地方的文化教育

自秦漢以降，各朝各代地方政府均將設立學校作爲開啓民萌、施行教化以及傳播文化的重要途徑。北魏政府亦不例外。作爲治理地方的重要歷史經驗，北魏政府亦注意地方官學的建設。在統一局面基本穩定之後，獻文帝時，北魏政府命令高允集合中、秘二省官員共同商討地方官學的建設方案，隨後即將其商議結果制爲詔令頒佈全國。建立學校遂作爲常制被納入地方政府的日常行政當中。〔註103〕而宣武帝時爲吏部尚書的元英的一份奏章中更顯示出北魏國家對於官學的建設和運作並有《學令》的法律條文予以規範。其中即規定了對於地方官學生員的定期考核，〔註104〕這也足見北魏國家對於地方官學的重視。

在北魏地方官學體系尚未建立之前，我們也能看到一些地方守長興建學校的例子。《魏書》卷八八《良吏·張恂傳》：「（張恂）出爲廣平太守。恂招集離散，勸課農桑，民歸之者千戶。遷常山太守。恂開建學校，優顯儒士。吏民歌詠之。」張恂於太祖拓跋珪之時隨其兄張衮一起投奔北魏，並在北魏進入中原之後出任郡守。他在常山太守任上開建學校一事爲現存文獻所見北魏地方政府建立學校的最早記錄。這一舉動與拓跋珪興建國子太學遙相呼應。但應該指出，這很可能是張恂的個人的舉措，而非北魏國家的制度規定。張恂本爲儒生，在其任上興學禮儒，這自是其學以致用的結果。另一位興建學校的則是蜀族薛謹。他於明元帝時投奔北魏，被授予河東太守，之後一直常駐河東。《魏書》卷四二《薛辯傳附薛謹傳》：

〔註103〕《魏書》卷四八《高允傳》，第1078頁。關於北魏郡國學建立情況的考察亦可參看陳道生：《北魏郡國學綜考》，載《大陸雜誌》第31卷第10期。
〔註104〕《魏書》卷一九《景穆十二王·南安王楨傳附元英傳》：「英奏：『謹案學令：諸州郡學生，三年一校，所通經數，因正使列之，然後遣使就郡練考。』」

（北魏）既克蒲坂，世祖以新舊之民并爲一郡，謹仍爲太守，遷秦
州刺史，將軍如故。……謹自郡遷州，威惠兼備，風化大行。時兵
荒之後。儒雅道息。謹命立庠，教以詩書，三農之暇，悉令受業，
躬巡邑里，親加考試。於是河汾之地，儒道興焉。〔註105〕

薛謹雖爲蜀族，〔註106〕但河東薛氏久處中原，其漢化進程已較可觀。薛謹本
傳亦稱其「頗覽史傳」，則其仍具一定的文化修養。從其經營學校教育的表現
來看，設立學校應是整個泰州地區的統一舉措，泰州所轄民眾則成了接受教
育的對象。薛謹親自巡查、考核，薛謹的這一行政舉措不僅提高了民眾的文
化水準，也使得儒學得以廣泛傳播。

　　獻文帝以後，興建學校成了地方日常行政的一項定規，而治理地方的漢族
士人在促進學校教育方面更發揮了積極作用。如崔辯爲武邑太守，「政事之餘，
專以勸學爲務」；高允爲懷州刺史，「勸民學業，風化頗行」；盧道將爲燕郡太守，
「優禮儒生，勵勸學業」。〔註107〕應該說，漢族士人本以儒學爲業，儒家思想
的浸染就使得他們更加熱心於地方的學校教育，而不僅僅是對國家政策的執
行。漢族士人對於地方的學教建設和文化教育既然不是機械的執行國家政令，
則他們在這些方面所表現出來的主動性就需要引起我們的注意。簡單言之，他
們在日常的文化教育中注重結合當地的實際情況來推行文化教育。

　　對於邊緣地區而言，其地或因處於兩國交爭之地，民懷二心，不穩定因
素較大；或爲非漢民族聚居之地，樸質少文，民風強悍。面對這種狀況，任
職其地的漢族士人爲穩定治理，基本上都從改良地方風氣入手，而興建學校
又成了他們較爲一致的選擇。較早的事例是孝文帝時的荊州刺史賈儁。《魏書》
卷三三《賈彝傳附賈儁傳》：

（賈儁）出爲顯武將軍、荊州刺史。依例降爵爲伯。先是，上洛置

〔註105〕關於河東蜀薛在北魏的發展可參看劉淑芬：《北魏時期的河東蜀薛》，《中國史
　　　　學》第11卷，2001年；許蓉生、林西成：《河東薛氏研究》，《西南民族大學
　　　　學報》，2004年第11期。需要注意的是，根據「河汾之地，儒道興焉」可知，
　　　　薛謹所任之秦州刺史，「秦」當系「泰」之誤，此點劉淑芬文中業已指出。
〔註106〕關於河東薛氏的族源問題，林宗閱先生亦有最新研究，但他的研究對薛氏爲
　　　　蜀族、爲漢族的兩種觀點都有證實，似不足以推翻薛氏爲蜀族的看法。參看
　　　　氏著《試論河東「蜀薛」的淵源問題》，載《早期中國史研究》第1卷，2009
　　　　年，第45～62頁。
〔註107〕以上崔辯諸人分見《魏書》卷五六《崔辯傳》、卷四八《高允傳》、卷四七《盧
　　　　玄傳附盧道將傳》，第1251、1086、1051頁。

　　荊州，後改爲洛州，在重山中，民不知學。俊乃表置學官，選聰悟
　　者以教之。在州五載，清靖寡事，吏民亦安。

賈儁刺荊在太和遷都稍前。魏初置荊州於上洛，置洛州於洛陽；太和遷都後，治洛陽之洛州改爲司州，並於上洛重置洛州，而治上洛的荊州則遷至魯陽，後續遷至穰城。〔註108〕賈儁正經歷了上洛從荊州改爲洛州的行政變遷。北魏在獻文帝時曾建立地方官學，但賈儁所治之洛州似從未具體貫徹，以至於到賈儁時還要新建學官。同樣的情況亦見於其後爲魯陽太守的酈道元。《北史》卷二七《酈範傳附酈道元傳》：「（酈道元）後試守魯陽郡，道元表立黌序，崇勸學教。詔曰：『魯陽本以蠻人，不立大學。今可聽之，以成良守文翁之化。』道元在郡，山蠻伏其威名，不敢爲寇。」酈道元守魯陽的時間是在宣武帝前期。由於處於山蠻盤踞地帶，受這種客觀環境的限制，北魏南邊州郡在執行中央的興建學校的政策方面並不積極，而賈儁、酈道元上表要求興建學校的目的也正是爲了對山蠻開展文化教育，以改變這種不利的局面。以後韋或爲東豫州刺史，此地同樣是山蠻盤踞之地，他也抱著同樣的目的展開了對東豫州山蠻的文化教育：「或以蠻俗荒梗，不識禮儀，乃表立太學，選諸郡生徒於州總教。又於城北置宗武館以習武焉。境內清肅。」〔註109〕而新發現的韋或的墓誌更細緻地描述了他開展文化教育的情形：

　　（韋或）建太學，置崇文堂，立孔聖廟，生徒負養，慕義如雲，俎
　　豆之容，道齊一變。政事之暇，親爲執經，高義既清，徵言載緒，
　　僑民奔德，樂茲道化。夫妻負戴，開術填喧，謳歌行頌，於今盈耳。
　　朝廷以聲名爲天下最，頻降優旨。〔註110〕

可見，韋或在東豫州設立的太學規制較爲完善，而韋或也親自執經講誦，使得當地的儒學教育首先獲得了一種形式上的完整性。韋或治理東豫州政績顯著，頗爲朝廷嘉獎。可以想見，崇興儒學文化教育應該是其政績之一。有趣的是，韋或不僅設立了專司文化教育的太學，而且還設立了宗武館以訓民習武，這不失爲順應當地風氣的一種表現。以上數人興教之事基本上發生在北魏南邊州郡。應該說，這一舉措以改變當地蠻族的風習爲主要目的，這不僅提高了他們的文化水準，同時也進一步加強了北魏政權與蠻族之間的交流，

<hr>

〔註108〕參看毋有江：《北魏的州建制》，第 317 頁。
〔註109〕《魏書》卷四五《韋閬傳附韋或傳》，第 1015 頁。
〔註110〕羅新、葉煒：《新出魏晉南北朝墓誌疏證》，第 128 頁。

使得雙方的政治認同有了推進，其積極意義當然是北魏國家所期望的。

與邊遠地帶的複雜狀況相比，處於北魏統治中心地區的州郡，其地社會較為穩定，民族構成上也以漢族為主，文化也較為發達，所以北魏國家的政令能夠得到有效的執行。就地方官學的建設而言，中心地區州郡官學也普遍建立起來，任職於此地的漢族士人與邊緣地帶的州郡長官對文化教育的關注點就顯然不同。前者則基本上不必考慮興建學校之事，而是計畫如何更進一步地完善官學體系，推動文化教育的更高水準的發展。《北史》卷三一《高允傳附高祐傳》：「（高祐）出為西兗州刺史，假東光侯，鎮滑臺。祐以郡國雖有太學，縣黨宜有黌序，乃縣立講學，黨立教學，村立小學。」〔註111〕高祐理政頗為精細，我們從前述他立法教化民間一點亦可窺見。對於地方的文化教育，高祐更將學校建設推進到最基層的村落。當然，從其不同層次的學校的名稱來看，其教學內容當也有高低之別。高祐的這一做法是否是中心地區普遍的做法，我們不得而知，但他至少給我們展示了一幅完整的地方教學體系。

在重視學校體系建設的同時，漢族士人也注意提高教學水準。《魏書》卷六五《李平傳》：「（李平）尋正（相州）刺史，加征虜將軍。平勸課農桑，修飾太學，簡試通儒以充博士，選五郡聰敏者以教之，圖孔子及七十二子於堂，親為立贊。」李平就注意對教學博士以及生員的遴選，他還為孔子及其弟子畫像並親自為其立贊，這足以顯示他對州太學的關心。又如曾任恒農太守的劉道斌，「修立學館，建孔子廟堂，圖畫形像。去郡之後，民故追思之，乃復畫道斌形於孔子像之西而拜謁焉」，〔註112〕劉道斌的做法與李平有較為相似的地方，而他的舉措更是深入民心。《魏書》卷五九《蕭寶夤傳》：「神龜中，（蕭寶夤）出為都督徐南兗二州諸軍事、車騎將軍、徐州刺史。乃起學館於清東，朔望引見士姓子弟，接以恩顏，與論經義，勤於政治，吏民愛之。」又如崔遊為河東太守，「太學舊在城內，遊乃移置城南閑敞之處，親自說經。當時學者莫不勸慕，號為良守」。〔註113〕州郡長官興立學校並親自講解經義，這在漢代也屬常見之事。蕭寶夤、崔遊親自與生員討論經義，這對當地官學生員的學習當然更具推動作用。再如裴植任職瀛洲刺史之時，「徵（劉）蘭講書於州城南館，植為學主，故生徒

〔註111〕《魏書》卷五七《高祐傳》：「出為持節、輔國將軍、西兗州刺史，假東光侯，鎮滑臺。祐以郡國雖有太學，縣黨宜有黌序，乃縣立講學，黨立小學。」此言黨立小學，與《北史》所記略有不同。
〔註112〕《魏書》卷七九《劉道斌傳》，第1758頁。
〔註113〕《魏書》卷五七《崔挺傳附崔游傳》，第1276頁。

甚盛，海內稱焉」。〔註114〕劉蘭爲河北大儒，裴植請他於瀛洲講學，這大概是屬於地方官學常制之外的臨時舉措。裴植對此也十分重視，自任學主，這更起到一種表率作用，對於促進當地的文化教育意義重大。

需要指出的是，北魏官學之外還有私人講學，其規模也不小。「時天下承平，學業大盛。故燕齊趙魏之間，橫經著錄，不可勝數。大者千餘人，小者猶數百」。〔註115〕私學大興，這當然是地方文化教育發展的表徵。但也有引發地方困惑的時候。《魏書》卷六九《崔休傳》：「（崔休爲勃海太守）。時大儒張吾貴有盛名於山東，四方學士咸相宗慕，弟子自遠而至者恒千餘人。生徒既眾，所在多不見容。休乃爲設俎豆，招延禮接，使肄業而還，儒者稱爲口實。」崔休時爲勃海太守，則張吾貴當在勃海講學。然而其生徒的集聚卻使得他們與當地民眾之間產生了緊張的關係，其具體的原因我們無從知曉。時爲郡守的崔休並沒有順從當地民眾的意見，而是採取禮接儒生的措施，使其肄業而還，從而成功地化解了矛盾。應該說，崔休的這一做法仍是以尊重儒學、重視文化教育爲主旨，他顯然也贏得了儒生的讚譽。

漢族士人在推動地方的文化發展方面，大多選擇了興建學校一途。這種做法雖然是國家的常制，但如何具體實踐卻是需要漢族士人在遵循定規的同時發揮主動性，結合本地實際狀況，在不同層次上開展學校教育，推動文化傳播。這是他們較爲一致的特點。

三、禁止淫祠：漢族士人對民間信仰的參與和改造

拓跋氏自代北草原進入中原地區，其胡族傳統的強盛自是無可懷疑，所以在信仰和祭祀體系的建立方面，大量胡族習俗如西郊祭天、女巫主祠等仍得以保留。〔註116〕當然，這一套祭祀體系基本上只在平城地區展開，對於中原地區的民間信仰，我們並沒有證據表明他們受到拓跋鮮卑的影響。然而，北魏國家在進入中原之後不久就把中原地區的民間祭祀、民間信仰納入他們的視野當中。《魏書》卷一○八《禮志》：「（泰常三年），又立五嶽四瀆廟於桑

〔註114〕《魏書》卷八四《儒林・劉蘭傳》，第 1851 頁。

〔註115〕《魏書》卷八四《儒林傳序》，第 1842 頁。

〔註116〕關於北魏前期的國家祭祀的研究可參看楊永俊：《論拓跋鮮卑的西郊祭天》，載《民族研究》2002 年第 2 期；又《論拓跋鮮卑的原始祭天》，載《西北民族學院學報》2002 年第 6 期；今井秀周：《北魏における西郊について》，載《東海女子短期大學紀要》第 25 號，1999 年。

乾水之陰，春秋遣有司祭，有牲及幣。四瀆唯以牲牢，準古望秩云。其餘山川及海若諸神在州郡者，合三百二十四所，每歲十月，遣祀官詣州鎮遍祀。有水旱災厲，則牧守各隨其界內祈謁，其祭皆用牲。」將各地的川嶽海瀆神靈納入國家的祭祀體系當中，這是歷代王朝尤為注意之事。這一做法乃是統治者通過對民間信仰的掌控而獲得其政治權威，從而形成有利於其統治的意識形態。當然，泰常三年這一次國家祭祀的展開並不意味著北魏國家即完成了對民間信仰控制的制度化。其實，終北魏一朝，國家對民間信仰權威的建立以及國家祭祀的制度化都處於一個轉型和過渡時期。〔註 117〕需要注意的是，在國家祭祀活動當中，除了由中央政府派遣人員前往各地舉行常規祭祀之外，在水旱災害發生之時，各地各級行政長官實際上也需負責主持本區內的祈禱儀式。這就讓我們看到，在彰顯國家意志的祭祀體系當中，地方政府也同樣擁有參與的權利與義務。

　　民間信仰本是地方民眾集體心態和行為的反映，它與一地的地理環境、社會觀念以及社會風俗等都有密切的關係。北魏時期的漢族士人當然能夠認識到這一點。然而隨著國家祭祀對民間信仰的介入和控制，他們又必須要貫徹國家祭祀的相關政策，使國家意志能夠有效彰顯。漢族士人出任地方，對當地的民間信仰的管理首先就受到國家政策的影響。鑒於國家祭祀太多太濫，不合祀典，太武帝拓跋燾曾聽從崔浩的建議，將祭祀對象縮減為 57 處。到文成帝和平四年（463）時，此制又不得遂行。《魏書》卷一○八《禮志》：「（和平四年）四月旱，下詔州郡，於其界內神無大小，悉洒掃薦以酒脯。年登之後，各隨本秩，祭以牲牢。至是，群祀先廢者皆復之。」這一番改變，詔令由中出，而具體執行的則是州郡長官。從詔令中所規定的神無大小，一體祭祀一點來看，這次應該有不少各地民間祭祀對象被納入其中。〔註 118〕顯然，

〔註 117〕蔡宗憲先生通過對中古淫祀、淫祠以及祀典等詞涵義的文本考察，指出漢魏南北朝時期中央對地方「淫祀」的控制仍未制度化，民眾祭祀仍然普遍發展，參看氏著《淫祀、淫祠與祀典》，載榮新江主編：《唐研究》第 13 卷，北京大學出版社，2007 年，第 203～232 頁。亦可參看雷聞：《郊廟之外：隋唐國家祭祀與宗教》，三聯書店，2008 年，第 250～255 頁。

〔註 118〕《魏書》卷一○八《禮志》：「高祖延興二年，有司奏天地五郊、社稷已下及諸神，合一千七十五所，歲用牲七萬五千五百。顯祖深愍生命，乃詔曰：『……其命有司，非郊天地、宗廟、社稷之祀，皆無用牲。』於是群祀悉用酒脯。」孝文帝初年的國家祭祀對象已經達到 1075 所，如此龐大的祭祀數量當然是文成帝恢復群祀詔令執行之後的結果，雖然這些祭祀對象是由官方選定並執行

任職於各地的漢族士人同樣也需要執行這一命令。

宣武帝時擔任太常卿的劉芳曾對洛陽地區的祭祀問題進行過分析：

> 臣聞國之大事，莫先郊祀，郊祀之本，實在審位。……靈星本非禮
> 事，兆自漢初，專為祈田，恒隸郡縣。《郊祀志》云：「高祖五年，
> 制詔御史，其令天下立靈星祠，牲用太牢，縣邑令長侍祠。」晉祠
> 令云：「郡、縣、國祠稷、社、先農，縣又祠靈星。」此靈星在天下
> 諸縣之明據也。周公廟所以別在洛陽者，蓋姬旦創成洛邑，故傳世
> 洛陽，崇祠不絕，以彰厥庸。夷齊廟者，亦世為洛陽界內神祠。今
> 並移太常，恐乖其本。**天下此類甚眾，皆當部郡縣修理，公私於之**
> **禱請**。竊惟太常所司郊廟神祇，自有常限，無宜臨時斟酌以意，若
> 遂爾妄營，則不免淫祀。二祠在太常，在洛陽，於國一也。然貴在
> 審本。〔註119〕（黑體字為筆者所加。）

劉芳此奏就靈星、周公廟、夷齊廟等祭祀對象納入中央政府的日常祭祀當中發表了不同的意見。簡言之，根據禮典及前朝舊制，靈星等都屬於地方祠祀系統，其祭祀儀式理應由地方政府主持，而北魏政府將坐落在洛陽界內的這些祭祀對象置於中央政府主持的祭祀體系當中，實在不合祀典。顯然，這樣一種調整至少對於洛陽地區的地方政府的民間祭祀管理要產生一定的影響。同時，劉芳奏文中「天下此類甚眾，皆當部郡縣修理，公私於之禱請」一句就需要引起我們的注意，因為這說明北魏時期地方祭祀體系當中雖然有官方主持的祭祀對象，但地方民眾同樣可以對其進行禱請。如此一來，這些具有官方背景的祭祀對象同樣也是民間信仰的組成部分。關於這一點，我們可以太和初年擔任懷州刺史的高允主持修葺孔廟一事為證。此事為酈道元之《水經注》所記載：

> 邘水又東南，徑孔子廟東，廟庭有碑。魏太和元年，孔靈度等以舊
> 宇毀落，上求修復。野王令范眾愛、河內太守元真、刺史咸陽公高
> 允表聞，立碑於廟。治中劉明、別駕呂次文、主簿向班虎、荀靈龜，
> 以宣尼大聖，非碑頌所稱，宜立記焉，云，仲尼傷道不行，欲北從
> 趙鞅，聞殺鳴犢，遂旋車而返。及其後也，晉人思之，於太行巔南
> 為之立廟，蓋往時回轅處也。……碑云：魯國孔氏，官於洛陽，因

祭祀儀式，但其中難免不包括各地民眾奉祀之神，而獻文帝的這道詔令也只
是降低祭祀規格，不是要廢除這些祭祀對象。

〔註119〕《魏書》卷五五《劉芳傳》，第1223～1225頁。

居廟下，以奉蒸嘗。〔註120〕

懷州之有孔廟，乃是因其行跡所至而立。太和元年的這次修葺孔廟，是由孔靈度提議，經野王令、河內太守以及懷州刺史聯合上請批准並共同營造才得以完成的，足見懷州各級政府對此次修葺的重視。而可以肯定的是，酈道元注文中提到的懷州各級政府長官以及州府僚佐（除元眞外）基本上都是漢族士人。孔廟祭祀雖由官方主持，有著崇敬儒學的意義，但他同樣爲民眾所信仰。如前引恒農太守劉道斌在任期間起學校、修孔子廟，贏得民間敬仰，「去郡之後，民故追思之，乃復畫道斌形於孔子像之西而拜謁焉」〔註121〕，劉道斌的形象被與孔子像安排在一起接受當地民眾的拜祭，這也透露出恒農孔廟的民間祠祀性質。孝文帝延興二年（472）二月的一道詔令頗能說明這個問題：

> 尼父稟達聖之姿，體生知之量，窮理盡性，道光四海。頃者淮徐未賓，廟隔非所，致令祠典寢頓，禮章殄滅，遂使女巫妖覡，淫進非禮，殺生鼓舞，倡優媟狎，豈所以尊明神敬聖道者也。自今已後，有祭孔子廟，制用酒脯而已，不聽婦女合雜，以祈非望之福，犯者以違制論。其公家有事，自如常禮。犧牲粢盛，務盡豐潔。臨事致敬，令肅如也。牧司之官，明糾不法，使禁令必行。〔註122〕

這道詔令爲我們提供了一些重要的信息。首先，詔令中提到的女巫妖覡、殺生鼓舞以及倡優媟狎等明顯不會是官方祭祀的儀式，從其後特別提到「公家有事」來看，前此諸項無疑是民間祭祀時的表現。其次，「婦女合雜，以祈非福之望」一句又透露出，在官方祭祀中爲了崇敬儒學的孔廟在民眾中間卻成了祈禱福運的對象。〔註123〕最後，詔令中明確規定設立孔廟的州郡地方長官要切實禁止民間祭祀孔廟時的非禮之舉，則又說明地方官在這類地方祭祀當中的管理是遵循國家政令行事的。瞭解了上述孔廟祭祀的背景，我們再回過頭觀察高允等修葺懷州孔廟的事件，則不難理解他們重視的原因不僅是崇敬儒學，民間信仰的高漲恐怕也是原因之一。

〔註120〕酈道元撰、楊守敬疏：《水經注疏》卷九「（沁水）又東過野王縣北」條注，上海古籍出版社，2008年，第831～832頁。

〔註121〕《魏書》卷七九《劉道斌傳》，第1758頁。

〔註122〕《魏書》卷七《高祖紀》，第136頁。

〔註123〕雷聞先生亦指出，北魏孔廟祭祀帶有很強的民間祭祀的特點，而且他對唐代孔廟祭祀的研究也顯示出，唐代孔廟甚至成了婦女祈子、民間祈雨的神靈祭祀對象，這對於我們認識北魏的孔廟祭祀無疑是有幫助的。參看氏著《郊廟之外：隋唐時期的國家祭祀》，第68～72頁。

以上所論述的是地方信仰體系當中具有官方背景的祭祀。我們看到，在大多數情況下，他們同樣也是民間祭祀的一部分。出任地方的漢族士人對於這樣的祭祀對象大多是遵照國家政令行事，因爲他們代表著國家權威和統治的合法性，這需要地方政府予以維護。當然，地方社會仍有不經官方祭祀而爲民眾信仰的祭祀。《魏書·地形志》記載了北魏各地的祠廟。根據我們的統計，共有祠 89 所，廟 29 所，神祇 40 處。這些祠廟中當有不少屬於民間祭祀者。如《地形志》中提到濟南郡平陵縣有章丘城、女郎山祠，這爲酈道元的記載所證實：「（章丘）城南有女郎山，山上有神祠，俗謂之女郎祠，左右民祀焉。」〔註 124〕又如東方朔祠，「（厭次）縣西有東方朔塚，塚側有祠，祠有神驗。」〔註 125〕像這類民間祭祀應該是民間自發的信仰對象，很難說是受國家意志所調控。對於這一類祭祀，漢族士人則視其爲引導地方風俗的重要媒介而予以調控。《魏書》卷四五《韋閬傳附韋珍傳》：

> 高祖初，蠻首桓誕歸款，朝廷思安邊之略，以誕爲東荊州刺史。令（韋）珍爲使，與誕招慰蠻左。珍自懸瓠西入三百餘里，至桐柏山，窮淮源，宣揚恩澤，莫不降附。淮源舊有祠堂，蠻俗恒用人祭之。
> 珍乃曉告曰：「天地明靈，即是民之父母，豈有父母甘子肉味！自今已後，悉宜以酒脯代用。」群蠻從約，至今行之。

韋珍是以使節的身份赴東荊州招撫山蠻。嚴格而言，他不能算作地方長官，但其對山蠻淮源祠祀祭俗的改革卻是與治理地方的漢族士人秉承同樣的理念，作爲一個旁證也未嘗不可。

漢族士人出任地方時也往往通過對境內先賢的表彰、祠祀來鼓勵民俗。《魏書》卷四七《盧玄傳附盧道將傳》：「（盧道將）出爲燕郡太守。道將下車，表樂毅、霍原之墓，而爲之立祠。」樂毅爲戰國時期燕國名將，霍原爲西晉名士，二人俱屬燕郡，盧道將這一舉措當然是結合地域文化，借助民間信仰來促成當地民眾建立文化認同，並進一步改良當地風俗。這樣的舉措亦見之於高允。《魏書》卷四八《高允傳》：「尋授（高允）使持節、散騎常侍、征西

〔註 124〕酈道元撰、楊守敬疏：《水經注疏》卷八「（濟水）又東北過管縣南」條注，第 753 頁。

〔註 125〕酈道元撰、楊守敬疏：《水經注疏》卷五「（河水）又東北，過楊虛縣東，商河出焉」條注，第 499 頁。《水經注》中所記錄北魏時期北方地區的民間祠祀的統計可參看侯旭東：《五、六世紀北方民眾佛教信仰》，中國社會科學出版社，1998 年，第 61 頁。

將軍、懷州刺史。允秋月巡境，問民疾苦。至邵縣，見邵公廟廢毀不立，乃曰：『邵公之德，闕而不禮，爲善者何望。』乃表聞修葺之。」邵公廟廢毀不立，這顯示出對邵公的祭祀早已淡出當地民眾和政府的視野。高允修葺邵公廟的舉措當與前述他修葺孔廟的行爲同觀，這既是對儒家理念的提倡，又是對民間祭祀的引導。又如孝文帝時出任相州刺史的李安世：「敦勸農桑，禁斷淫祀。西門豹、史起，有功於民者，爲之修飾廟堂。」〔註126〕李安世對民間信仰的禁止與提倡則較爲突出。他禁斷當地民間淫祀，而鼓勵對有功於民的先賢的祭祀，這應屬於他運用行政權威對地方信仰的強制性改造，其目的無疑是爲了改良當地風俗。上述盧道將、高允以及李安世等對民間信仰的禁止或改造當非個別現象。應該注意的是，他們對民間祭祀並不是採取一切斷絕的做法，而是積極引導，並通過對民間信仰的調控來實現對地方風俗的改良。

漢族士人對地方信仰的參與還表現在維護其自身的權威，在這一點上，裴粲的例子值得一提。《魏書》卷七一《裴叔業傳附裴粲傳》：

> 出帝初，（裴粲）出爲驃騎大將軍、膠州刺史。屬時亢旱，士民勸令禱於海神。粲憚違眾心，乃爲祈請，直據胡床，舉杯而言曰：「僕白君。」左右云，前後例皆拜謁。粲曰：「五嶽視三公，四瀆視諸侯，安有方伯而致禮海神也。」卒不肯拜。

從當地士民勸裴粲祈雨一事來看，膠州祈雨已形成一套官民共同接受的儀式。其中作爲主持祈禱儀式的刺史顯然是整個活動的中心人物。儘管在災害來臨之時受民意約束，他必須虔誠地進行祭祀，但對祈雨權力的掌控無疑使他在自身權威與祭祀儀式之間建立了緊密的聯繫。這種情狀當不是膠州一地的特例。裴粲不願遵循成規舉行祭祀儀式，而缺乏虔敬表現的做法顯然會降低他在民眾中的威信，這只能是裴粲的個人之舉。利用民間信仰來鞏固自身權威的事例還有孝文帝時擔任光州刺史的崔挺。《魏書》卷五七《崔挺傳》：

> 州治舊掖城，西北數里有斧山，峯嶺高峻，北臨滄海，南望岱嶽，一邦遊觀之地也。挺於頂上欲營觀宇，故老曰：「此嶺秋夏之際，常有暴雨迅風，巖石盡落，相傳云是龍道，恐此觀不可久立。」挺曰：「人神相去，何遠之有？虬龍倏忽，豈唯一路乎！」遂營之。數年間，果無風雨之異。挺既代，即爲風雹所毀，於後作，復尋壞，遂莫能立。眾以爲善化所感。

〔註126〕《魏書》卷五三《李孝伯傳附李安世傳》，第 1176 頁。

對暴風雨這種自然現象的神化顯然已經成爲光州地區的民間信仰，崔挺不顧民眾的勸阻，在斧山之上修建觀宇並獲得成功。而當地民眾仍從其熟悉的信仰觀念出發對此事加以理解，認爲其治理地方所建立起的個人威信甚至贏得了神靈的認可，這無疑使崔挺的民間威望得到更進一步的提高。〔註127〕

　　北魏地方的民間信仰是一個頗爲龐雜的體系，其中又存在與有著官方背景的祭祀的交融，因而其中既有北魏國家彰顯統治權威的意圖，又有民眾信仰觀念的影響。我們的論述也揭示出，漢族士人對地方祭祀體系的管理當中，一方面要執行國家的政令，使得地方祭祀能夠體現國家權威的核心地位，一方面又會對地方信仰進行改造和引導，廢止淫祀，鼓勵符合國家意識形態的祭祀，並在對地方信仰的參與當中維護或者提高自身的權威。

　　漢族士人對地方的文化教育的關注大體上表現在以上三個方面，對於孝道的提倡、對於學校教育的重視和對於民間信仰的引導。一方面這些舉措是對於國家的政策的貫徹執行，在國家對漢族士人的政績考核當中，這些方面的治理成效也會納入考察的內容中去。另一方面，北魏國家對地方治理的政策的形成體現了儒家觀念與北魏國家的政治已成結合之勢，這自然是漢族士人於中運作和影響的結果。漢族士人在執行國家文教政策之時也表現出了自主性的一面。

第四節　地方僚佐與地方治理

　　自孝文帝改革以後，北魏國家的政治制度就逐步完善，形成了穩定有序的格局。地方行政體系自不例外。北魏後期的地方可劃分爲州、郡、縣三級，各級行政長官往往帶將軍號。以州爲例，按照制度規定，州長官刺史在任職之時往往開設州府和將軍府兩套行政機構。雖然並置州府、軍府兩套僚佐系統，原則上兩府僚佐一管民事，一主軍務，各行其是，但由於二府府主同屬一人，實際上民事和軍務就很難絕對分開。比較而言，軍府僚佐具有的權勢更大、地位更高，在地方行政上發揮的作用更爲明顯。〔註128〕究其原因，則在於州府僚佐的裁撤改置。《魏書》卷五四《高閭傳》：「（高）閭以諸州罷從

〔註127〕法國學者樂維曾對中古地方官吏與民間的神靈信仰之間的關係予以深入探討，這同樣有助於我們對北魏地方長官與民間信仰之間的關係的認識。參看氏著《官吏與神靈》（張立方譯），載《法國漢學》第三輯，清華大學出版社，1998 年，第 32～60 頁。

〔註128〕嚴耕望：《中國地方行政制度史‧魏晉南北朝地方行政制度》，第 537 頁。

事，依府置參軍，於治體不便，表宜復舊。高祖不悅。」高閭提出將州府參軍改回從事這一建議是在孝文帝時期，但孝文帝顯然對這一建議不以爲然。高閭的建議反映出孝文帝以來即將州府從事廢罷，改置參軍，一仿軍府之例的事實。〔註 129〕高閭的州府重置從事的建議是否得到履行則不得而知，但以治理民政爲主的州府僚佐卻要仿照軍府設置，也可見州府僚屬職權的有限。到宣武帝永平二年，尚書令高肇「奏諸州諮議、記室、戶曹、刑獄、田曹、水曹、集曹、士曹參軍悉並省之。」〔註 130〕這一奏章應是針對州府僚屬的，最終也得到了宣武帝的批准。至此，州府僚佐的規模也更加縮小，這也使得軍府及軍府僚佐成了一州政務處理的核心。〔註 131〕

北魏後期地方各級政府僚佐的選用，大體上是以本地豪族爲主。就文獻記載而言，漢族士人的表現更爲明顯。他們有著深厚的社會基礎，對於並非本籍的地方長官以及國家權力一定程度上呈現爲對抗形勢。同時，他們所具有的強大的動員能力，也爲國家的地方行政順利有效地執行奠定了良好的基礎。對於北魏的地方僚佐與地方社會政治的關係，學界論述尚有不足。故以下我們試以州級僚佐爲主，略爲論之。

一、僚佐與地方政府日常行政

地方僚佐在地方事務當中的作用首先表現在日常行政方面。地方長官在處理政務時需要僚屬參與謀劃並具體執行各項政令，這就使得僚佐能夠具備較大的權力。《魏書》卷五八《楊播傳附楊侃傳》：「（楊）侃叔椿爲雍州刺史，又請爲其府錄事參軍，帶長安令，府州之務多所委決。」楊侃以雍州錄事參軍之職而判決州府與軍府二府之事，這首先就說明州之僚佐對於民事和軍務的管理並無絕對界限。楊侃能夠決策「府州之務」與他和楊椿之間的親緣關係有關，或屬特例，但府佐處理州務的事也常常可以看到。《魏書》卷六六《崔亮傳附崔光韶傳》：「（崔光韶）出爲濟州輔國府司馬，刺史高植甚知之，政事多委訪焉。遷青州平東府長史，府解，敕知州事。光韶清直明斷，民吏畏愛之。」崔光韶作爲濟州司馬而爲府主高植所委用，參與一州政事的討論與處理，頗受民眾和官

〔註 129〕 參看趙冬梅：《論北魏太和新官制的淵源及其影響》，第 44～46 頁。
〔註 130〕 《魏書》卷一一三《官氏志》，第 3004 頁。
〔註 131〕 參看濱口重國：《所謂隋的廢止鄉官》，收入劉俊文主編：《日本學者研究中國史論著選譯》第 4 卷，中華書局，1992 年，第 315～333 頁。

吏的敬畏和愛戴，也足見府佐的權力之大。此處值得注意的是「府解，敕知州事」一事，這在北魏也常常見到。如韋纘爲王肅揚州長史，「肅薨，敕纘行州事」；〔註132〕辛子祥爲幷州平北司馬，「會刺史喪，朝廷以其公清，遂越長史，敕行州事」。〔註133〕綜合這類「敕行州事」的事例來看，這屬於北魏已經固定下來的一種制度，即州府遇刺史交代、喪亡或因故不能署理州務之時，朝廷會令其軍府上佐暫行州務，以保持地方安定，實現其行政的平穩過渡。一般而言，代理州務的應爲軍府長史，而以上辛子祥以軍府司馬越長史而行州務顯然屬於特別之舉。北魏國家針對地方州府府主缺位這種狀況所作出的制度安排，使得府佐的作用和權力得到彰顯。我們可以一件具體的事例來說明這種制度所具有的意義。《魏書》卷六八《甄琛傳附甄楷傳》：

> 肅宗末，定州刺史、廣陽王淵被徵還朝，時（甄）楷丁憂在鄉，淵臨發，召楷兼長史，委以州任。尋值鮮于脩禮、毛普賢等率北鎮流民反於州西北之左人城，屠村掠野，引向州城。州城之內，先有燕恒雲三州避難之戶，皆依傍市鄽，草廬攢住。脩禮等聲云欲收此輩，共爲舉動。既外寇將逼，恐有內應，楷見人情不安，慮有變起，乃收州人中粗豪者皆殺之，以威外賊，固城民之心。及刺史元固、大都督楊津等至，楷乃還家。

定州刺史元淵離任之際正值河北地區亂象萌動之時。他徵召本地士人甄楷爲定州長史雖屬自爲之舉，但這也符合前述相關的制度規定。以甄楷爲定州長史的目的自然是要讓他負擔起刺史交代之際地方行政和防衛事務。甄楷面對定州所處的嚴峻局勢，採取了誅殺州城內流民中的豪強之士，以安定人心，防止內外勾結，減少鮮于脩禮勢力的威脅。這也爲以後元固、楊津的征討行動贏得了時間。以長史暫攝州任雖是一種臨時之舉，這卻表明以軍府長史爲首的府佐群體在地方行政中已經佔據了較爲固定的位置。《北史》卷二七《酈範傳附酈道元傳》：「景明中，（酈道元）爲冀州鎮東府長史。刺史于勁，順皇后父也，西討關中，亦不至州，道元行事三年。」酈道元以軍府長史代行州事本是經常之舉，但值得注意的是，應爲冀州刺史的于勁因故未能到任，所以酈道元雖爲攝代刺史之職，但時間之長，卻也是實際上的刺史了。酈道元的經歷讓我們對地方府佐在地方行政權力結構中的位置有了更爲清晰的認識。

〔註132〕《魏書》卷四五《韋閬傳附韋纘傳》，第 1014 頁。
〔註133〕《魏書》卷四五《辛紹先傳附辛子祥傳》，第 1026 頁。

　　由於資料的限制，我們不可能對地方府佐的職能予以全面考察，但總體上則可以將其分爲兩個部分，即軍事職能和行政職能。

　　參與軍事活動也是州府、軍府僚佐共同的職責。軍事行動包括諸多方面，防守城池、征討反叛、攻敵誘賊，諸如此類，不一而足。地方府佐也都需參與其中。《魏書》卷五五《劉芳傳附劉長文傳》：「高祖擢（劉長文）爲南兗州冠軍府長史，帶譙郡太守。被圍糧竭，固節全城，以功賜爵下邑子。」劉長文在孝文帝時擔任南兗州冠軍府長史。南兗州臨近南朝，地屬邊境，爲國防重鎮。劉長文就擔負過守城之事。又如中山人張宣軌，他爲相州撫軍府司馬，「屬葛榮圍城，與刺史李神有固守之效」；〔註134〕東平呂思禮，爲相州功曹參軍，「葛榮圍鄴，思禮有守禦勳」。〔註135〕州府、軍府僚佐雖所司有異，但由於二府共一府主，所以地方事務的處理上就要聽從府主的統一調度，尤其是在軍事活動當中。《魏書》卷七八《張普惠傳》：「蕭衍義州刺史文僧明舉城歸順，揚州刺史長孫稚遣別駕封壽入城固守。」文僧明爲蕭梁義州刺史，他舉城入魏是在北魏正光二年（蕭梁普通二年，521）。這次事件以封壽降梁、義州失守而結束。〔註136〕在這次事件中，揚州州、軍二府僚佐都參與進來，不僅揚州別駕封壽被命令固守義州，而軍府長史崔瑜之也有援接之功。《魏書》卷五七《崔挺傳附崔瑜之傳》：「（崔瑜之）後爲揚州平東府長史，帶南梁太守。蕭衍義州刺史文僧明來降，瑜之迎接。有勳，賜爵高邑男。」由崔瑜之、封壽的事蹟表明，這次應接文僧明歸降的行動中，揚州二府僚佐是受府主統一調度的。

　　僚佐亦有受命率軍討叛的。《魏書》卷二四《崔玄伯傳附崔伯驎傳》：「（崔伯驎）後兼冀州長史。大乘賊起，伯驎率州軍討之於煮棗城，爲賊所殺。」大乘之亂，時任冀州刺史爲蕭寶夤，他就委派長史崔伯驎率州軍平亂。此處之「長史」爲軍府首佐無疑。《魏書》卷六一《薛安都傳附薛懷吉傳》：「延昌中，（薛懷吉）以本將軍除梁州刺史。南秦氏反，攻逼武興，懷吉遣長史崔纂、司馬韋弼、別駕范珣擊平之。」我們看到，薛懷吉所派遣的領軍征討叛氏的僚佐不僅包括軍府首佐，也包括州府上佐。可見，在地方州郡的軍事行動當中，州府僚佐是一起參與的。又《魏書》卷七九《鹿悆傳》：

　　（鹿悆）出爲青州彭城王劭府長兼司馬。尋解長兼。廣川人劉鈞、東清

〔註134〕《魏書》卷六八《甄琛傳附張宣軌傳》，第1519頁。
〔註135〕《周書》卷三八《呂思禮傳》，第682頁。
〔註136〕《梁書》卷二八《裴邃傳》，第414頁。

河人房須反，劭遣恣監州軍討之，戰於商山，頗有所捷。將統皆劭左右，擅增首級，妄請賞帛，恣面執不與，劭弗從。恣勃然作色曰：「竭志立言，爲王爲國，豈恣家事！」不辭而出，劭追而謝焉。竊劭者放言嘈唶，欲加私害，恣聞而笑之，不以介意。

在這次青州地區的討叛行動當中，作爲青州軍府司馬的鹿恣即被授以監軍之職責。而在事後的賞賜功勞中，他顯然也具有發言權，儘管刺史元劭徇私情而不從其議。可見，鹿恣以府佐監軍，在督促軍事行動的進程、軍事謀劃與部署、監督軍勳的著錄與實際授賞等方面都擔當著實際的作用。〔註137〕崔伯驎與鹿恣在軍事行動中扮演的角色，一爲領軍將領，一爲監督人員，都是軍事行動當中的核心人物。二人的事例足以說明僚佐在地方軍政方面擁有相當大的實權。

以上只是對府佐參與的軍事行動的若干方面的列舉。不難想見，地方僚佐對軍事行動的參與當不止以上幾個方面，只是材料的限制，我們難以窮舉。需要指出的是，主掌民事的州府或郡府僚佐得以參與軍事行動的原因則與北魏時期州郡長官兼具民政與軍政兩方面的職能密切相關。州郡自己擁有軍隊，在平定叛亂或阻擊外敵之時，一些具體的任務的執行自然需要屬僚的協助指揮。當然，一般情況下，軍府僚佐的作用更爲明顯。

軍事行動不可能時刻發生，而州郡的日常行政則需要持久的執行，北魏時期的地方僚佐則都要負責州郡的治理諸事務。我們可以從以下幾個方面予以考察：

第一，州府、軍府上佐對地方事務往往具有全面的管轄權。《魏書》卷四七《盧玄傳附盧淵傳》：

> （盧淵）尋爲徐州京兆王愉兼長史，賜絹百匹。愉既年少，事無巨細，多決於淵。淵以誠信御物，甚得東南民和。南徐州刺史沈陵密謀外叛，淵覺其萌漸，潛敕諸戍，微爲之備。屢有表聞，朝廷不納。陵果殺將佐，勒宿豫之眾逃叛。濱淮諸戍，由備得全。陵在邊歷年，陰結既廣，二州人情，咸相扇惑。陵之餘黨，頗見執送，淵皆撫而赦之，惟歸罪於陵，由是眾心乃安。

元愉爲徐州刺史的時間是在太和二十一年到二十三年。〔註138〕元愉於永平元

〔註137〕參看陶新華：《北朝的軍事監察官——監軍、軍司》，《殷都學刊》2005 年第 1 期。
〔註138〕吳廷燮：《元魏方鎮年表》，第 4540 頁

年起事而死，時年二十一。他爲徐州時才十四、五歲，年紀尙小，威望亦無，更缺乏治理經驗，無所決斷，所以盧淵爲其軍府長史，實際上也就是主持徐州的日常政務。盧淵在任上不僅積極防備和應對南朝降人沈陵的外叛，顯示出他掌有徐州地區的軍事權力。元愉之後出任徐州刺史的元鑒對盧淵的批評則表明他對於本州官吏也負有監管之責。《魏書》卷一六《道武七王・河南王曜傳附元鑒傳》：「世宗初，（元鑒）以本將軍轉徐州刺史，……先是，京兆王愉爲徐州，王既年少，長史盧淵寬以馭下，郡縣多不奉法。」又如《魏書》卷五七《高祐傳附高顯傳》：「（高顯）出爲冀州別駕，未之任，屬刺史元愉據州反，世宗遣尙書李平爲都督，率眾討之。……事定，顯仍述職。時軍旅之後，因之饑饉，顯爲綱紀，務存寬靜，甚收時譽。」《魏書》卷四五《韋閬傳附韋欣宗傳》：「廣陵侯元衍爲徐州刺史，又請（韋欣宗）爲長史，帶彭城內史。撫綏內外，甚得民和。」可見，作爲州府、軍府的上佐，他們對於一州所有事務的處理都需要參與其中，並且往往要起著關鍵性的作用。

第二，對於地方的經濟治理和文化建設等事務，僚佐亦須參與規劃和實踐。《北齊書》卷二二《盧文偉傳》：「（盧文偉）除本州平北府長流參軍，說刺史裴儁按舊跡修督亢陂，漑田萬餘頃，民賴其利，修立之功，多以委文偉。文偉既善於管理，兼展私力，家素貧儉，因此致富。」〔註139〕盧文偉勸裴儁修理督亢陂，他也承擔了修立之責。儘管盧文偉在工程進行當中「兼展私力」，但這畢竟是在幽州地方政府的主持下進行的。《魏書》卷六九《裴延儁傳》：「（裴延儁）命主簿酈惲修起學校，禮教大行，民歌謠之。」裴延儁不僅修復了督亢陂，而且還注重對地方文教事務的建設，而幽州主簿酈惲則具體負責修起學校。《北齊書》卷二四《杜弼傳》：「（杜弼）年十二，寄郡學受業，講授之際，師每奇之。同郡甄琛爲定州長史，簡試諸生，見而策問，義解閑明，應答如響，大爲琛所歎異。」北魏自獻文帝以來即在州郡開設學校，負責教授州郡學生，甄琛簡試學生則表明州府僚佐也具有監督地方文化教育的職責。

第三，地方僚佐需要負責公務文書的判署處理。《魏書》卷八八《良吏・羊敦傳》：「（羊敦）以父靈引死王事，除給事中。出爲本州別駕。公平正直，見有非法，敦終不判署。」從羊敦「不判署」一事來看，北魏已經形成了較

〔註139〕《魏書》卷六九《裴延儁傳》亦記裴延儁在孝明帝初年爲幽州刺史時修理督亢陂之事，與盧文偉主持修理督亢陂之事十分吻合，故盧文偉本傳所言之刺史裴駿當即裴延儁。

為完善的公文處理制度，即公務文書的處理或生效都需要相關府佐的判署才能完成和實現。又如高雅，「熙平中，除定州撫軍府長史。……每獄訟牽連，文簿堆積，片言暫目，蕭然無擁。應機如響，臨謀則斷，從善不或，詢古折疑。」〔註140〕高雅處理文書頗具效率，這或許有諛墓之嫌，但他也確實表明，公務文書的處理已經成了府佐參與地方行政的一個重要組成部分。

第四，對於府主某些違反常制的做法，僚佐也有勸諫之權。任城王元澄為雍州刺史，功衰在身，欲於七月七日集會文武，北園馬射，時為其府錄事參軍的張普惠即以此舉既違喪制，又有損於行政治民為理由予以勸諫。〔註141〕孝文帝時，趙郡王元幹為冀州刺史，「高祖詔以李憑為長史，唐茂為司馬，盧尚之為諮議參軍以匡弼之。而憑等諫諍，幹殊不納。」〔註142〕孝文帝為元幹安排的幾位軍府上佐無論從門第出身，還是從個人才幹而言，都稱得上是一時之選。儘管元幹對於這些僚佐的諫止不能採納，但可以看出，這種安排本身就顯示出國家利用地方僚佐監督、規諫府主的意圖。《魏書》卷七七《辛雄傳附辛琛傳》：「（辛琛）出為揚州征南府長史。刺史李崇，多事產業，琛每諍折，崇不從，遂相糾舉，詔並不問。」北魏時期地方刺史、郡守等貨殖營產之事實為眾所周知之事。身為李崇軍府長史的辛琛顯然對李崇的「多事產業」頗為不滿，在勸諫無效的情況下，他甚至向中央予以揭發，僚佐職權之甚可見一斑。僚佐的這一職權為高肇所利用。高肇與京兆王元愉產生矛盾，遂在元愉出任冀州刺史時舉薦其親信羊靈引為元愉軍府長史，「以相間伺」，而羊靈引「私恃肇勢，每折於愉」，〔註143〕這雖然含有政治操控的意味，但高肇的舉薦以及羊靈引對元愉的掣肘的實現畢竟還是基於具體的制度設計而不完全是政治上的爭鬥。

第五，北魏後期地方行政中的一項重要內容就是軍府僚佐帶州內郡縣鎮戍長官的制度。關於北朝州府上佐以本職帶州內郡、縣長官的制度，嚴耕望先生首為揭櫫，高敏先生亦有考察。〔註144〕關於推行的原因，高敏先生認為

〔註140〕《高雅墓誌》，釋文見趙超：《漢魏南北朝墓誌彙編》，第 322 頁。
〔註141〕《魏書》卷七八《張普惠傳》，第 1728 頁。
〔註142〕《魏書》卷二一《獻文六王・趙郡王幹傳》，第 542 頁。
〔註143〕《北史》卷三九《羊祉傳附羊靈引傳》，第 1434 頁。
〔註144〕嚴耕望：《中國地方行政制度史・魏晉南北朝地方行政制度》，第 562～564 頁；高敏：《北朝州府僚佐以本職帶郡、帶縣制度的始行年代與原因探析》，收入氏著《秦漢魏晉南北朝史論考》，中國社會科學出版社，2004 年，第 263～282 頁。

這是因爲要增加僚佐俸祿。其說可從，但仍有可補充之處。府佐帶領州內郡縣守令之職取得其職俸之外，他們也需要實際履行所帶郡縣的行政事務，這實際上也促成了軍府僚佐職權的擴大。府佐帶領州內郡縣守令的現象在北魏時期頗爲常見。府佐地位不同，其所帶領郡縣守令則有差別，一般而言，軍府長史多帶一州州治所在郡——即首郡——的太守，而長史以下僚佐則帶領首郡之外的郡守和縣令，甚至是鎭戍戍主。值得注意的是，僚佐而帶領州內郡縣的制度多行於軍府僚佐。《魏書》卷二四《鄧淵傳附鄧羨傳》：「後李元護之爲齊州，（鄧）羨仍爲長史，帶東魏郡太守。在治十年，經三刺史，以清勤著稱。齊人懷其恩德，號曰良二千石。」鄧羨以齊州長史帶東魏郡太守，而齊州民眾則稱其爲「良二千石」，這也說明鄧羨是通過實際履行了所帶的東魏郡太守一職才獲此殊榮的。又如《魏書》卷四五《辛紹先傳附辛穆傳》：「（辛穆）歷東荊州司馬，轉長史，帶義陽太守，領戍。雅有恤民之稱。」既有恤民之稱，那就說明辛穆是實際治理義陽郡事務的。《魏書》卷四九《崔鑒傳附崔秉傳》：「陽平王頤之爲定州，（崔）秉復爲衛軍府錄事參軍，帶毋極令。時甄琛爲長史，因公事言競之間，秉以拳擊琛，墜於床下。琛以本縣長，笑而不論。」崔秉爲軍府僚佐而帶縣令之職，這也不妨礙甄琛認爲其爲「本縣長」。以上事例都說明軍府僚佐帶州內郡縣守令的情況下，是要實際履行相關職能的。這也是府佐更深入的參與州內行政的重要標誌。

第六，僚佐也負責州郡中的外使之職。《魏書》卷五二《殷仲達傳附殷道方傳》：「（李）神俊爲前將軍、荊州刺史，請道方爲其府長流參軍。神俊曾使道方詣蕭衍雍州刺史蕭綱論邊事，道方風神沉正，爲綱所稱。」殷道方以府佐身份受命前往蕭梁雍州討論邊事，這可視作邊州政務之一。不僅如此，僚佐也要負責地方與中央的聯絡。《魏書》卷五五《劉芳傳附劉騭傳》：「弱冠，（徐）州辟主簿，奉使詣闕，見莊帝於顯陽殿，問以邊事。騭應對閑敏，帝善之，遂敕除員外散騎侍郎。」劉騭「奉使詣闕」當是朝廷針對徐州邊務特別下的命令。劉騭從殷道方和劉騭奉命出使的具體情況來看，具備良好的口才和見識又是擔任這類事務的基本條件。殷道方、劉騭奉使之事只是地方僚佐諸多外使任務之一。實際上，北魏仍行上計制度，州郡僚佐自然成爲上計吏的主要擔當者，負責定期向中央彙報地方治理狀況。〔註145〕這一事務當成

〔註145〕參看王東洋：《魏晉南北朝考課制度研究》，社會科學文獻出版社，2009年，第250～264頁。

爲僚佐外使的主要任務之一。

可以看到，地方各級二府僚佐對於地方之軍事行動和日常行政都是全面參與的。正是因爲僚佐對地方政治參與之深，也使得他們對地方權力能夠有效地把握。事實也證明，在地方各項事務當中，二府僚佐都是在府主的統一調度下執行具體事務。這在軍事行動中尤其明顯。當然，在這些僚佐當中，軍府僚佐尤其是上佐在更多的時候成爲權力的核心，在地方之軍政民事當中起著主要作用。

二、地方僚佐對地方政治變亂的應對

在日常行政當中，州府、軍府僚佐已經形成了較爲固定的權力運作模式。對此，我們已經有了較爲清晰的瞭解。應該看到，在地方社會面臨極爲緊急的狀態時，比如大規模的民眾反叛以及外敵入侵，州府僚佐的應對活動及其作用就更爲顯著。《魏書》卷三二《高湖傳附高徽傳》：

> 又假（高徽）平西將軍、員外散騎常侍，使嚈噠。還至枹罕，屬莫
> 折念生反於秦隴。時河州刺史元祚爲前刺史梁釗息景進等招引念生
> 攻河州，祚以憂死。長史元永平、治中孟賓、臺使元湛，共推徽行
> 河州事，綏接有方，兵士用命。

在這次河州地區應對莫折念生的進攻的事件當中，作爲一州政治軍事核心的刺史元祚突然亡故，這對於河州之安危無疑是致命的打擊。然而，河州軍府、州府僚佐在這一關鍵時刻共同行動，推舉嚈噠使節高徽爲刺史，在朝廷援兵未至的情況下自行決斷河州軍政。這一事件也顯示了河州僚佐在地方政治中的活躍和對地方事務的決策權。實際上，像河州僚佐這樣推舉府主、共同應對地方危機的現象並非特例。《魏書》卷七一《江悅之傳附江文遙傳》：

> （江文遙）遷後將軍、安州刺史。文遙善於綏納，甚得物情。時杜
> 洛周、葛榮等相繼叛逆，自幽燕已南悉皆淪陷，唯文遙介在群賊之
> 外，孤城獨守。鳩集荒餘，且耕且戰，百姓皆樂爲用。建義元年七
> 月遘疾，卒於州，年五十五。長史許思祖等以文遙遺愛在民，復推
> 其子果行州事。既攝州任，乃遣使奉表。莊帝嘉之，除果通直散騎
> 侍郎、假節、龍驤將軍、行安州事、當州都督。

江文遙治理安州，頗得民用。杜洛周、葛榮起事之時，河北地區已經是岌岌

可危。〔註146〕江文遙在形勢最爲危及的關頭遘疾去世，這直接威脅到安州的軍政安危。因此，軍府長史許思祖等從實際形勢出發，復推其子江果署理安州事務，這顯然是出於利用民眾對江文遙的推戴之心以保安州於危局當中。孝莊帝不僅沒有否決許文祖等的舉措，反而順應現狀，承認並正式任命江果爲安州刺史，由此也可見地方府佐在地方社會政治中的地位和作用。

以上表明地方出現民眾叛亂、地方政治形勢極爲危急的情況下，府佐的行動對於保全地方穩定所起的作用。在北魏時期，地方刺史等行政長官發動的叛亂也時常出現，在這種情形下，府佐的政治動向對於府主的起事同樣也會產生關鍵性的影響。宣武帝永平元年京兆王元愉的冀州之反應該是北魏歷史上皇族反叛較爲嚴重的一次。元愉甚至稱帝建號，其勢力也頗爲可觀。《魏書》卷二二《孝文五王·京兆王愉傳》：「及在州謀逆，愉遂殺長史羊靈引及司馬李遵，稱得清河王密疏，云高肇謀殺害主上。於是遂爲壇於信都之南，柴燎告天，即皇帝位。赦天下，號建平元年，立李氏爲皇后。」不僅如此，元愉的反叛也引起了北邊州鎮對局勢的恐慌和對中央政府的猜忌。《魏書》卷二〇《文成五王·安樂王長樂傳附元詮傳》：「（元詮）後除定州刺史。及京兆王愉之反，詐言國變。在北州鎮，咸疑朝廷有釁，遣使觀詮動靜。」元愉之反不僅在冀州範圍內形成了較爲牢固的勢力，而且也與相鄰州郡暗中聯結，對北方邊境地區產生了明顯的影響。

我們且不論國家的應對措施，僅從元愉能夠瞬間爆發的原因著手觀察，他重視對冀州州府、軍府僚佐乃至冀州轄地州郡官僚的拉攏利用，則是原因之一。《魏書》卷四九《李靈傳附李遵傳》：「（李遵）拜司空諮議，加中壘將軍。京兆王愉以征東將軍爲冀州刺史，遵爲愉府司馬。愉反，召集州府以告之，遵不從，爲愉所害。」可見，元愉起事，首先進行的就是試探本州僚佐的態度，並積極拉攏他們隨同起事。元愉態度明確，對於順從者授以官職，善加利用，對於不肯順從者則立即予以殺戮。我們看到，參與元愉反叛的僚佐確實不少。《魏書》卷八《世宗紀》：「（永平元年九月），辛丑，詔赦冀州民雜工役爲元愉所誑誤者，其能斬獲逆黨，別加優賞。癸卯，李平克信都，元愉北走，斬其所署冀州牧韋超、右衛將軍睦雅、尚書僕射劉子直、吏部尚書崔胐等。」這是元愉敗後被斬殺的隨從起事的人員名單，他們之中當然不乏爲冀州僚佐的。其他如法曹參軍宋道嶼、功曹參軍李遺元、記室參軍房宣明、

〔註146〕參看王仲犖：《魏晉南北朝史》，上海人民出版社，1979年，第571～575頁。

郎中令（？）陽令鮮等，〔註147〕不僅積極協同元愉反叛，而且也樂於接受元愉授予的職官，與之成爲利益與共的共同體。這樣一批僚佐、州郡官吏基本上都是漢族士人，他們或者是迫於形勢，或者是自願加入，但都對元愉勢力的發展起到了積極的推動作用，也使得北魏國家不得不緊急調動中央以及冀州周邊州郡力量共同鎮壓這次反叛。

　　儘管有不少冀州僚佐因爲不願順從元愉而逃跑或遭殺戮，但也由於大量僚佐等的參與，元愉才能舉旗反叛，並在短時期內形成了令北魏政府不可小覷的勢力。與元愉之反叛相同的是正光元年（520年）相州刺史元熙的反叛，兩次反事頗多共同之處。比如起事者同爲元魏宗室，都以反對朝中寵臣弄權爲號召，並且也贏得了較爲廣泛的支持。〔註148〕當然，兩次起事也都以失敗告終。然而兩次起事頗爲不同的是，元愉是在北魏軍隊的進攻下被打敗，而元熙的起事則因其屬僚的背反而歸於失敗。

　　元愉反叛中央之時，其僚屬大體上都能與其保持相同的政治動向。元熙的反叛卻恰恰相反，以其軍府長史柳元章爲首的集體策反也加速了反叛行動的失敗。《魏書》卷一九《景穆十二王・南安王楨傳附元熙傳》：「熙兵起甫十日，爲其長史柳元章、別駕游荊、魏郡太守李孝怡率諸城人，鼓噪而入，殺熙左右四十餘人，執熙，置之高樓，並其子弟。」又《魏書》卷三六《李順傳附李孝怡傳》：「又爲中堅將軍、相州鎮北府長史。遷冠軍將軍、魏郡太守。相州刺史、中山王熙據鄴起兵也。孝怡陰結募城民，與熙長史柳元章、別駕游荊之等，率眾擒熙，賞爵昌樂伯。」可見，元熙的起事並沒有得到其二府僚佐的支持，在其甫舉反旗之時，其府佐即積極聯絡，迅速組織州內力量誅殺元熙。至於相州僚佐爲何不能支持元熙，在元熙的墓誌中也略有交代：「正

〔註147〕分見《魏書》卷七七《宋翻傳》、卷三六《李順傳附李遺元傳》、卷四三《房法壽傳附房宣明傳》、卷七二《陽尼傳》，第1689、848、972、1603頁。

〔註148〕《魏書》卷一九下《景穆十二王・南安王楨傳附元熙傳》載元熙起事時發佈的檄文：「領軍將軍元叉寵藉外親，叨榮左右，豺狼爲心，飽便反齧。遂使二宮阻隔，溫清闕禮，又太傅清河王橫被屠害。致使忠臣烈士，喪氣闕庭，親賢宗戚，憤恨內外。……今輒起義兵，實甲八萬，大徒既進，文武爭先。與幷州刺史、城陽王徽，恒州刺史、廣陽王淵，徐州刺史、齊王蕭寶夤等，同以今月十四日俱發。」又《魏書》卷八八《良吏・明亮傳》：「初，亮之在陽平，屬相州刺史、中山王熙起兵討元叉。時幷州刺史、城陽王徽亦遣使詣亮，密同熙謀。」可見，元熙之反，首先是以反對元叉爲號召，其次他也得到了相州之外的政治力量的支援。

光元年，（王）唱起義兵，將爲晉陽之舉，遠近翕然，赴若響會。而天未悔禍，釁起不疑，同義爪牙，受賊重餌，翻然改圖，千里同逆，變起倉卒，受制群凶。」〔註149〕看來相州僚佐對元熙倒戈相向的原因或與北魏國家採取的誘敵分化的策略有關。元熙初起之時可能有相應的支持勢力，但其時的政治形勢卻變化極快，在北魏國家的利誘之下，元熙集團瞬即瓦解，即墓誌中所謂的「同義爪牙，受賊重餌，翻然改圖，千里同逆」。相州府佐或許正是因爲外部政治形勢的急轉直下而與元熙兵戈相見。

我們並不是意圖以對元愉、元熙反叛事件的對比分析來發掘更深刻的政治意義，只是希望以地方僚佐爲中心，來考察他們的政治動向對於兩次反叛事件所產生的影響，並以此證明僚佐在地方政治中是起到重要作用的。需要指出的是，元愉和元熙的反叛與中央政權的權力異動有著密切的關係，而現實的政治環境也決定了二者發動的叛亂最終難成氣候。即便如此，一些現實因素對於兩次叛亂造成的衝擊程度仍會產生重要影響，比如僚佐的政治動向就是如此。可以看到，雖然元愉、元熙的叛亂都歸於失敗，但相比而言，元愉之反造成的政治動盪更大一些。兩次反叛之中，以漢族士人爲主的僚佐都表現得頗爲積極。不論是發動叛亂的元愉和元熙，還是力圖平定叛亂的北魏中央政府，都頗爲重視對牽涉進入叛亂的僚佐的結納和利用。州府、軍府僚佐的內部出現分裂，他們的政治動向的轉變也使得北魏國家與反叛者的鬥爭局面發生急劇轉變。

三、地方僚佐權勢崇重的原因

通過以上分析，我們看到，州府、軍府僚佐在地方的日常事務和軍事行動當中是具體的執行者，也是權力的分享者。在地方出現重大政治變故時，他們的政治動向對於決定變故的發展趨勢影響至大。這就使得我們不得不對形成這種狀況的原因加以分析。

首先，國家的有意措置則是原因之一。《魏書》卷四七《盧玄傳附盧道約傳》：「太傅李延寔出除青州。延寔先被病，道約，延寔之妻弟，詔以道約爲延寔長史，加散騎常侍，寄以匡維也。」李延寔以太傅出爲青州刺史是在孝莊帝即位初期，他因是外戚而頗受孝莊帝親遇。〔註150〕盧道約爲李延寔之妻

〔註149〕趙超：《漢魏南北朝墓誌彙編》，第 169 頁。
〔註150〕《魏書》卷八三《外戚·李延寔傳》，第 1837 頁。

族，他與李延寔的關係自然是非同一般，以之為長史而輔佐李延寔出任青州，則是要他切實負責輔助李延寔治理號稱難治的青州。實際上，李延寔抱病出刺，恐怕也難於親理萬事。另外一例則可見之於王肅為豫州刺史時。《魏書》卷七○《傳永傳》：

> 王肅之為豫州，以（傅）永為建武將軍、平南長史。咸陽王禧慮肅難信，言於高祖。高祖曰：「已選傅修期為其長史，雖威儀不足，而文武有餘矣。」肅以永宿士，禮之甚厚。永亦以肅為高祖眷遇，盡心事之，情義至穆。

王肅為豫州刺史，密邇南邦，北魏政府任命傅永為其長史，即表明北魏對王肅的忠誠心存疑慮。傅永雖為府佐，孝文帝的一席話表明北魏國家利用他來制約王肅的意圖則十分明顯。設置僚佐並以之制約府主，這並非國家祕而不宣的措置，實際上亦為內外所知。北魏末期楊椿為雍州刺史，後為已蓄反心的蕭寶夤所代，楊椿即表明了自己的憂慮。《魏書》卷五八《楊播傳附楊椿傳》：「（楊）椿還鄉里，遇子昱將還京師，因謂曰：『當今雍州刺史亦不賢於蕭寶夤，但其上佐，朝廷應遣心膂重人，何得任其牒用？此乃聖朝百慮之一失。』」儘管北魏國家對蕭寶夤有意防範，但楊椿卻認為對於蕭寶夤府中上佐的選用不得其人則是一個重大的失誤。可見，地方僚屬不僅協助府主治理地方，他們同時也是北魏國家制約地方行政長官的重要措置。從某種意義上說，作為中央直接任命的地方僚佐，他們與地方長官一樣都是國家官員。儘管府主與僚佐之間具有某種君臣之誼，但這是超越公義之外的私人關係。〔註151〕對於國家而言，二者原則上只是行政上的上下級關係，故二者均需直接對國家負責。從這個意義上來說，地方僚佐權勢之大，且具有監督府主之授命，這不僅在於他與府主之間的私人結合關係，也在於國家意圖在府主與其僚佐之間形成相互制衡的制度安排。

其次，州府僚佐當中的州府上佐以及軍府僚佐雖然需要中央的任命，但府主卻具有薦舉權。儘管對於府主舉薦的人員中央政府在某些時候會予以審駁，但大多數情況下，中央仍能遵照府主意見。府主對其僚佐的選用則難免循私情。如楊椿以其兄子楊侃為雍州錄事參軍，崔巨倫為其叔父崔楷瀛州長史，此二人與其府主之間具有頗為親近的血緣關係。這種現象在北魏時期地

────────────

〔註151〕參看甘懷真：《中國中古時期的君臣關係》，收入氏著《皇權、禮儀與經典詮釋》，華東師範大學出版社2008年版，第195～210頁。

方僚佐的選用當中不難得見。又如勃海封龍,「幽州刺史清河崔休,當世羽儀,人倫水鏡。建旟北州,高選僚采,以君名標鄉曲,乃特相敬愛,引爲長史,實稱得人。」〔註152〕封龍與崔休同爲冀州籍貫,崔休任用封龍爲其長史顯然是出於同鄉之誼。在北魏的官僚體系當中,這種出於地緣、業緣以及血緣等因素而建立的私人關係在各級官吏的選拔和任用之中往往起到重要作用。此外,門第之人、名望之士也常常成爲僚佐的首選。《魏書》卷四三《房法壽傳附房景遠傳》:「益州刺史傅豎眼慕其(房景遠)名義,啓爲昭武府功曹參軍,以母老不應,豎眼頗恨之。」傅豎眼之請雖未成功,但這顯示府主對才名之士的重視。就州屬僚職位的性質而言,北魏士族視其爲清官,甚至重於刺史。〔註153〕由此,州、府僚佐也成了門第士人熱衷追求的職官。由於僚佐選用中的諸多私人因素,也使得府主與僚佐的關係往往受著這種特殊的個人關係的影響,這種影響無疑也會滲透到州郡的日常行政當中,僚佐對州郡行政的參掌自然會表現爲其職權的擴大。諸多因素的推動,使得州、府僚佐在漢族士人當中的地位十分重要;漢族士人對於州、府僚佐職位的擔任,也使得地方僚佐的職權當中因增加了門第因素而更爲崇重。

再次,地方僚佐的本籍人士仍占不少比例。他們大多是地方上的豪族,有著深厚的鄉里基礎,這種因素也勢必讓他們在州郡行政中的影響增強。〔註154〕《魏書》卷四三《房法壽傳附房伯祖傳》:「(房伯祖)歷齊郡內史。伯祖暗弱,委事於功曹張僧皓。僧皓大有受納,伯祖衣食不充。」此張僧皓當即清河張烈之弟,他在齊郡經營產業,是稱雄一方的豪富之家。〔註155〕他爲房伯祖齊郡功曹,自然會借助其地方勢力基礎,操控齊郡行政。又如劉芳族叔劉僧利,「輕財通俠,甚得鄉情。高祖幸徐州,引見,善之,拜徐州別駕。」〔註156〕這些地方豪族平時在鄉里社會廣泛經營,建立了以自身爲中心的社會網絡。作爲一種地方社會勢力,他們自然是國家關注的對象。不僅如此,北魏之地方豪族也通過累世仕宦保持著對官僚體系的緊密接觸。比如上引張僧烈與劉僧利,其家族中

〔註152〕見《封龍墓誌》。封龍墓誌之拓片圖版見盧瑞芳、劉漢芹:《河北吳橋北魏封龍墓及其相關問題》,載《文物春秋》2005 年第 3 期。此處據該文圖版釋文。
〔註153〕宮崎市定:《九品官人法研究》,第 237 頁。
〔註154〕參看中村圭爾:《貴族制社會中的血緣與地緣關係的歷史特性》,馮天瑜主編:《人文論叢(2002 年卷)》,武漢大學出版社,2003 年,第 35～43 頁。
〔註155〕《魏書》卷七六《張烈傳附張僧皓傳》,第 1687 頁。張烈一族本居清河,其曾祖隨慕容德南渡,遂居齊郡臨淄。
〔註156〕《魏書》卷五五《劉芳傳附劉僧利傳》,第 1321 頁。

都有成員仕宦朝廷，位高權重，這使得他們在進入官僚體系方面具有明顯的優勢。綜合以上一些因素，我們也就能清楚地方豪族成員一般會成為地方僚佐的首選。

　　通過對北魏時期地方府佐的職能、他們對地方政治的參與以及其獲得較大權勢的原因的分析，我們可以看出，地方府佐在以州、郡為單位的地方社會是一個十分活躍的群體，他們也是地方政治的核心。對於漢族士人而言，我們的上述分析也為他們在地方政治中的表現及地位提供了相關的認識背景。漢族士人在地方社會中的較為穩固的勢力基礎也使得他們在地方政治當中發揮主導作用。實際上，我們的上述分析在很大程度上也是基於他們在地方社會的活動而展開的。

結　語

　　拓跋鮮卑以一胡族入主中原，在並不算太長的近一個半世紀的時間內，他們統治著整個中國北方地區。在其統治之下，中國北方地區的社會政治也發生了各種變化，其中最引人注目的或許來自作為統治階層的拓跋鮮卑自身。他們雖為胡族，卻積極地改變其胡族政治傳統，通過推行頗為全面的政治文化改革。漢化得以實現，政治轉型得以完成。雖然北魏後期胡族勢力有過一定程度的逆起，但已經完成的改革和社會政治的轉型顯然決定了北朝社會的發展方向，民族融合、文化融合以及政治融合成為時代發展的主流。拓跋鮮卑政治改革和社會轉型的意義暫且不論，就其改革得以啟動和運作的原因來看，這固然有其自身的主觀意願起作用，但漢族士人為其提供的文化、知識以及政治上的支持同樣也起到了不可小覷的作用。漢族士人自北魏建國伊始就被拓跋氏加以吸收和利用，他們也根據自己文化上的優勢而參與到北魏國家的政治、文化建設、日常行政、外交乃至軍事行動等各個方面。這種參與不僅與北魏國家的政治轉型相契合，它同時也在逐步改變漢族士人在北魏國家中的政治地位，改變漢族士人與北魏政權之間的關係，使雙方之間建立了基於家國的認同，最終使自身也成為統治階層的一部分。

　　漢族士人與北魏拓跋政權的合作關係逐步建立，漢族士人在北魏政權中的政治地位也經歷了由受到抑制到較為全面的提升的過程，這是我們考察北魏政權中的漢族士人的基礎認識。本文首先對研究對象進行了分析。他們是政權中的漢族士人，是被納入官僚體系的各類官員，就此意義上而言，他們與同為官僚的鮮卑貴族具有相同的地方。但作為漢族士人，他們有著區別於其他社會群體的較為獨特的一面。我們從兩個方面考察了政權中的漢族士人

的基本狀況。第一，他們雖然屬於不同的社會階層，但大體上以文化爲其主
要特徵。他們熱衷於掌握各方面的知識，當然，儒家經義卻是大部分人的主
要知識。漢族士人也希望通過對儒家知識的掌握和實踐來獲得世人的認同，
並由此確立起社會地位。更爲重要的是，文化知識和社會地位仍只是其人生
價值的一部分，他們最終的目的是需要借助文化優勢和社會地位以獲得仕宦
上的顯達。第二，漢族士人群體雖然在文化上具有相同的地方，但中古門閥
觀念在北魏的傳承和發展又決定了他們的社會等級，而北魏國家制度化得門
閥政治又使得等級觀念得到強化。由此，北魏政權中的漢族士人也形成了士
族、小姓以及寒素的三層構成，其中士族則是政權中漢族士人的主體。

　　漢族士人要與北魏國家結合，就需要進入政權當中。北魏國家對於漢族
士人的吸收也設計了多種途徑，諸如秀孝察舉、特貢、學校、門蔭、、勳爵
以及挽郎等。這些入仕途徑既有襲用傳統遺制的一面，也有因應現實狀況而
形成的情況。當然，這些入仕途徑也因爲政治的發展而興廢不一。這實際上
也反映了漢族士人政治狀況的改變。在通過各種途徑吸收漢族士人的同時，
北魏國家也爲他們建立了一套起家標準，即以中正九品的品第爲依據授以相
應官職。此法也大體同於魏晉南朝。當然，這一辦法是針對全體胡漢士人而
定。相比較而言，漢族士人的起家官要低於元魏皇族成員的起家官。其中也
不排除特殊情況，如南朝降人的起家官，就其品級和種類而言，就與元魏皇
族相接近。漢族士人獲得的起家官也有階段性的特點，前期以中書博士、秘
書中散等最爲常見，後期則以奉朝請、學官、軍府僚佐等爲主。這與北魏政
治制度的發展完善相關聯。

　　對於漢族士人在北魏政權中的發展情況，我們又從其任職和具體的政治
活動兩方面進行了考察。首先是其任職情況。北魏政權可以分作中央和地方
兩級，相應地，漢族士人的任職情況也就可以從中央和地方兩個方面予以分
析。就中央政權中的任職情況而言，北魏中央行政機構的發展以孝文帝改革
爲界，北魏前期分爲內、外朝兩套行政機構，北魏後期則完全遵循漢式的三
省行政模式。漢族士人所擔任的職官多屬文官，北魏前期以外朝中書省、尚
書省以及內朝的秘書中散、主文中散等文職性職官爲主，北魏後期則以三省
以及御史臺等機構職官爲主。北魏前期無論在任職數量還是實際獲得的職權
的對比上，漢族士人都少有超出代人集團之處，北魏後期漢族士人任職數量
則普遍的要超過其他政治群體。雖然在三省長官的任職以及由此任職所獲得

的權勢上漢族士人仍受到限制，但這已經意味著漢族士人地位的上升。至於漢族士人在地方上的任職，我們主要考察了他們出任刺史的情況。可以看到，漢族士人在地方刺史的任職上具有地域性的特點，而且一些比較重要的州郡也往往限制對漢族士人的授用。這種情況終北魏一朝大體保持。當然，北魏國家也意識到漢族士人在地方上的影響，所以也相應地採取了一些變通之法。北魏前期對於新擴展之領土常常任用當地士人擔任刺史、郡守，北魏後期地方長官的本籍任用也時常見到。更引人注目的則是地方僚佐的任用情況，漢族士人顯然是地方州、軍二府甚至是郡縣僚佐的主要擔任者。

　　漢族士人的政治活動依其任職情況同樣也可以從中央和地方兩方面予以考察。就中央機構的活動而言，可以分爲三個階段，孝文帝以前由於行政機構的建設還不完善，所以他們對於行政事務的參與和管理有限，其活動大體限於制定行政制度、參與軍國謀議以及制定軍國文書等方面。這些也主要是一些事務性的活動，而且往往臨時授命。孝文帝時期北魏國家開展了大規模的改革，漢族士人的活動也漸漸有了擴展，他們是孝文帝改革的主要倚重力量，因而在制定相關的改革措施以及在行政過程當中的實際參與度就有了顯著的提高。繼續以前的發展，孝文帝以後漢族士人在中央行政機構的任職比例上升，他們在中央機構的日常行政當中發揮的作用越來越大，獲得的權力越來越多。實際上，他們更作爲軍事統帥參與到大量的軍事活動當中。這些都與漢族士人政治地位的上升相輔相成。在參與行政事務的同時，漢族士人對於北魏國家的禮制文化建設的作用同樣是需要我們注意的。禮制建設在北魏國家的政治改革和社會轉型中的意義至關重要，而至始至終，漢族士人顯然都是禮制建設的主要力量。此外，漢族士人也負責國史編撰，在官學教育當中，漢族士人及其所掌握的儒學經義顯然成了官學教育的主體。漢族士人在這些方面的作用則使儒家文化對北魏國家產生了更爲內在、深入的影響。北魏國家在禮制文化建設方面倚重漢族士人，這自然是促成胡漢雙方政治、文化認同的重要因素。

　　漢族士人對地方的治理，我們則主要從文化、民生、禁盜以及地方僚佐與地方行政等四個方面進行了考察。這些考察的目的一方面是要具體揭示漢族士人在治理地方時所關心的問題以及他們在儒家觀念和國家政策的指導下所採取的具體措施，另一方面也是試圖表明漢族士人對地方的治理雖然需要接受國家政令的約束，但他們在面對不同時刻、不同地域的不同社會、政治

情境時，也表現出主動的一面，這往往是超出國家政令的規定範圍。當然，漢族士人治理地方的最終目的則是爲了國家的統治能夠長久維持。這種目的取向並不因爲北魏政權所具有的胡族政治的性質而稍有改變。漢族士人對地方教化、民生以及社會治安等方面的關注也贏得了民眾的積極回應。諸如編制歌謠以稱頌其政績，立碑以稱其德政，地方民眾請求朝廷允許地方官繼續留任當地也是北魏時期常常見到的一種現象。這些都反映了民眾對於漢族士人的施政理念和具體的治理措施的肯定。當然，我們以上的討論主要還是從積極方面對漢族士人治理地方進行的考察，我們並不能排除漢族士人當中也有不少人在出任地方官時治績平庸，甚至貪污納賄之時也經常見到。我們以上所考察的很難說就能代表漢族士人治理地方時的整體形象，但有一點是需要指出的，《魏書》以及其他文獻中對於漢族士人治理地方的具體表現未加記載，更多的時候是以「爲政清靜」、「甚有威惠」、「爲政清簡」予以總體評價。這種評語應該來自中央政府的考課評斷，而且這種評語也不是僅僅針對漢族士人而發，我們由這些評語也可以推斷，清靜爲政、威恩兼施等做法受到了北魏國家的肯定和鼓勵，他也代表了北魏國家對地方官治理地方的政治期望。我們以上所考察的漢族士人治理地方的措施顯然是對北魏國家這種政治期望的具體詮釋。

漢族士人與北魏政權的關係當然有多方面的表現，而政治上的聯繫以及發展變遷無疑是最爲主要的方面。本文正是注目於漢族士人的任職以及他們在中央和地方政權中的行政活動，來分析漢族士人與北魏政權的政治結合。我們的分析也試圖闡明，北魏政權中與漢族士人之間並非簡單的利用與被利用關係。實際上，北魏政權與漢族士人的結合是建立在雙方的相互認可的基礎上。北魏政權需要建立對中原地區穩定而有效的統治，因而他們需要漢族士人在建設相關的政治、文化制度方面的幫助，他們更需要漢族士人成爲統治者的一員，這樣才能使胡漢雙方的認同成爲現實。漢族士人與胡族政權的結合早自十六國時期即已出現。長期以來形成的政治經驗使他們清楚，儘管自身具有文化優勢，在地方上也擁有相當的勢力基礎，但若不與國家政權相結合，他們的生存和政治發展空間仍然有限。顯然，北魏政權的出現以及他們表現出來的強勁的發展勢頭已逐漸爲漢族士人所認可，所以他們尤其是各地的豪望能夠較爲積極的融入北魏政權，並將自身的政治利益與北魏國家相聯繫，從而以此獲得更大的政治發展空間。北魏政權中的漢族士人促成了胡漢雙方政治和文化上的融合，這

有利於漢族士人自身，同時也是今後歷史發展的主流。

　　另外，胡漢衝突一直以來是學界所認定的北朝的時代特徵之一。這種衝突
不僅是文化上的相互抵制，更是一種政治上的對立。我們雖然不能否認胡漢矛
盾在北朝時代的存在，但通過對北魏政權中漢族士人的相關考察，我們同時也
得承認，漢族士人在文化建設和政治運作方面的努力正逐步消除這種衝突。應
該說，北魏時期政權中漢族士人的在這方面的作用是十分明顯的。儘管北魏後
期胡族起事頗爲頻繁，但從整體來看，由此造成的胡漢衝突顯然不能是社會政
治的主要面。歷來史家論北朝後期歷史時即強調其胡漢衝突的一面，如繆鉞先
生對東魏北齊的政治發展進行研究。他認爲東魏北齊不僅胡化盛行，而且鮮卑
之政治勢力遠過於漢族士人，這從鮮卑與漢族的三次政治衝突可以看出，而且
胡漢衝突也成了北齊滅亡的原因。〔註 1〕孫同勛先生雖然認爲東魏北齊文化上
漢化勝於胡化，但政治上卻是北鎮胡人勢力大於中原漢族勢力。〔註 2〕以上兩
位學者大體上代表了較長時間內學界的主流觀念。但近年來學界也致力於對北
朝後期歷史的重新解讀，他們並不一定否定胡漢衝突的存在，但他們的研究也
揭示了北朝後期漢族士人在文化和政治上的眞正地位。如呂春盛先生也致力於
對北齊滅亡的內外原因的全面探討，但他的考察首先就是建立在否定胡漢衝突
對北齊滅亡的唯一重要的原因的基礎之上。〔註 3〕黃永年先生就對東魏北齊政
治史進行了再研究，他指出東魏北齊的政局與民族鬥爭實無太多關涉，文人在
東魏北齊的政局中起到重要作用，〔註 4〕胡勝源先生在探討北齊滅亡的原因之
時，亦試圖跳出胡漢衝突的框架，指出由崇武到重文，並且由之引起的武人政
治地位下降，文人乘勢而起是北齊滅亡的根本原因。〔註 5〕胡漢關係的爭論也
在日本學者中間展開，谷川道雄先生對此進行了介紹，而在此一問題上的態度，

〔註 1〕　參看繆鉞：《東魏北齊政治上漢人與鮮卑之衝突》，收入氏著《讀史存稿》，三
　　　　　聯書店，1963 年，第 78～93 頁。
〔註 2〕　參看孫同勛：《北魏末年與北齊時代的胡漢衝突》，收入氏著《拓跋氏的漢化
　　　　　及其他》，第 207～221 頁。
〔註 3〕　參看呂春盛：《北齊政治史研究——北齊衰亡原因之考察》，臺灣大學出版中
　　　　　心，1987 年。
〔註 4〕　參看黃永年：《北齊政治鬥爭的眞相》，收入氏著《六至九世紀中國政治史》，
　　　　　上海書店出版社，2004 年，第 5～39 頁。
〔註 5〕　參看胡勝源：《東魏北齊的政治與文化問題新探》，臺灣清華大學歷史研究所
　　　　　碩士論文，2005 年；又《武風壯盛到重文輕武——再論北齊傾覆之因》，載《興
　　　　　大歷史學報》第 20 期，2008 年。

他自己也明確認爲漢族貴族在東魏北齊的政治鬥爭和日常行政當中發揮著重要作用。〔註6〕學界對胡漢衝突解釋框架的發難表明了對歷史的新的認知，這也符合時代發展的眞相。之所以會產生這種新的動向，我們認爲原因來自多方，但就我們的論述而言，漢族士人在北朝後期政局當中的作用以及他們政治地位的繼續上升應是主因之一。

　　無論是東魏北齊，還是西魏北周，其統治者要穩定其統治並獲得更進一步的發展，除了保持自身的武力優勢之外，還需要借重漢族士人。《北齊書》卷二四《杜弼傳》：

> （杜）弼以文武在位，罕有廉潔，言之於高祖。高祖曰：「弼來，我語爾。天下濁亂，習俗已久。今督將家屬多在關西，黑獺常相招誘，人情去留未定。江東復有一吳兒老翁蕭衍者，專事衣冠禮樂，中原士大夫望之以爲正朔所在。我若急作法網，不相饒借，恐督將盡投黑獺，士子悉奔蕭衍，則人物流散，何以爲國？爾宜少待，吾不忘之。」

高歡對當時的國際形勢知之甚明，他也將武將和文人視爲維護其政治的兩大支柱。東魏北齊武人的作用可置而不論，就以漢族士人爲主體的文人群體而言，他們不僅爲東魏北齊的政治運作提供智力支持，並且他們與東魏北齊政權的結合也是高歡一系保持其政權正統性的重要保障。同時，漢族士人通過北魏一朝的積累發展，也確實形成了厚重的政治實力。比如崔悛，他一直自詡門第，但這並非自負，實際上北齊的門第意識爲他提供了政治資本。崔悛以「黃頜小兒」輕侮高澄，高澄銜恨欲殺之，時爲散騎常侍的陳元康爲崔悛說情，他陳述的理由之一就是崔悛頗有名望，他的生死將關係到人心的向背。〔註7〕類似的事例不煩多舉。西魏北周政權中的漢族士人同樣如此。宇文泰初建勢力之時就大量吸收漢族士人爲其僚佐，爲他掌管文書和謀劃軍事，在他模仿周禮創建制度之時，漢族士人如蘇綽等顯然發揮了主要作用，而在周隋嬗代之際，漢族士人也是影響政局的重要因素之一。〔註8〕總之，北朝時期各政權中的漢族士人的政治活動不僅改變了其自身的政治狀況，促成了胡族政權的政治轉型，他們更對時代發展產生著重要的影響。

〔註6〕　參看谷川道雄：《北齊政治史與漢人貴族》，收入氏著《隋唐帝國形成史論》，第196～238頁。

〔註7〕　《北齊書》卷二三《崔悛傳》，第334頁。

〔註8〕　參看韓昇：《周隋嬗替中的知識官員及至唐初立國理念的演變》，載《文史》第86輯，2009年。

後　記

　　在這個冬日的清晨，獨坐窗前，窗外是一副靜謐的情形。明淨的天空，溫和的陽光，讓人忘了天氣的寒冷。靜謐的場景總是容易讓人遐想。一千六百多年前的天興元年（398），也是在一年當中的這個寒冷的時節，拓跋鮮卑的大軍攻下後燕首都鄴城，從此華北民眾進入一個新的歷史時代。歷史的轉折即使再明顯，那也只是後來者的觀察。慕容鮮卑欣慕漢族文化，也吸收了一批漢族士人。在這形勢突變之際，這些漢族士人很難說會因為意識到新時代的到來而感到欣喜，更多的人或許要擔心將來何去何從。儘管北魏國家吸收了這批士人，而對漢族士人的吸收也在逐步地深入和擴大，但政治形勢的多變使得漢族士人常常要面臨著政治抉擇的問題。對於歷史研究者而言，漢族士人在北魏國家當中的政治際遇就是一個值得關注的問題。不僅如此，漢族士人的政治地位的升降又與其政治活動，與北魏國家的政治統治的演變相互關聯，這也成了北魏政治發展的一條重要線索。顯然，漢族士人與北魏國家的結合有著十分重要的影響，北魏國家的政治轉型、胡漢文化的衝突與融合等問題都可從這一視角予以關注。也正是在這樣的思考之下，我們完成了對北魏政權中的漢族士人政治生態研究的初步考察。

　　這本書是在我的博士學位論文的基礎上修改而成。對於每一個撰寫過博士論文的人來說，寫作的過程是一個充滿艱辛的時段，於我也不例外。在別人看來，自己對歷史研究抱有興趣，所以能夠堅持下來。實際上，興趣僅僅是一個起點，真正進行研究的時候，其中的困惑與枯燥甚至會讓人懷疑自己是否真的對這些東西感興趣。閱讀原始資料和前人的研究成果，選擇一個能夠深入研究的問題，論證此研究的可行性，提出研究視角、研究方法上的準

備，收集、整理資料，構架論文寫作框架，最後是具體的寫作。三年的時間，一步一步完成這些工作，並不容易。論文成了懸在頭上的達摩克利斯之劍，精神上難以鬆懈，隨時要面對思維的阻滯，隨時要準備調整預定的寫作構想。等到論文寫完、得到張師首肯的時候，再拿起寫作之初擬定的寫作提綱，發現現在的論文結構已經與當初的設想完全不同。我沒有詢問過別人進行論文寫作時的情形，我想也不必去問。自己的感受是實在的，論文寫作不僅是在完成一項任務，獲得一個學位，也是在提升自己的認識。寫作論文之時，也需要不斷地學習相關的知識，思考著與論文直接或間接相關的各種問題，由此也加深了我對魏晉南北朝歷史的認識。或許這些認識在別人看來不免膚淺，但於我自己卻是關鍵性的提高，更重要的是，這一切也為我將來的學習和思考打下了基礎。如今沉靜下來再回顧這一切，我想當初那份研究歷史的興趣依然存在，在經歷過一番煉獄之後，這份興趣也更加的深沉。

三年的博士研究生的學習也使我徹底認識到，我們需要從心底去尊重每一個人，尊重每個人為之奮鬥的事業。他們全神貫注，他們可以付出所有的心血，這不僅是為了生存，每個人都在證明自己的價值，儘管很多時候我們沒有聽到他們如是表達。

書稿將要出版之時，有許多人需要感謝。一直以來，父母都在默默地支持著我。身在外地，只有寒暑假的時候才能回家探望雙親，交流的機會並不多，他們卻從無怨言。每每想起雙親殘病之身，卻仍在辛苦操勞，難抑心中酸楚。惟願我能用自己的努力來慰藉雙親。

六年來，我的老師張鶴泉先生對我的學習和工作時時督促，拳拳之心，令人感懷。老師之睿智高明，使我能在迷途困頓中及時醒悟。博士論文從定題、寫作到最後定稿，老師無不嚴格把關，細心指導，使我少走彎路。老師之莊肅嚴謹，使我時刻能保持緊迫感，不敢有半點懈怠之心。老師有同情弱者之心，有自由之理念，既能包容我的呆板木訥、不習事理，又總是無私地幫助我，這使我能夠順利前行。同樣需要感謝的是師母。師母細心慈愛，對我的學習、生活關愛有加。溫馨的言語，可口的飯菜，遊子異鄉，倍感親切。

論文寫畢，送呈外審專家李憑先生、牟發松先生、嚴耀中先生、彭衛先生、詹子慶先生和王彥輝先生等諸位先生審閱。諸位專家嚴謹而睿智，對我的論文做了十分中肯的評價，也提出了許多高明的建議。論文答辯之時，詹子慶先生、王彥輝先生、趙軼峰先生、許兆昌先生、沈剛先生和朱紅林先生

等作爲答辯委員會專家，對我的論文也提出了許多寶貴的意見。在此，對以上諸位專家的建議一併表示感謝。當然，由於時間倉促，加上自己資質魯鈍，在論文修改之時，對於諸位專家的意見未能充分領悟、吸收，這是我頗爲抱歉的地方。

論文寫作過程當中，也得到了同門諸君的諸多幫助，使我時時體會著人間溫情。禹平、邵正坤老師，黃河、王飛、劉軍、薛海波等諸位師兄，他們或於學習上與我討論問難、指點經驗，或於生活上善加幫助，多方照顧，點點滴滴，難以具述。感激之餘，也深知這將成爲我人生當中值得永生珍藏的記憶。大學同學汪晶才和王江嚴，不計麻煩，多次爲我複印、尋找難得資料，在此也要表示感謝。

當然，還要感謝花木蘭文化出版社的慨允，我的論文才得以出版。花木蘭文化出版社對於學人的無私幫助，本就是一個難能可貴的事。

這本書是我三年學習的總結。當然，書中還有許多思考未深甚至錯誤之處，這或許是無法避免的。今後，我仍將繼續對這一問題的思考，希望能在擁有更深的認識之後，再更正那些錯誤的論述。

行文至此，又想起撰寫博士論文期間，常常清晨三四點即起，於時天已放亮，屋外又無人行，萬籟俱寂，花木清爽，令人心曠神怡。這是一幅難得的景象。我常常設想，等我寫完論文，就選個如此的清晨時光，出去走走，一定是十分愜意的事。這種嚮往，至今思之，仍然清晰如故。類似情形，尙有許多，不必盡述。不論如何，人生有此一段經歷，可謂足矣。

楊龍

二○一一年十二月廿五日

參考文獻

一、著　作

1. 司馬遷：《史記》，北京：中華書局，1959 年。
2. 班固：《漢書》，北京：中華書局，1962 年。
3. 范曄：《後漢書》，北京：中華書局，1965 年。
4. 陳壽：《三國志》，北京：中華書局，1959 年。
5. 房玄齡：《晉書》，北京：中華書局，1974 年。
6. 沈約：《宋書》，北京：中華書局，1974 年。
7. 蕭子顯：《南齊書》，北京：中華書局，1972 年。
8. 姚思廉：《梁書》，北京：中華書局，1973 年。
9. 姚思廉：《陳書》，北京：中華書局，1972 年。
10. 魏收：《魏書》，北京：中華書局，1971 年。
11. 李百藥：《北齊書》，北京：中華書局，1972 年。
12. 令狐德棻：《周書》，北京：中華書局，1974 年。
13. 魏徵：《隋書》，北京：中華書局，1973 年。
14. 李延壽：《北史》，北京：中華書局，1974 年。
15. 李延壽：《南史》，北京：中華書局，1975 年。
16. 劉昫：《舊唐書》，北京：中華書局，1975 年。
17. 歐陽修，宋祁：《新唐書》，北京：中華書局，1975 年。
18. 司馬光：《資治通鑒》，北京：中華書局，1956 年。
19. 鄧名世，王力平：《古今姓氏書辯證》，南昌：江西人民出版社，2006 年。
20. 杜佑：《通典》，北京：中華書局，1984 年。

21. 酈道元，陳橋驛：《水經注校證》，北京：中華書局，2007 年。

22. 酈道元，楊守敬：《水經注疏》，上海：上海古籍出版社，2008 年。

23. 李林甫：《唐六典》，北京：中華書局，1992 年。

24. 林寶撰，岑仲勉校：《元和姓纂（附四校勘記)》，北京：中華書局，1994 年。

25. 劉知幾撰，浦起龍釋：《史通通釋》，上海：上海古籍出版社，1978 年。

26. 馬端臨：《文獻通考》，北京：中華書局，1986 年。

27. 錢大昕：《廿二史考異》，北京：商務印書館，1958 年。

28. 王夫之：《讀通鑒論》，北京：中華書局，1975 年。

29. 徐堅：《初學記》，北京：中華書局，1962 年。

30. 許敬宗撰，羅國威整理：《日藏弘文本〈文館詞林〉校證》，北京：中華書局，2001 年。

31. 顏之推撰，王利器集解：《顏氏家訓集解》，上海：上海古籍出版社，1980 年。

32. 楊衒之撰，楊勇校箋：《洛陽伽藍記校箋》，北京：中華書局，2006 年。

33. 葉適：《習學記言序目》，北京：中華書局，1977 年。

34. 趙翼著，王樹民校證：《〈廿二史劄記〉校證》，北京：中華書局，1984 年。

35. 陸增祥：《八瓊室金石補正》，北京：文物出版社，1985 年。

36. 萬斯同：《魏將相大臣年表》，《二十五史補編》本，北京：中華書局，1955 年。

37. 吳廷燮：《元魏方鎮年表》，《二十五史補編》本，北京：中華書局，1955 年。

38. 羅新，葉煒：《新出魏晉南北朝墓誌疏證》，北京：中華書局，2005 年。

39. 王昶：《金石萃編》，北京：中國書店，1985 年。

40. 趙明誠著，金文明校證：《金石錄校證》，桂林：廣西師範大學出版社，2005 年。

41. 趙萬里：《漢魏南北朝墓誌集釋》，北京：科學出版社，1956 年。

42. 趙超：《漢魏南北朝墓誌彙編》，天津：天津古籍出版社，2008 年。

43. 趙君平，趙文成：《河洛墓刻拾零》，北京：北京圖書館出版社，2007 年。

44. 趙君平：《芒洛碑誌三百種》，北京：中華書局，2004 年。

45. 施和金：《北齊地理志》，北京：中華書局，2008 年。

46. 艾森斯塔得：《帝國的政治體系》（閻步克譯），貴陽：貴州人民出版社，1992 年。

47. 安介生：《山西移民史》，北京：人民出版社，1997 年。

48. 柏喜貴：《四～六世紀內遷胡人家族制度研究》，北京：民族出版社，2003 年。

49. 包弼德：《斯文：唐宋思想的轉型》（劉寧譯），南京：江蘇人民出版社，2001 年。

50. 卜憲群：《秦漢官僚制度》，社會科學文獻出版社，北京：2002 年。

51. 陳金鳳：《魏晉南北朝中間地帶研究》，天津：天津古籍出版社，2004 年。

52. 陳連慶：《中國古代少數民族姓氏研究》，長春：吉林文史出版社，1993 年。

53. 陳琳國：《魏晉南北朝政治制度研究》，臺北：文津出版社，1994 年。

54. 陳明：《儒學的歷史文化功能》，上海：學林出版社，1997 年。

55. 陳戍國：《中國禮制史·魏晉南北朝卷》，長沙：湖南教育出版社，1995 年。

56. 陳爽：《世家大族與北朝政治》，北京：中國社會科學出版社，1997 年。

57. 陳寅恪：《金明館叢稿初編》，北京：三聯書店，2001 年。

58. 陳寅恪：《唐代政治史述論稿》，上海：上海古籍出版社，1997 年。

59. 陳寅恪：《隋唐制度淵源略論稿》，北京：中華書局，1963 年。

60. 程千帆：《史通箋解》，北京：中華書局，1980 年。

61. 程樹德：《九朝律考》，北京：中華書局，2003 年。

62. 程應鏐：《南北朝史話》，北京：北京出版社，1979 年。

63. 川勝義雄：《六朝貴族制社會研究》（徐谷芃、李濟滄譯），上海：上海古籍出版社，2007 年。

64. 大庭修：《秦漢法制史研究》（林劍鳴等譯），上海：上海人民出版社，1991 年。

65. 戴衛紅：《北魏考課制度研究》，中國社會科學出版社，2010 年。

66. 鄧奕玲：《北朝法制研究》，北京：中華書局，2005 年。

67. 渡邊信一郎：《中國古代的王權與天下秩序》（徐沖譯），北京：中華書局，2008 年。

68. 方碧玉：《東晉南朝世族家庭教育研究》，臺北：花木蘭文化出版社，2009 年。

69. 馮天瑜：《中華文化史》，上海：上海人民出版社，2005 年。

70. 宮崎市定：《九品官人法研究》（韓昇譯），北京：中華書局，2009 年。

71. 高敏：《秦漢魏晉南北朝史論考》，北京：中國社會科學出版社，2004 年。

72. 谷川道雄：《隋唐帝國形成史論》（李濟滄譯），上海：上海古籍出版社，

2004 年。

73. 谷川道雄：《中國中世社會與共同體》（馬彪譯），北京：中華書局，2002
年。

74. 谷霽光：《史林漫拾》，福州：福建人民出版社，1982 年。

75. 郭善兵：《中國古代皇帝宗廟禮制研究》，北京：人民出版社，2007 年。

76. 韓樹峰：《南北朝時期淮漢迤北的邊境豪族》，北京：社會科學文獻出版
社，2003 年。

77. 侯旭東：《北朝村民的生活世界》，北京：商務印書館，2005 年。

78. 侯旭東：《五、六世紀北方民眾的佛教信仰》，北京：中國社會科學出版
社，1998 年。

79. 胡寶國：《漢唐間史學的發展》，北京：商務印書館，2003 年。

80. 黃惠賢、陳鋒：《中國俸祿制度史》，修訂本.武漢：武漢大學出版社，2005
年。

81. 黃慧賢：《中國政治制度通史（魏晉南北朝卷）》，北京：人民出版社，1996
年。

82. 黃留珠：《秦漢仕進制度》，西安：西北大學出版社，1985 年。

83. 黃永年：《六至九世紀中國政治史》，上海：上海書店出版社，2004 年。

84. 吉林大學古籍研究所編：《“1～6 世紀中國北方邊疆·民族·社會國際
學術研討會”論文集》北京：科學出版社，2008 年。

85. 冀朝鼎：《中國歷史上的基本經濟區和水利事業的發展》，北京：中國社
會科學出版社，1981 年。

86. 姜波：《漢唐都城禮制建築研究》，北京：文物出版社，2003 年。

87. 井上徹，楊振紅：《中日學者論中國古代城市社會》，西安：三秦出版社，
2007 年。

88. 康樂：《從西郊到南郊》，臺北：稻禾出版社，1995 年。

89. 堀敏一：《均田制的研究》（韓國磐等譯），福州：福建人民出版社，1985
年。

90. 鄺士元：《魏晉南北朝研究論集》臺北：文史哲出版社，1984 年。

91. 雷家驥：《中古史學觀念史》，臺北：學生書局，1990 年。

92. 雷聞：《郊廟之外：隋唐國家祭祀與宗教》，北京：三聯書店，2008 年。

93. 李磊：《六朝士風研究》，武漢：武漢出版社，2009 年。

94. 李培棟：《魏晉南北朝史緣》，上海：學林出版社，1996 年。

95. 李憑：《北魏平城時代》，北京：社會科學文獻出版社，2000 年。

96. 李憑：《北朝研究存稿》，北京：商務印書館，2006 年。

97. 李書吉：《北朝禮制法系研究》，北京：人民出版社，2003 年。

98. 梁滿倉：《魏晉南北朝五禮制度論考》，北京：中國社會科學出版社，2009 年。

99. 劉厚琴：《北朝儒學及其歷史作用》，西安：陝西人民出版社，2003 年。

100. 劉淑芬：《中古佛教與社會》，上海：上海古籍出版社，2008 年。

101. 劉心長、馬忠理編：《鄴城暨北朝史研究》，石家莊：河北人民出版社，1993 年。

102. 樓勁、劉光華：《中國古代文官制度》，修訂本.北京：中華書局，2009 年。

103. 盧建榮編：《性別、政治與集體心態——中國新文化史》，臺北：麥田出版社，2001 年。

104. 逯耀東：《從平城到洛陽》，北京：中華書局，2007 年。

105. 逯耀東：《魏晉史學的思想與社會基礎》，北京：中華書局，2006 年。

106. 呂春盛：《北齊政治史研究》，臺北：臺灣大學出版中心，1987 年。

107. 呂思勉：《兩晉南北朝史》，上海：上海古籍出版社，1983 年。

108. 馬長壽：《碑銘所見前秦至隋初的關中部族》，桂林：廣西師範大學出版社，2006 年。

109. 毛漢光：《兩晉南北朝士族政治之研究》，臺北：中國學術著作獎助委員會，1966 年。

110. 毛漢光：《中國中古政治史論》，上海：上海書店出版社，2002 年。

111. 毛漢光：《中國中古社會史論》，上海：上海書店出版社，2002 年。

112. 繆鉞：《讀史存稿》，北京：三聯書店，1963 年。

113. 牛潤珍：《漢至唐初史官制度的演變》，石家莊：河北教育出版社，1999 年。

114. 錢穆：《國史大綱》，北京：商務印書館，1996 年。

115. 瞿同祖：《中國法律與中國社會》，北京：中華書局，2003 年。

116. 饒宗頤：《中國史學上之正統論》，上海：上海遠東出版社，1996 年。

117. 榮新江編：《唐研究》（第十三卷），北京：北京大學出版社，2007 年。

118. 邵正坤：《北朝家庭形態研究》，北京：科學出版社，2009 年。

119. 沈任遠：《魏晉南北朝政治制度》，臺北：臺灣商務印書館，1971 年。

120. 孫同勛：《拓跋氏的漢化及其他》，臺北：稻鄉出版社，2005 年。

121. 湯用彤：《漢魏南北朝佛教史》，北京：中華書局，1983 年。

122. 唐長孺：《魏晉南北朝史論叢》，北京：三聯書店，1955 年。

123. 唐長孺：《魏晉南北朝史論叢續編》，北京：三聯書店，2001 年。

124. 唐長孺:《魏晉南北朝史論拾遺》,北京:三聯書店,1983 年。

125. 唐長孺:《魏晉南北朝隋唐史三論》,武漢:武漢大學出版社,1992 年。

126. 唐長孺:《山居存稿》,北京:中華書局,1989 年。

127. 唐長孺:《唐長孺社會文化史論叢》,武漢:武漢大學出版社,2001 年。

128. 陶新華:《北魏孝文帝以後北朝官僚管理制度研究》,成都:巴蜀書社,2003 年。

129. 田餘慶:《東晉門閥士族》,北京:北京大學出版社,2007 年。

130. 田餘慶:《拓跋史探》,北京:三聯書店,2003 年。

131. 萬繩楠整理:《陳寅恪魏晉南北朝史講演稿》,貴陽:貴州人民出版社,2007 年。

132. 汪榮祖、林冠群編:《胡人漢化與漢人胡化》,嘉義:臺灣中正大學臺灣人文研究中心,2006 年。

133. 汪征魯:《魏晉南北朝選官體制研究》,福州:福建人民出版社,1995 年。

134. 王東洋:《魏晉南北朝考課制度研究》,北京:社會科學文獻出版社,2009 年。

135. 王力平:《中古杜氏家族的變遷》,北京:商務印書館,2006 年。

136. 王明珂:《遊牧者的抉擇》,桂林:廣西師範大學出版社,2008 年。

137. 王萬盈:《轉型期的北魏財政研究》,北京:光明日報出版社,2006 年。

138. 王永平:《中古士人遷移與文化交流》,北京:社會科學文獻出版社,2005 年。

139. 王仲犖:《魏晉南北朝史》,上海:上海人民出版社,2003 年。

140. 西安碑林博物館編:《紀念西安碑林九百二十周年華誕國際學術研討會論文集》,北京:文物出版社,2008 年。

141. 夏炎:《中古世家大族清河崔氏研究》,天津:天津古籍出版社,2004 年。

142. 謝保成:《中國史學史》(第三卷),北京:商務印書館,2006 年。

143. 熊秉眞編:《欲掩彌彰:中國歷史文化中的"私"與"情"──公義篇》,臺北:漢學研究中心,2003 年。

144. 許倬云:《許倬雲自選集》,上海:上海教育出版社,2002 年。

145. 薛瑞澤:《嬗變中的婚姻──魏晉南北朝婚姻形態研究》,西安:三秦出版社,2000 年。

146. 閻步克:《察舉制度變遷史稿》,第二版,瀋陽:遼寧大學出版社,1997 年。

147. 閻步克:《從爵本位到官本位》,北京:三聯書店,2009 年。

148. 閻步克:《品位與職位》,北京:中華書局,2003 年。

149. 閻步克：《士大夫政治演生史稿》，北京：北京大學出版社，1996 年。

150. 嚴耕望：《中國地方行政制度史》，北京：中華書局，2007 年。

151. 嚴耀中：《北魏前期政治制度》，長春：吉林教育出版社，1990 年。

152. 楊吉仁：《北魏漢化教育制度之研究》，臺北：正中書局，1973 年。

153. 楊光輝：《漢唐封爵制度》，北京：學苑出版社，2002 年。

154. 姚薇元：《北朝胡姓考》，北京：中華書局，1962 年。

155. 葉煒：《南北朝隋唐官吏分途研究》，北京：北京大學出版社，2009 年。

156. 殷憲編：《北朝史研究》，北京：商務印書館，2004 年。

157. 尹建東：《兩漢魏晉南北朝時期關東豪族研究》，成都：四川大學出版社，2007 年。

158. 俞鹿年：《北魏職官制度考》，北京：社會科學文獻出版社，2009 年。

159. 余英時：《士與中國文化》，上海：上海人民出版社，2003 年。

160. 于迎春：《秦漢士史》，北京：北京大學出版社，2000 年。

161. 張鶴泉師：《魏晉南北朝都督制度研究》，長春：吉林文史出版社，2007 年。

162. 張鶴泉師：《魏晉南北朝史》，臺北：三民書局，2010 年。

163. 張小穩：《魏晉南北朝地方官等級管理制度研究》，北京：九州出版社，2010 年

164. 張金龍：《北魏政治制度與文化論稿》，蘭州：甘肅教育出版社，2003 年。

165. 張金龍：《魏晉南北朝禁衛武官制度研究》，北京：中華書局，2004 年。

166. 張金龍.北魏政治史研究》，蘭州：甘肅教育出版社，1996 年。

167. 張慶捷：《民族彙聚與文明互動》，北京：商務印書館，2010 年。

168. 張旭華：《九品中正制略論稿》，鄭州：中州古籍出版社，2004 年。

169. 鄭欽仁：《北魏官僚機構研究》，臺北：稻禾出版社，1995 年。

170. 鄭欽仁：《北魏官僚機構研究續篇》，臺北：稻禾出版社，1995 年。

171. 中國魏晉南北朝史學會編：《魏晉南北朝史研究》，成都：四川社會科學院出版社，1986 年。

172. 周長山：《漢代地方政治史論》，北京：中國社會科學出版社，2006 年。

173. 周建江：《太和十五年》，廣州：廣東人民出版社，2001 年。

174. 周偉洲：《邊疆民族歷史與文物考古》，哈爾濱：黑龍江教育出版社，2000 年。

175. 周一良：《魏晉南北朝史論集》，北京：中華書局，1963 年。

176. 周一良：《魏晉南北朝史論集續編》，北京：北京大學出版社，1991 年。

177. 周一良：《魏晉南北朝史箚記》，北京：中華書局，1985 年。

178. 周雲錦：《後魏察舉秀孝考》，油印本，吉林大學圖書館藏，未刊稿。

179. 祝總斌：《才不才齋文集》，西安：三秦出版社，2006 年。

180. 祝總斌：《兩漢魏晉南北朝宰相制度研究》，北京：中國社會科學出版社，1990 年。

二、論　文

1. 安介生：《也論北魏前期的民族融合與政權建設》，《中國史研究》2002 年第 4 期。

2. 安介生：《略論北魏時期的"第一客"、"上客"與招懷政策》，《中國邊疆史地研究》2007 年第 1 期。

3. 北村一仁：《在南北朝國境地域的同姓集團的動向和其歷史意義》，牟發松編：《漢唐歷史變遷視野下的社會與國家關係》，上海：華東師範大學出版社，2006 年。

4. 濱口重國：《所謂隋的廢止鄉官》，劉俊文主編：《日本學者研究中國史論著選譯·六朝隋唐卷》，北京：中華書局，1992 年。

5. 卜憲群：《西漢東海郡長吏升遷考述》，《商丘師專學報》1999 年第 1 期。

6. 蔡幸娟：《北魏時期南北朝降人待遇──客禮──研究》，《國立成功大學歷史學報》第 15 期，1989 年。

7. 曹剛華：《北魏內外秘書考略》，《民族研究》2003 年第 2 期。

8. 曹文柱：《北魏明元、太武兩朝的世子監國》，《北京師範大學學報》1991 年第 4 期。

9. 陳冠穎：《任城王元澄在北魏所扮演的角色》，《中國歷史學會史學集刊》第 39 期，2007 年。

10. 陳鴻森：《北朝經學的二三問題》，《中央研究院歷史語言研究所集刊》第 66 本 4 分，1995 年。

11. 陳琳國：《北魏資蔭制度及其淵源》，《學術月刊》1987 年第 4 期。

12. 陳朝暉：《北朝儒學教育及其影響》，《齊魯學刊》1991 年第 6 期。

13. 陳朝暉：《.北魏的儒學與士人》，《文史哲》1992 年第 4 期。

14. 陳金鳳：《北魏正統化運動論略》，《黑龍江民族叢刊》2008 年第 1 期。

15. 川本芳昭：《從軍制與婚姻看北魏高祖的漢化政策》，《蒙古學資訊》1983 年第 2 期。

16. 川本芳昭：《關於五胡十六國北朝時代的"正統"王朝》（鄧紅、牟發松譯），殷憲，馬志強編：《北朝研究》（第 2 輯），北京：北京燕山出版社，2008 年。

17. 戴衛紅：《北魏道武帝引文人參政考實》，《中國社會科學院研究生院學報》 2006 年第 3 期。

18. 渡邊義浩：《1999 年日本史學界關於魏晉南北朝史的研究》，《中國史研 究動態》2001 年第 7 期。

19. 范兆飛：《永嘉亂後的并州局勢》，《學術月刊》2008 年第 3 期。

20. 范兆飛：《魏晉之際的黨派分野與士族升降》，《復旦學報》2009 年第 5 期。

21. 馮君實：《試論北魏官制中的八座》，《史學集刊》1982 年第 4 期。

22. 馮培紅：《漢晉敦煌大族略論》，《敦煌學輯刊》2005 年第 2 期。

23. 谷川道雄：《六朝士族與家禮》（李濟滄譯），高明士編：《東亞傳統家禮、 教育與國法（一）：家族、家禮與教育》，上海：華東師範大學出版社， 2008 年。

24. 顧江龍：《兩晉南北朝與隋唐官僚特權之比較》，《史學月刊》2007 年第 12 期。

25. 郭宏珍：《北方士族的歷史文化使命》，《大同職業技術學院學報》2004 年第 1 期。

26. 韓昇：《周隋嬗替中的知識官員及至唐初立國理念的演變》，《文史》第 86 輯，2009 年。

27. 韓昇：《中古社會史研究的數理統計與士族問題》，《復旦大學學報》2003 年第 5 期。

28. 何德章：《北魏初年的漢化制度與天賜二年的倒退》，《中國史研究》2001 年第 2 期。

29. 何德章：《鮮卑代國的成長與拓拔鮮卑初期的漢化》，《武漢大學學報》2001 年第 1 期。

30. 何德章：《北魏太武朝政治史二題》，《魏晉南北朝隋唐史資料》第 17 輯， 2000 年。

31. 何德章：《北魏國號與正統問題》，《歷史研究》1992 年第 3 期。

32. 何德章：《"陰山卻霜"之俗解》，《魏晉南北朝隋唐史資料》第 12 輯， 1992 年。

33. 何德章：《論北魏孝文帝遷都事件》，《魏晉南北朝隋唐史資料》第 15 輯， 1997 年。

34. 何德章：《北魏鮮卑族人名的漢化》，《魏晉南北朝隋唐史資料》第 14 輯， 1996 年。

35. 何德章：《北魏遷洛後鮮卑貴族的文士化》，《魏晉南北朝隋唐史資料》第 20 輯，2003 年。

36. 侯旭東：《中國古代專制說的知識考古》，《近代史研究》2008 年第 4 期。

37. 侯旭東：《關於近年中國魏晉南北朝史研究的觀察與思考》，《社會科學戰線》2009 年第 3 期。

38. 侯旭東：《北魏境內胡族政策初探》，《中國社會科學》2008 年第 5 期。

39. 胡阿祥：《中古時期郡望郡姓分佈地理考論，《歷史地理》（第 11 輯），上海：上海人民出版社，1993 年。

40. 胡盛源：《武風壯盛到重文輕武——再論北齊傾覆之因》，《興大歷史學報》第 20 期，2008 年。

41. 黃惠賢：《〈魏書·官氏志〉載太和三令初探》，黃惠賢：《魏晉南北朝隋唐史研究與資料》，武漢：湖北人民出版社，2010 年。

42. 黃正建：《唐代的齋郎與挽郎》，《史學月刊》1989 年第 1 期。

43. 黃正建：《唐代"士大夫"的特色及其變化》，《中國史研究》2005 年第 3 期。

44. 蔣非非：《漢代功次初探》，《中國史研究》1997 年第 1 期。

45. 金家詩：《河隴士人與鮮卑文明進程中的三次大轉換》，《北京大學學報》2001 增刊。

46. 金裕哲：《魏晉南北朝時期"蠻"的北遷及其種族正體性問題》，魏晉南北朝史學會編：《魏晉南北朝史論文集》，成都：巴蜀書社，2006 年。

47. 金子修一：《日本戰後對漢唐皇帝制度的研究》，《中國史研究動態》1998 年第 1 期。

48. 金子修一：《皇帝祭祀的展開》（蔡春娟譯），溝口雄三，小島毅編：《中國的思維世界》，南京：江蘇人民出版社，2006 年。

49. 樂維：《官吏與神靈》，《法國漢學》（第三輯）.北京：清華大學出版社，1998 年。

50. 李濟滄：《論谷川道雄的中國史研究》，《中國史研究》2005 年第 2 期。

51. 李文才：《勃海封氏與慕容鮮卑關係試探》，《河北學刊》2007 年第 6 期。

52. 李約翰：《英美關於中國中世貴族制研究的成果與課題》，《中國史研究動態》1984 年第 7 期。

53. 李智君：《五涼時期移民與河隴學術的盛衰》，《中國史研究》2006 年第 2 期。

54. 劉馳：《從崔、盧二氏婚姻的締結看北朝漢人士族地位的變化》，《中國史研究》1987 年第 2 期。

55. 劉慧琴：《北朝郊祀、宗廟制度的儒學化》，《西北大學學報》2000 年第 1 期。

56. 劉琴麗：《再論唐代的齋郎與挽郎》，《江漢論壇》2005 年第 9 期。

57. 樓勁：《對北魏幾條官制材料的考釋》，《中國社會科學院歷史研究所學刊》（第一集）．北京：社會科學文獻出版社，2001 年。

58. 樓勁：《北魏後期令的頒行問題》，《中國史研究》2001 年第 1 期。

59. 孔毅：《北魏前期北方世族"以夏變夷"的歷程》，《中國史研究》1998 年第 2 期。

60. 孔毅：《北魏前期北方世族在政權中的地位再認識》，《重慶師範大學學報》2004 年第 1 期。

61. 孔毅：《北朝的經學與儒者》，《西南師範大學學報》1990 年第 3 期。

62. 梁滿倉：《論北魏對漢族統治階級政策的轉變》，《許昌師專學報》1989 年第 1 期。

63. 梁滿倉：《北魏中書學》，魏晉南北朝史學會編：《魏晉南北朝史論文集》，成都：巴蜀書社，2006 年。

64. 梁偉基：《北魏軍鎮制度探析》，《中央民族大學學報》1998 年第 2 期。

65. 林宗閱：《試論河東蜀薛的淵源問題》，《早期中國史研究》第 1 卷，2009 年。

66. 淩文超：《四大中正與分定姓族》，《文史》第 83 輯，2008 年。

67. 劉增貴：《漢魏士人同鄉關係考論》，邢義田，林麗月編：《臺灣學者中國史研究論叢·社會變遷》，北京：中國大百科全書出版社，2006 年。

68. 盧瑞漢、劉漢芹：《河北吳橋北魏封龍墓及其相關問題》，《文物春秋》2005 年第 3 期。

69. 陸離：《論諸涼入魏人士對北魏的政治、軍事貢獻》，《敦煌學輯刊》2000 年第 1 期。

70. 羅新：《十六國北朝的五德曆運問題》，《中國史研究》2004 年第 3 期。

71. 羅新：《五燕政權下的華北士族》，《國學研究》（第 4 卷）．北京：北京大學出版社，1997 年。

72. 羅新：《跋北魏太武帝東巡碑》，《北大史學》（第 11 輯），北京：北京大學出版社，2005 年。

73. 羅新：《北魏孝文帝吊比干碑的立碑時間》，羅新：《中古北族名號研究》，北京：北京大學出版社，2009 年。

74. 羅新本：《兩晉南朝入仕道路研究之一：兩晉南朝的直接入仕》，《西南民族學院學報》1986 年第 4 期。

75. 羅嗣忠：《漢族士人與北魏統一北方》，《青海師範大學學報》1987 年第 1 期。

76. 羅永生：《"後魏尤重門下官"新說》，《陝西師範大學學報》2004 年第 2 期。

77. 洛陽博物館：《洛陽北魏楊機墓出土文物》，《文物》2007 年第 11 期。

78. 米文平：《鮮卑石室的發現與初步研究》，《文物》1981 年第 2 期。

79. 牟發松：《王融〈上疏請給房書〉考析》，《武漢大學學報》1995 年第 5期。

80. 牟發松：《北魏軍鎮考補》，《魏晉南北朝隋唐史資料》第 7 輯，1985 年。

81. 牟發松：《六鎮起義之前的北魏行臺》，《魏晉南北朝隋唐史資料》第 11輯，1991 年。

82. 牛潤珍：《釋"上車不落則著作"》，《史學史研究》2001 年第 3 期。

83. 歐陽小桃：《漢族士大夫與北魏政權》，《江西社會科學》1991 年第 2 期。

84. 彭體用：《試論北魏的門閥士族與皇權的關係》，《中南民族學院學報》1988年第 2 期。

85. 朴漢濟：《北魏王權與胡漢體制》，《中國史研究的成果與展望》，北京：社會科學出版社，1991 年。

86. 祁美琴：《關於十年來"漢化"及其相關問題研究的考察》，《西域研究》2006 年第 2 期。

87. 錢穆：《略論魏晉南北朝學術與當時門第之關係》，錢穆：《中國學術思想史論叢》（第三冊），臺北：臺灣東大圖書有限公司，第二版，1981 年。

88. 仇鹿鳴：《"攀附先世"與"偽冒士籍"》，《歷史研究》2008 年第 2 期。

89. 山西省考古研究所，靈丘縣文物局：《山西靈丘北魏文成帝《南巡碑》》，《文物》1997 年第 12 期。

90. 邵正坤：《試論北朝以傳承儒學爲主的家學及其嬗變》，《孔子研究》2008年第 3 期。

91. 施光明：《五涼政權"崇尚文教"及其影響論述》，《蘭州學刊》1985 年第 6 期。

92. 施光明：《略論河西學者在拓跋族封建化進程中的作用和地位》，《蘭州學刊》1987 年第 1 期。

93. 石冬梅：《論北魏太和新官制的淵源及其影響》，《漢學研究》25 卷第 2期，2007 年。

94. 史念海：《唐代前期關東地區尚武風氣的溯源》，中國唐史研究會編：《唐史研究會論文集》，西安：陝西人民出版社，1983 年。

95. 室山留美子：《北魏漢族官僚及其埋葬地的選擇》（陳力譯），《日本中國史研究年刊》（2007 年度），上海：上海古籍出版社，2009 年。

96. 寺西芳晴，福原啓郎：《1994～1995 年日本中國史研究的回顧與展望（魏晉南北朝史）》，《中國史研究動態》1998 年第 11 期。

97. 松本保宣：《1999 年日本史學界關於隋唐史的研究》，《中國史研究動態》

2001 年第 9 期。

98. 松下憲一：《北魏代人集團考略》，魏晉南北朝史學會編：《魏晉南北朝史論文集》，成都：巴蜀書社，2006 年。

99. 松下憲一：《北朝隋唐時代史料中的"代人"》，中國魏晉南北朝史學會編：《魏晉南北朝史研究：回顧與探索》，武漢：湖北教育出版社，2009 年。

100. 宋德熹：《北魏姓族分定初探》，陶希聖先生九秩榮慶祝壽論文集編輯委員會編：《國史釋論》，臺北：食貨出版社，1987 年。

101. 宋燕鵬：《略論北朝後期秀才選舉中的文學因素》，《南京曉莊學院學報》2008 年第 1 期。

102. 陶賢都：《論北朝時期漢族士人的政治心態》，《許昌師專學報》2002 年第 3 期。

103. 陶新華：《北朝的軍事監察官——監軍、軍司》，《殷都學刊》2005 年第 1 期。

104. 窪添慶文：《關於北魏的太子監國制度》，《文史哲》2002 年第 1 期。

105. 窪添慶文：《關於北魏前期的尚書省》，劉俊文編：《日本中青年學者論中國史‧六朝隋唐卷》，上海：上海古籍出版社，1995 年。

106. 王華山：《河北士族禮法傳統與北學淵源》，《文史哲》2003 年第 2 期。

107. 王匯，王仁磊：《略論漢族士人與北魏合作關係的建立》，《中州大學學報》2006 年第 3 期。

108. 王天麻：《北魏辛祥家族三墓誌》，《文物季刊》1992 年第 3 期。

109. 王希恩：《五胡政權中漢族士大夫的作用及歷史地位》，《蘭州學刊》1986 年第 3 期。

110. 王永平：《北朝時期之南朝流亡人士行跡考述》，《臨沂師範學院學報》2002 年第 1 期。

111. 王永平：《崔浩之南朝情結及其與南士之交往考析》，《學術研究》2008 年第 5 期。

112. 魏鵬舉：《北魏前期內朝機構考略》，殷憲，馬志強.北朝研究（第一輯），北京：北京燕山出版社，2008 年，第二版。

113. 吳荭、張隴寧，尚海嘯：《新發現的北魏〈大代持節齮州刺史山公寺碑〉》，《文物》2007 年第 7 期。

114. 蕭鋒：《南北朝的政治流亡者》，《漢中師範學院學報》1995 年第 5 期。

115. 夏毅輝：《清河崔氏與北魏的政治》，《湘潭師範學院學報》1991 年第 4 期。

116. 謝重光：《晉至唐中葉門閥士族與佛教寺院的關係》，《北京師範大學學報》

1991 年第 2 期。

117. 徐士傳：《沭水北魏正光改道和前沭河》，《歷史地理》（第 6 輯），上海：上海人民出版社，1988 年。

118. 閻步克：《北魏、北齊的冕旒服章：經學背景與制度淵源》，《中國史研究》2007 年第 3 期。

119. 嚴耕望：《北魏尚書制度考》，《中央研究院歷史語言研究所集刊》第 18 本，1948 年。

120. 嚴耀中：《北魏中書學及其政治作用》，中國魏晉南北朝史學會編：《魏晉南北朝史論文集》，濟南：齊魯書社，1991 年。

121. 嚴耀中：《關於北魏"三刺史"制度的若干詮釋》，《學習與探索》2009 年第 5 期。

122. 楊德炳：《四姓試釋》，《魏晉南北朝隋唐史資料》第 7 輯，1985 年。

123. 楊洪權：《兩晉之際士族移徙與"門戶之計"淺論》，《武漢大學學報》1998 年第 1 期。

124. 楊希珍：《北魏的察貢推舉制度》，《文史哲》1989 年第 5 期。

125. 楊永俊：《論拓跋鮮卑的西郊祭天》，《民族研究》2002 年第 2 期。

126. 楊永俊：《論拓跋鮮卑的原始祭天》，《西北民族學院學報》2002 年第 6 期。

127. 姚弘傑：《北魏中書學新探》，《華東師範大學學報》2006 年第 3 期。

128. 余遜：《讀魏書李沖傳論宗主制》，《中央研究院歷史語言研究所集刊》第 20 本下冊，1950 年。

129. 張達志：《北魏道武帝入主中原與胡漢融合的歷程》，《東南文化》2008 年第 4 期。

130. 張德壽：《北魏道武帝對漢士人的任用》，《雲南社會科學》2001 年增刊。

131. 張國剛：《漢唐"家法"觀念的演變》，《史學月刊》2005 年第 5 期。

132. 張金龍：《文成帝時期的北魏政治》，張金龍編：《黎虎教授古稀紀念·中國古代史論叢》，北京：世界知識出版社，2006 年。

133. 張鶴泉師：《略論北朝儒生對"三禮"的傳授》，《社會科學戰線》2009 年第 7 期。

134. 張鶴泉師：《東魏、北齊時期的行臺區》，《中國古中世史研究》第 18 輯，2007 年。

135. 張繼昊：《從數件史事論北魏世祖太武帝拓跋燾的君權》，《空大人文學報》第 11 期，2002 年。

136. 張繼昊：《拓跋珪的崛起與北魏王朝的肇建》，《空大人文學報》第 9 期，2000 年。

137. 張慶捷：《儒學與北魏政治》，《山西大學學報》1988 年第 1 期。

138. 張慶捷：《郭春梅.北魏文成帝〈南巡碑〉所見拓跋職官初探》，《中國史研究》1999 年第 2 期。

139. 張維訓：《略論北魏後期的實封和虛封》，《史學月刊》1984 年第 2 期。

140. 張憲華：《北魏官學初探》，《蘭州大學學報》1988 年第 2 期。

141. 張小穩：《魏晉南北朝時期行臺性質的演變》，《人文雜誌》2008 年第 3 期。

142. 張澤咸：《唐代的門蔭》，《文史》第 27 輯，1986 年。

143. 章義和、洪吉：《北魏諸帝巡行的歷史意義》，《文化學刊》2008 年第 1 期 4。

144. 趙立新：《評陳爽著〈世家大族與北朝政治〉》，《臺大歷史學報》第 29 期，2002 年。

145. 直江直子：《北魏的鎮人》（李憑譯），《國際漢學》（第五輯），鄭州：大象出版社，2000 年。

146. 中村圭爾：《貴族制社會中的血緣與地緣關係的歷史特性》，《人文論叢》（2002 年卷），武漢：武漢大學出版社，2003 年。

147. 周倩、湯長平：《北朝省寺臺政務及人事運行機制考察》，《敦煌學輯刊》2006 年第 4 期。

148. 周偉洲：《“胡漢體制”與“僑舊體制”論》，《中國史研究》1997 年第 1 期。

149. 毋有江：《北魏的州建制》，《國學研究》（第 20 卷），北京：北京大學出版社，2007 年。

三、學位論文

1. 卓育如：《北魏時期漢人士族的學思變遷》，臺灣大學中國文學研究所，2005 年。

2. 徐沖：《“漢魏革命”再研究：君臣關係與歷史書寫》，北京大學歷史學系，2008 年。

3. 林國良：《北朝人事制度之研究（386～581）》，中正大學歷史研究所，2005 年。

4. 毛漢光：《唐代統治階層的社會變動》，臺灣政治大學，1968 年。

5. 黃清敏：《魏晉南北朝教育制度論述》，福建師範大學歷史系，2003 年。

6. 劉軍：《北魏宗室階層研究》，吉林大學古籍研究所，2009 年。

7. 蔡宗憲：《南北交聘與中古南北互動》，臺灣大學歷史學研究所，2006 年。

8. 毋有江：《北魏政區地理研究》，復旦大學歷史地理研究中心，2005 年。

9. 王俊梅：《秦漢郡縣屬吏研究》，中國人民大學歷史學院，2008 年。

10. 蔡金仁：《北魏皇位繼承不穩定性之研究》，中國文化大學史學研究所，2004 年。

11. 陳再勤：《魏晉南北朝時期南北邊境地帶蠻族的地理考察》，武漢大學歷史學院，1997 年。

12. 胡勝源：《東魏北齊的政治與文化問題新探》，臺灣清華大學歷史研究所，2005 年。

四、外文文獻

1. Patricia Buckley Ebrey.The aristocratic families of early imperial China. New York: Cambridge University Press, 1978.

2. Albert E. Dien, "Elite Lineages and the T'o-pa Accommodation: A Study of the Edict of 495" . Journal of the Economic and Social History of the Orient, Vol. 19, No. 1.(Feb., 1976),pp.61-88.

3. Jinnfer Holmgren, The Lu Clan of Tai Commandery and Their Contribution to the T'o-pa State of Northern Wei．T'oung Pao,Vol. 69, Livr. 4/5 (1983), pp272～312.

4. Jinnfer Holmgren, The Making of an Elite：Local Political and Social Relations in Northeastern China during the Fifth Century AD. Papers on Far Eastern History 30, Canberra：Australia National University, 1984, pp46～61.

5. Wolfram Eberhard, Conquerors and Rulers: Social Forces in Medieva China.Leiden. Brill, 1965。